最新柴油发动机电控系统故障诊断与经典实例

孙宝明　主编

辽宁科学技术出版社

沈　阳

图书在版编目（CIP）数据

最新柴油发动机电控系统故障诊断与经典实例/孙宝明主编 . —沈阳：辽宁科学技术出版社，2023.3
ISBN 978-7-5591-2876-8

Ⅰ.①最… Ⅱ.①孙… Ⅲ.①汽车—柴油机—电气控制系统—故障诊断 Ⅳ.①U472.43

中国国家版本馆 CIP 数据核字（2023）第 017908 号

出版发行：辽宁科学技术出版社
    （地址：沈阳市和平区十一纬路 25 号 邮编：110003）
印 刷 者：辽宁新华印务有限公司
经 销 者：各地新华书店
幅面尺寸：185mm×260mm
印 张：16.25
字 数：300 千字
出版时间：2023 年 3 月第 1 版
印刷时间：2023 年 3 月第 1 次印刷
责任编辑：高 鹏
封面设计：盼 盼
责任校对：徐 跃

书 号：ISBN 978-7-5591-2876-8
定 价：98.00 元

联系电话：024-23284373
邮购热线：024-23284626

前　言

随着汽车对发动机动力性、经济性和排放性提出更高的要求，柴油发动机被公认为是实现节能和减少汽车尾气排放污染的最佳动力装置，是市场发展的必然趋势和实现降低汽车能源消耗、维护生存环境可持续性发展的重要手段。

柴油发动机的大功率、低排放、良好的电子控制等显著优点将使柴油发动机在新的时代有长足的发展。现在全球各大厂商正致力于新型绿色环保柴油发动机的研发，在排放方面将得到进一步的改善，而关键技术是燃油的精确配置和废气的后处理，电子新科技已经运用到新一代柴油发动机上。如今，在大多数的商用车上我们都能够看见柴油发动机的身影，而其中高压共轨控制又是柴油发动机上配置频率最高的技术，共轨式喷油系统于 20 世纪 90 年代中后期才正式进入实用阶段。高压共轨系统可实现在传统喷油系统中无法实现的功能，所以柴油发动机高压共轨系统得到了良好的发展与应用前景。为适应这一形势，编者着手编写了此书。

本书系统全面地介绍了乘用车和商用车柴油发动机高压共轨与后处理系统结构、工作原理与控制策略，对其故障检修流程与方法进行了详细的讲解，列举了典型故障案例并进行深度解析，可以帮助读者建立故障诊断的思路。

全书共分为七章，主要内容包括：柴油发动机高压共轨控制系统概述、乘用车柴油高压共轨系统组成与工作原理、乘用车柴油高压共轨系统故障检修方法、乘用车柴油高压共轨系统常见故障分析、商用车柴油高压共轨系统组成与工作原理、商用车柴油高压共轨发动机后处理系统、商用车柴油高压共轨系统故障检修方法。在本书中配置了大量的图片与表格，表达生动、形象，便于读者在阅读的过程中理解相应的内容。

本书可作为从事汽车工程技术方面相关人员培训、学习用书，也可作为高等院校或职业技术院校汽车技术方面的教材。

由于编者水平有限，书中难免出现差错，请专家和读者批评指正。

编者

目　录

第一章　柴油发动机高压共轨控制系统概述

一、柴油发动机电子控制技术发展过程

20 世纪 80 年代以来，随着电子控制技术在柴油机上的应用，使柴油机的动力性、经济性、排放性及噪声等各个方面的指标得到进一步改善，同时也提高了柴油机与汽油机竞争汽车动力的优势，柴油机技术进入一个新的发展阶段。

电控技术在柴油机供给系统中的应用，即在供（喷）油量、供（喷）油正时、供（喷）油速率和喷油压力等控制方式上，经历了"位置控制式""时间控制式""时间—压力控制式"或"压力控制式" 3 个阶段。

"位置控制式"称为第一代柴油机电控燃油喷射系统，特点是不仅保留了传统的喷油泵—高压油管—喷油器系统，而且还保留了喷油泵中齿条、齿圈、滑套、柱塞上控油螺旋槽等控制油量的传动机构，只是对齿条或滑套的运动位置，由原来的机械调速器控制改为电子控制，使控制精度和响应速度得以提高。但是控制自由度小，控制精度差，喷油率和喷射压力难于控制。典型系统有直列泵和分配泵，直列泵是通过控制喷油泵齿杆位移来控制喷油量，通过控制液压提前器来实现喷油正时控制；分配泵是通过控制滑套位移来控制喷油量，控制 VE 泵上的提前器或改变凸轮相位来进行喷油正时控制。捷达 SDI 采用的就是博世轴向压缩式分配泵。

"时间控制式"称为第二代柴油机电控燃油喷射系统，就是用高速电磁阀直接控制高压燃油的喷射。特点是可以保留原来的喷油泵—高压油管—喷油器系统，也可以是新型的燃油系统。喷油泵的设计自由度提高，高压喷油能力大大加强。但是喷油系统喷油压力对转速的依赖性很大。在低速、低负荷时，其喷油压力不高，而且难以实现多次喷射，极不利于降低柴油机的噪声和震动。宝来、奥迪 A6TDI 发动机采用的就是 Bosch 公司生产的泵喷嘴系统。

"时间—压力控制式"或"压力控制式"称为第三代柴油机电控燃油喷射系统，这是一种新型柴油机电控喷油系统。它使用一个高压油泵，在柴油机的驱动下以一定的速比连续将高压燃油输送到公共容器内，称为共轨，高压燃油再由共轨送入各缸喷油器。这种系统喷射压力高（最高已达 200MPa），且不依赖发动机转速，可以改善发动机低速、低负荷性能；可以实现预喷射，调节喷油速率形状，实现理想喷油规律；使发动机油耗、烟度、噪声及排放等性能指标得到明显改善，并有利于改进发动机转矩特性；结构简单，可靠性好，适应性强。目前比较典型的共轨喷油系统有：美国 BKM 公司的 servoje 中压共轨式系统；美国 Caterpiller 公司的 HEUI 中压共轨式系统；日本电装公司的 ECD-U2 高压共轨式喷油系统；德国 Bosch 公司的高压共轨式喷油系统。

二、柴油发动机高压共轨电控系统性能特点

和传统电子控制的柴油发动机相比较，高压共轨电控发动机通过一个中央电子控制

模块（ECU）来控制和协调发动机的工作，ECU就像人的大脑一样，通过各种传感器和开关实时监测发动机的各种运行参数和操作者的控制指令，经过比较、计算后发出命令给相应的执行元件，如燃油计量阀、喷油器等，实现对发动机的优化控制。控制系统通过精确控制共轨燃油压力、喷油时刻和喷油量，以达到降低排放和提高燃油经济性的目的。

1. 柴油发动机高压共轨电控系统的应用背景

日益紧迫的能源与环境问题迫使人们对越造越多的汽车进行严格的排放控制和提出更高的节能要求；由于柴油发动机技术的限制，每天频繁发生交通事故，给人们的生命和财产带来极大的威胁，这对汽车行驶的安全性能提出了更高要求。随着科技的进步和计算机、新材料及新工艺等在柴油发动机上的应用，已使柴油发动机的结构和性能焕然一新。

2. 柴油发动机高压共轨电控系统的应用特点

高压共轨电控系统的电子装置运行更加精确，更容易实现自动控制；电子装置能向车辆提供广泛的信息；电子部件比机械部件更容易装到发动机上；采用电子电路能够做到更高的集中程度，电子部件很少受原材料的限制；能够实现供油压力的闭环控制，从而得到发动机的最佳性能，并且有效地控制了排放性能和提高了燃油经济性。从长远看，高压共轨电控发动机是柴油发动机的最佳选择，随着技术的成熟与批量的生产，高压共轨电控柴油发动机的制造成本将会降低。

3. 柴油发动机高压共轨电控系统的优势

（1）实现对发动机运行工况的实时高精度控制。

高压共轨电控系统是由微机对各种运行参数和控制信息进行监测和处理，而微机对信息的处理速度一般为毫秒级，因此一旦发动机及其系统的运行参数或状态偏离目标值，电控系统就能立即进行调节，特别是对喷油压力闭环的控制极为精准，从而实现对发动机运行工况的实时高精度控制。

（2）提高发动机的动力性能、经济性能和排放性能。

高压共轨电控系统可以精确地控制喷油压力、喷油提前角与喷油量，并始终保持发动机在最佳工作状态，使柴油机动力性能、经济性能与排放性能最好。高压共轨电控系统能在不同的工况及工作条件下精确地控制喷油提前角，并始终保持在最佳值；电控系统还必须对供油量进行精确的控制，并能在不同工况及工作条件下对供油量进行校正补偿；对于高压共轨柴油机来讲还要对喷油压力（轨压）进行精确的闭环控制，这一点是传统的柴油发动机电控系统很难做到的。

（3）提高发动机工作的可靠性。

随时监测影响发动机工作可靠性的参数，一旦某一项或几项参数异常，超出设定值，系统就能够控制相应的执行器进行快速高效的调整，直至有关参数或状态正常为止。对于一些对发动机可靠性影响很大的重要参数，系统提供双重或多重保护，以避免发生重大事故。具备系统自诊断功能，电控系统中的某点出现故障或检测到的某些重要参数出现异常，系统马上做出反应并报警显示，保证当发动机在某些非关键部位或环节出现故障时能在准正常状态下运转，即所谓的失效保护和备用功能。

（4）电控系统具有较强的适应性。

对于不同用途、不同机型的电子控制系统具有较强的适应性，针对各种不同型号的发动机，只要通过改变电子控制模块 ECU 中的软件程序，就能实现改型匹配。

三、柴油发动机高压共轨系统基本组成与工作原理

1. 柴油发动机高压共轨电控系统基本组成

共轨是指系统中有公共的油轨，柴油机共轨燃油喷射系统主要由油箱、低压输油泵、高压燃油泵、高压共轨（简称共轨）、燃油计量单元、喷油器和各种电子元件组成，控制功能有燃油喷射控制、进气控制、启动控制、后处理控制、故障自诊断、失效保护等。

共轨柴油机系统按油轨压力大小可分为高压共轨和中压共轨两种。高压共轨的特点是：高压输油泵直接输出高压燃油到共轨容器，压力可在 120MPa 以上，因此整个系统从高压输油泵到喷油器均处于高压状态。中压共轨中，输油泵输出的燃油是中、低压油，压力为 10~30MPa，由此压力燃油进入共轨，然后进入喷油器。喷油器中有液压放大结构（即增压器），燃油在此被加压到 120MPa 以上，然后再喷入气缸。因此中压共轨喷油系统中，高压区域仅局限在喷油器中。目前已投入使用的共轨喷油系统中，大多数都是高压共轨喷油系统。

2. 柴油发动机高压共轨系统基本工作原理

柴油机高压共轨喷射系统中，燃油压力的形成和燃油的喷射过程是相互独立的，喷油压力的形成取决于发动机的转速和喷油的数量。喷油量、喷油时刻和喷油压力通过 ECU 输出指令，触发燃油计量控制单元电磁阀与喷油器电磁阀，再将高压燃油喷入气缸。

ECU 根据柴油机的转速、负荷等控制燃油计量控制单元（燃油压力控制阀）的开度，从而增加或减少高压输油泵的供油量，实现对共轨中油压的控制，以保证供油压力稳定在目标值，使喷油压差保持不变，再通过控制喷油器电磁阀工作实现喷油量和喷油正时的控制。同时，ECU 还根据燃油压力传感器信号对共轨中的油压进行闭环控制，使柴油发动机在任何工况下都能够保持最佳的工作状态。

第二章 乘用车柴油高压共轨系统组成与工作原理

乘用车共轨燃油喷射系统是一种应用于内燃机的燃油直接喷射系统。在共轨燃油喷射系统中，系统压力的产生和燃油喷射的功能是分开的，压力的产生不受发动机转速与喷油量的影响，电子柴油控制系统（EDC）控制着共轨系统的每一个组件。

第二章至第四章以绵阳新晨动力 DK4 柴油发动机高压共轨系统为例进行描述，其控制系统为德国博世电控系统，配装此发动机的车辆有金杯大海狮、金杯格瑞斯、国内多款 SUV 与皮卡等。

第一节 乘用车柴油高压共轨供油系统组成与工作原理

高压共轨供油系统由低压回路与高压回路组成，如图 2-1 所示，低压回路由油箱、低压燃油泵、输液泵、燃油滤清器、回油管等组成；高压回路由高压油泵、高压油轨、喷油器等组成。

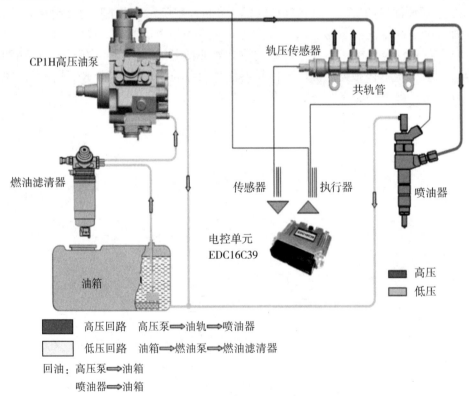

图 2-1 DK4 高压共轨供油系统燃油回路

一、乘用车高压共轨供油系统低压回路

燃油来自油箱，通过安装于发动机上的燃油滤清器，流到低压输油泵，低压输油泵中的燃油流向高压输油泵。

1. 油箱

顾名思义，油箱是用来储存燃油的。油箱必须耐腐蚀，且能承受一定的压力而不会渗漏，必须安装有效的缓解通气口或安全阀，以防过压。当车辆在弯道行驶、倾斜或受到撞击时，燃油不能经由加油口或压力补偿装置漏出。油箱必须远离发动机，以防止由于事故而引燃燃油。

2. 燃油滤清器

燃油滤清器除了过滤燃油杂质以外，还集成了手动泵油装置、油水分离器及燃油加热装置。通过仪表板上的油水分离指示灯及时提醒驾驶员放掉分离出来的水分。燃油加热装置有利于提升车辆的冷启动性能。

现代柴油机的直喷系统对燃油里极小的杂质都很敏感，微粒腐蚀和水的侵蚀是导致部件受损的主要原因，喷油系统的设计使用寿命是基于燃油的最高纯度确定的。燃油滤清器如图 2-2 所示。

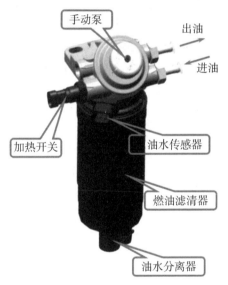

图 2-2　滤清器结构

（1）微粒过滤。

减少微粒杂质是滤清器的一个基本功能，这样可以保护喷油系统中容易磨损的组件（高压泵与喷油器等）；换句话说，喷油系统规定了必要的过滤精度，除了防止磨损，滤清器还要有充足的微粒储存能力，否则，滤清器可能在更换之前出现堵塞现象，如果出现堵塞，其输油量将会下降，同时导致发动机性能下降。

（2）油水分离。

柴油滤清器的第二个主要功能是将柴油中的水分离出来，以避免影响发动机正常工作与腐蚀损坏发动机机械部件。

（3）手动油泵。

当更换燃油滤清器或油箱燃油用尽之时，发动机供油系统存在油量不足或无油状态，而系统不允许干运转，否则会内部干摩擦导致零件磨损甚至毁坏，因此高压泵首次启用或者有空气进入油路时，必须按照以下操作方法排除油路中的空气，并且充油压力不得大于 0.4MPa。手泵油控制原理如图 2-3 所示。

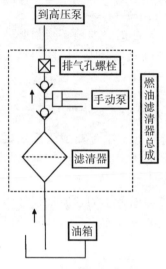

图 2-3　手泵油控制原理

步骤 1：松开燃油滤清器上的排气孔螺栓；
步骤 2：向下压燃油滤清器上的手动泵，直到所有空气排出，有燃油从排气孔流出；
步骤 3：拧紧排气孔螺栓；
步骤 4：如有必要，可重复上述过程。

3. 齿轮泵

齿轮泵的作用是为高压油泵提供充足的燃油，它直接与高压油泵装在一起，工作时将油箱中的柴油吸出并建立一定的油压输送给高压油泵，如图 2-4 所示。齿轮泵主要由两个啮合的齿轮组成，分别为驱动齿轮与从动齿轮，通过齿轮之间的间隙把燃油从吸油侧输送到压油侧，齿轮间的线接触可以对吸油侧和压油侧之间进行隔离，以防止燃油回流。

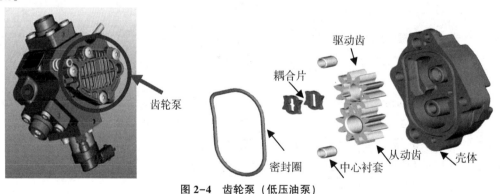

图 2-4　齿轮泵（低压油泵）

二、乘用车高压共轨供油系统高压回路

燃油在高压输油泵中被加压到（25~145MPa），高压燃油通过一个燃油管，从高压油

泵流向高压油轨，通过喷油器供油管，高压燃油从油轨直接流向喷油器，ECM 控制喷油器雾化喷射燃油到气缸。

1. 径向柱塞式高压输油泵

（1）高压泵作用与组成。

DK4 柴油发动机 CP1H 型高压泵集成了输油泵与共轨高压油泵，如图 2-5 所示。高压油泵有三个 120°径向分布的柱塞，由驱动凸轮驱动，驱动凸轮由驱动齿轮驱动，并用柴油润滑；一个进油计量阀装在泵内用以计量燃油量，其燃油量取决于要求的油轨压力；CP1H 高压油泵上有一个齿轮泵与传动系相连，此齿轮泵的功能是将油箱中的燃油输送到高压油泵，然后，燃油进入位于高压油泵上部的油量计量单元，计量单元根据实际的燃油需求量控制进入高压油泵进行压缩的燃油量。

（2）高压泵工作原理。

低压油泵将燃油输送到高压油泵后在凸轮的驱动下，其内部 3 个相互成 120°径向分布的柱塞进行压缩，一旦压缩压力大于共轨内部压力，出油阀被打开，被建立高压的燃油送入高压回路，这种情况是在柱塞从下止点到上止点运动过程产生的，属于供油行程，而达到上止点后，压力下降，出油阀关闭；当柱塞向下运动时，由于容积的增大，柱塞腔内的燃油压力下降，直到压力低于低压油泵的供油压力时，进油阀被再次打开，进入下一轮的工作循环。

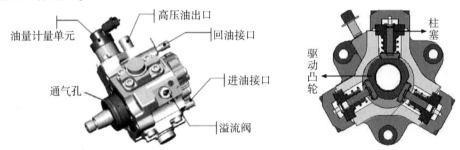

图 2-5　DK4 柴油发动机 CP1H 型高压泵

CP1H 型高压泵技术参数：

泵体材料：铸铁；

最大供油量：$843 \text{mm}^3/\text{r}$；

旋转方向：顺时针方向；

3 个径向柱塞：集成了齿轮泵和油量计量单元；

润滑方式：柴油润滑；

泵额定转速：3000r/min；

最大允许压力：160MPa；

油量计量单元线圈电阻：$2.6 \sim 3.15 \Omega$（20℃）。

2. 油量控制计量单元（调压阀）

（1）计量控制单元作用。

油量计量控制单元是一个占空比电磁阀，如图 2-6 所示。通常安装在高压油泵或高压共轨上，根据电控单元（ECU）的指令实现对共轨压力的闭环控制，从而控制进入高压油泵的油量，最终精确控制共轨管中瞬时燃油压力，以满足发动机各个工况。

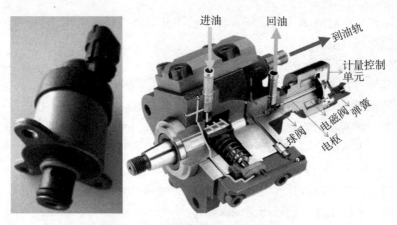

图 2-6 DK4 柴油发动机计量控制单元

（2）计量控制单元组成以及工作原理。

以绵阳新晨动力 DK4 柴油发动机高压共轨系统为例，计量控制单元安装在高压输油泵的高压出油端，其压力调节属于高压端调节方式。在柴油发动机工作时，计量控制单元始终处于通电状态，电磁线圈产生的电磁力和弹簧力通过电枢共同作用在球阀上，共轨的燃油压力则作用在球阀的底部；当共轨压力大于电磁力和弹簧力时，球阀开启共轨回油通道，使共轨压力下降；当共轨压力小于电磁力和弹簧力时，球阀关闭共轨回油通道，使共轨压力升高；当共轨压力与电磁力和弹簧力平衡时，球阀保持一定开度，使共轨压力保持稳定，此稳定的共轨压力取决于电磁力，电磁力越大，共轨压力越高。电磁线圈产生的电磁力与通电占空比成正比，共轨系统对共轨压力的控制就是由电控单元（ECU）通过调整电磁线圈的占空比来实现的。

计量控制单元不通电或通电占空比保持不变时，实际就是一个限压阀，计量控制单元不通电时的限制压力一般为 10MPa。

3. 高压油轨

高压油轨（高压储压器）的作用是储蓄高压燃油，如图 2-7 所示。因此，高压油轨须能够消除由高压油泵供油和燃油喷射造成的压力波动，这样才能保证在喷油器开启时油轨内的压力保持恒定。油轨尺寸必须大小适中，以满足维持轨压稳定要求以及保证发动机启动时燃油压力能够快速上升到足够高的水平。

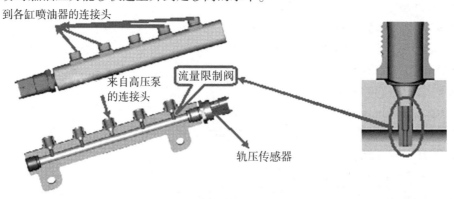

图 2-7 高压油轨

4. 喷油器

（1）喷油器作用。

共轨喷油器的作用是将非常少量的高压燃油精确地喷入燃烧室。喷油器是以锥形锁的方式安装于气缸盖上，并通过铜垫片来密封燃烧室。共轨喷油器的喷油量通过电子触发喷油器来控制，喷油开始时刻由电子柴油控制系统（EDC）的正时系统来控制，此喷油器间接地被电磁阀所驱动，使用的是球形座面、高压喷孔和低压回油的液力连接。

（2）喷油器组成。

喷油器主要由高压接口、低压接口、控制柱塞、针阀、油嘴、电磁阀、球阀、壳体、低压油路、高压油路等组成，如图2-8所示。

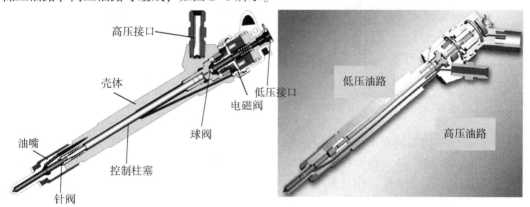

图2-8　喷油器组成

喷油器主要参数：

线圈电阻：215~295mΩ（20~70℃）；

提升电压：48V；

提升电流：17.5~18.5A（设定值：18A）；

保持电流：11.5~12.5A（设定值：12A）；

最大通电时间：4000μs；

最大工作轨压：145MPa；

油嘴：具有单一针阀的微小喷孔型。

（3）喷油器工作原理。

如图2-9所示，来自共轨管中的高压柴油进入喷油器后分为两路，一路直接进入喷油器下部的油腔，另一路经过进油节流孔（即充油控制孔）进入喷油器针阀杆顶端上部的控制室。当电磁阀不通电时，在弹簧力的作用下，球阀将控制室回油通道关闭，控制室与喷油器下部油腔内的油压相等，在针阀杆（相当于一个液压控制活塞）上部油压和回位弹簧力的作用下，使喷油器针阀关闭，喷油器不喷油；当电磁阀通电时，电磁力克服弹簧弹力使衔铁上移，球阀打开控制室回油通道，控制室回油通道开启，作用在针阀杆上部的油压迅速下降，喷油器下部油腔与控制室形成压力差，喷油器下部油腔内的高压柴油将针阀顶开，使喷油器开始喷油，直到电磁阀再次断电时喷油结束。

在喷油器控制室的进、回油通道中各有一个节流孔（即充油控制孔和释放控制孔）。进油节流孔的孔径要小于回油节流孔的孔径，以使电磁阀在开启回油通道时，控制室油压能够快速下降，从而使喷油器针阀迅速抬起进行喷油，达到一个快速响应的效果。

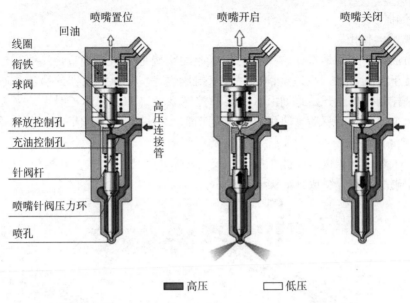

喷嘴置位　　　　　　喷嘴开启　　　　　　喷嘴关闭

回油

线圈
衔铁
球阀

释放控制孔
充油控制孔

针阀杆

喷嘴针阀压力环

喷孔

高压连接管

■高压　　□低压

图 2-9　喷油器工作原理

（4）高压共轨喷油器修正码的设置。

电控柴油发动机最大的优势在于对喷油量及喷油规律的控制自由度大，可以根据不同的工况点要求，精确控制喷油量、喷油时间和喷油规律，从而满足柴油发动机的动力性、经济性以及排放法规的要求。

由于喷油器本身的制造偏差，会对喷油量等的控制精度产生影响，为克服这种影响，电控柴油发动机普遍采用了喷油器修正码技术。

在高压共轨系统中，喷油量取决于共轨压力和喷油器线圈的励磁时间。对同一个喷油器而言，当其喷孔数量、喷孔直径及喷油锥角已确定，在相同的共轨压力及励磁时间下，喷油量在理论上是一个定值。但在喷油器批量生产的过程当中，喷油器本身的制造偏差不可避免，如喷孔直径、电磁阀开启时需要克服的阻力等参数，在各喷油器之间都存在差异，如果不对上述的喷油器制造差异加以修正，ECU 对喷油器的精度控制就会受到限制。因此，新的高压共轨喷油器都标有修正信息，在更换到发动机上后，需通过故障检测仪或专用通信设备将该修正信息输入到柴油发动机高压共轨控制系统（ECU）中，从而确保不同生产批次的喷油器都能喷出等量的高压柴油。

第二节　乘用车柴油高压共轨电控系统部件的组成与其工作原理

柴油高压共轨电控系统分成三大模块，分别为传感器、电控单元（ECU）、执行器。

一、柴油高压共轨电控系统核心部件

传感器的作用是把发动机各部分工况的物理信号转换成电信号输送给电控单元，电信号又分为模拟信号与数字信号，以使电控单元了解当前发动机的工况（例如，发动机转速）和设定值（例如，开关位置），DK4 柴油发动机传感器主要包括发动机曲轴位置与转速传感器、凸轮轴位置传感器、空气流量传感器、高压油轨压力传感器、加速踏板位置传感器、温度传感器、油中有水传感器等。

电控单元的作用是通过接收发动机各传感器、其他系统传感器信号与驾驶员开关指令信号来比较、计算最佳的喷油压力、喷油量与喷油正时，然后将控制指令转换成电信号控制执行器工作。

执行器的作用是接收来自发动机控制单元的控制电信号并做出相应的执行动作来控制发动机各系统工作，使发动机在任何情况下都能达到最佳的工作状态。DK4 柴油发动机执行器主要包括燃油计量单元、喷油器、节气门、预热塞、EGR 阀等。

1. 发动机曲轴位置与转速传感器

（1）传感器作用与结构。

发动机曲轴位置与转速传感器为磁电式传感器，外形与结构如图 2-10 所示。它安装于曲轴皮带轮或飞轮附近，与曲轴上的 58x 齿圈共同工作，为 ECU 提供曲轴瞬时位置与发动机转速信号。

产品特性：

工作温度：-40~120℃；

工作间隙：0.5~1.5mm；

线圈电阻：860Ω±10%（20℃）。

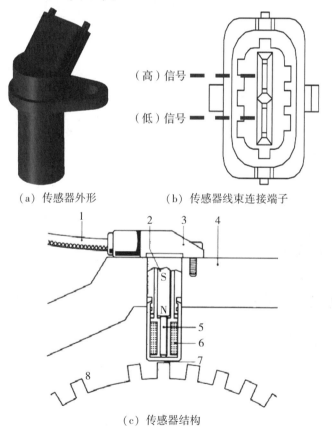

（a）传感器外形　　　　（b）传感器线束连接端子

（c）传感器结构

1. 传感器线束　2. 磁极　3. 传感器壳体　4. 发动机外盖　5. 铁芯　6. 线圈　7. 间歇　8. 信号转子盘

图 2-10　发动机曲轴位置与转速传感器

（2）传感器工作原理。

在信号转子盘上，每隔 6° 有一个信号孔，但由于一周有连续两处没孔，因而飞轮盘

11

上共有 58 个信号孔,发动机每转两圈就输出 116 个脉冲,此信号每隔 6°检测发动机曲轴位置与转速。曲轴转动时,58x 的齿顶和齿槽以不同的距离通过传感器,传感器感应到磁阻的变化,这个交变的磁阻产生了交变的输出模拟电信号以确定曲轴的瞬时位置与发动机转速,信号轮两处没孔信号作为辅助判缸信号,交变信号如图 2-11 所示,ECU 利用此信号与凸轮轴位置传感器信号共同确定各缸活塞位置。

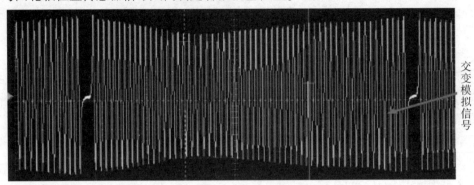

交变模拟信号

图 2-11　发动机曲轴位置与转速传感器输出波形信号

2. 凸轮轴位置传感器

(1) 传感器作用与结构。

凸轮轴位置传感器为霍耳效应式传感器,外形与结构如图 2-12 所示,它安装于凸轮轴附近,与凸轮轴上的信号轮共同工作,信号轮对应着发动机特定位置,ECU 通过该传感器测得数字电压信号,以此确定发动机工作的气缸(判缸信号)。

技术参数:

工作温度:-40~150℃;

工作电压:4.7~18V;

工作间隙:0.2~1.8mm。

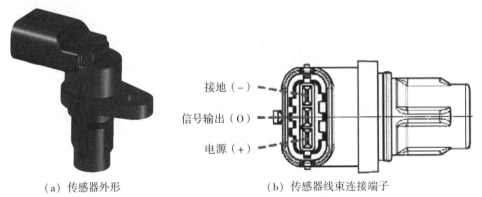

接地(-）

信号输出(O）

电源(+）

(a) 传感器外形　　　　　　　　(b) 传感器线束连接端子

图 2-12　发动机凸轮轴位置传感器

(2) 传感器工作原理。

美国物理学家霍耳发现,如果对位于磁场(B)中的半导体基片施加电流(I),该磁场的方向垂直于所施加电压的方向,那么在既与磁场垂直又和所施加电流方向垂直的方向上会产生另一个电压(U_H),人们将这个电压叫作霍耳电压。此信号属于数字信号,如图 2-13 所示。产生的这种现象被称为霍耳效应,如图 2-14(a)所示。

当传感器与信号轮的缺口对正的时候，穿过霍耳元件的磁力线分散，磁场较弱，霍耳元件不产生霍耳电压，如图 2-14（b）所示。

当传感器与信号轮的凸齿对正的时候，穿过霍耳元件的磁力线集中，磁场较强，霍耳元件会产生一个毫伏（mV）级别的霍耳电压。随着信号轮的转动，霍耳元件就会输出一个毫伏级别的正弦波电压。此信号电压还需要由电子电路转换为标准的脉冲电压，如图 2-14（c）所示。

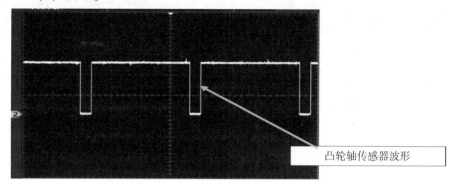

图 2-13　发动机凸轮轴位置传感器输出波形信号

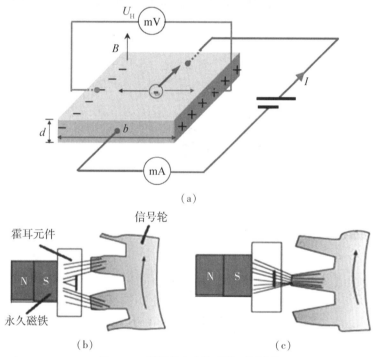

（a）

（b）　　　　　　　　　　（c）

图 2-14　霍耳效应式传感器工作原理

3. 空气流量传感器

（1）传感器作用与结构。

DK4 空气流量传感器是热膜式空气流量传感器，安装在进气系统上，同时空气流量传感器内置有温度传感器，可以测量进气的温度，ECM 通过此信号判断进入发动机的空气量和发动机的负荷，其输出信号为模拟信号，插脚定义如图 2-15（a）所示。空气流量传感器的安装方向一定要与进气的气流方向一致，如图 2-15（b）所示。

13

技术参数：

标称流量：640kg/h；

工作电压：14V；

传感器温度：-40~120℃。

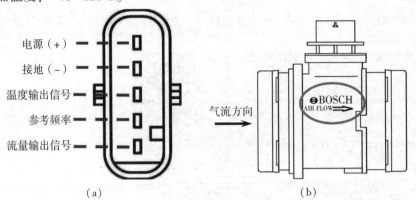

电源（+）

接地（-）

温度输出信号

参考频率

流量输出信号

气流方向

BOSCH
AIR FLOW

(a) (b)

图 2-15 空气流量传感器

（2）传感器工作原理。

热膜与热线式空气流量传感器工作原理基本相同，区别在于热膜式探头是片装的，而热线式探头是线状的。为了便于理解，现以热线式进气流量传感器为例进行论述。电路图中由以下电阻组成一个电桥、电桥的一个臂是图中 R_h，称为热线；另一个臂 R_x，称为冷线；再一个臂为精密电阻；最后一个臂 R_b 是一个可用修正的电阻。如图 2-16 所示。

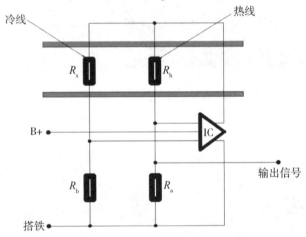

冷线 热线

R_x R_h

B+

IC

输出信号

R_b R_a

搭铁

图 2-16 空气流量传感器结构与工作原理

发动机在工作时热线 R_h 有电流通过，因而温度较高，和冷线 R_x 之间的温差应保持不变（一般为120℃）。当空气流经热线 R_h 时，带走热量而使热线 R_h 温度下降，空气流量越大，带走热量越多，热线 R_h 温度下降越多。热线 R_h 是电桥的一个臂，它是一个具有正温度系数的电阻，当温度下降时电阻值变小，此时电阻值的变小造成电桥不平衡，此不平衡对集成电路 IC 进行了控制。集成电路是给电桥提供电流的，它控制电流使热线 R_h 保持恒温以达到 R_h 电阻恒定而使电桥不断平衡。要想维持此平衡，电路的变化应随空气流量的大小而改变：空气流量大时，电流增大；空气流量小时，则电流减小。

R_a 与 R_h 串联，串联电路的电流相等，R_h 的电流同样流经 R_a 的电源负极，这时在 R_a

14

上产生一个电压，这个电压大小的变化和电流大小变化成正比，和空气流量变化成正比，该电阻上的电压作为空气流量传感器的输出信号。

在空气流量传感器不变的情况下，进气温度不一样时，从热线带走的热量也不一样。为了解决这一问题，在电桥中用了 R_x 这个电阻，它也是铂做成的，它的阻值变化是随着空气温度变化而变化的，起一个补偿作用，使空气温度不一样造成的测量误差得到补偿，以保证空气流量传感器的准确性。

4. 高压油轨压力传感器

（1）传感器作用与结构。

轨压传感器如图 2-17 所示，是用来测量高压共轨系统中高压油轨内的实际瞬时压力的。轨压传感器将压力信号转换为电压信号给电控单元（ECU），其信号为模拟信号，以实现燃油压力的闭环控制。DK4 轨压传感器集成在油轨的端部，如图 2-18 所示。

技术参数：

最大工作轨压：160MPa；

信号输出电压：0.5~4.5V。

图 2-17　轨压传感器

图 2-18　轨压传感器安装位置

（2）传感器工作原理。

轨压传感器与进气压力传感器工作原理类似，都是通过传感器元件（半导体组件）将压力信号转换成电信号，并将该信号放大后输送到 ECU。轨压传感器是由硅膜片、电桥、放大电路三部分组成，如图 2-19 所示。当轨内的压力导致硅膜片形状变化时（近似于在 150MPa 时 1mm），连接膜片的电阻层阻值也将改变，改变的电阻值将引起通过 5V 电桥（慧斯登电桥）输出端电压变化，通过集成放大电路的处理，使信号端输出的电压在 0.5~4.5V 之间变化。轨压传感器特性曲线如图 2-20 所示，ECU 便根据此电压计算出高压油轨中的瞬时压力。

5. 加速踏板传感器

（1）传感器作用与结构。

加速踏板传感器主要用于获得驾驶员对于车辆的驾驶要求，并通过 ECU 的分析计算，使发动机提供相应动力，是柴油发动机电控系统提供负荷的主要信号。电子加速踏板主要由机械部分和传感器组成，输出随踏板行程线性变化的电信号，现在该传感器主要为非接触的霍耳元件传感器，输出两组信号，当两组信号值偏离对应关系时，故障警告灯点亮，系统进入失效保护模式，该模式只准许发动机以较低的转速运转。

技术参数：

工作电压：（5±0.3）V；

工作温度：-40~80℃；

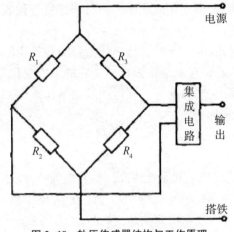

图 2-19　轨压传感器结构与工作原理

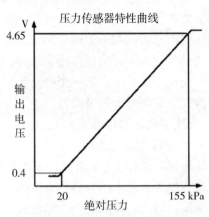

图 2-20　轨压传感器工作特性图

踏板力：（500±6）N；

踏板回位力：>5N。

（2）传感器工作原理。

根据霍耳效应原理，霍耳电压与输入电流和磁场强度都呈线性关系，当霍耳元件输入电流保持不变时，传感器的输出电压就正比于磁感应强度。加速踏板联动的轴上装有磁铁，当轴旋转时，改变了轴与霍耳元件之间的相对位置，从而改变了作用在霍耳元件上的磁场强度，结果使霍耳元件上的输出电压也发生变化，如图 2-21 所示。发动机电脑通过此电压可以计算出加速踏板的角位移与动作幅度大小。为了能更精准地监测加速踏板位置传感器是否出现信号偏差，加速踏板位置传感器的两个信号之间的关系为：无论加速踏板开度在何处，其信号 1 的电压都是信号 2 电压的 2 倍，如图 2-22 所示。

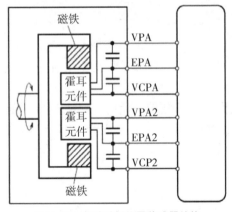

图 2-21　加速踏板位置传感器结构

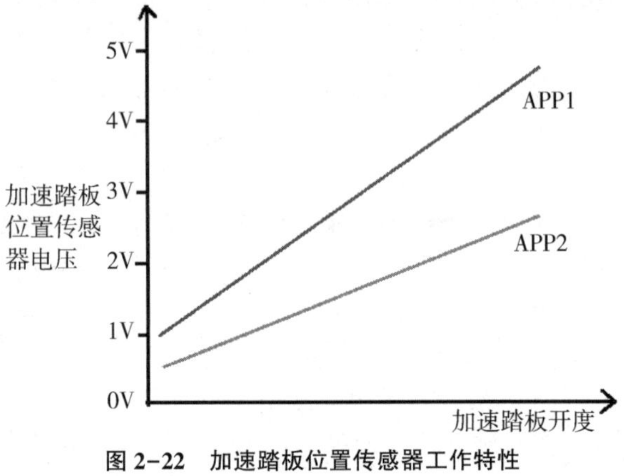

图 2-22　加速踏板位置传感器工作特性

6. 温度传感器

（1）传感器作用与结构。

冷却液温度/进气温度传感器用于检测发动机冷却液/进气的工作温度，ECU 将根据不同的温度，为发动机提供最佳的控制方案，冷却液温度信号可用于供油量、冷启动以及风扇控制等功能；进气温度传感器主要用于供油量的控制。冷却液与进气温度传感器均采用负温度系数的热敏电阻作为感应元件，水温传感器装配在发动机的冷却液小循环通道上；进气温度传感器与进气流量传感器或进气压力传感器集成在一起。水温传感器结构图如图 2-23 所示。

技术参数：

工作电压：（5±0.15）V；

工作温度：-40~130℃。

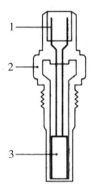

1. 电器接头　2. 外壳　3. NTC 电阻

图 2-23　水温传感器结构图

（2）传感器工作原理。

负温度系数特性的半导体热敏电阻的输出特性为热敏电阻阻值高低与温度冷热的变化成反比关系，即当温度升高时，热敏电阻的输出阻值下降，传感器输出电压较低；当温度降低时，热敏电阻的输出阻值增加，传感器输出电压较高。冷却液温度与进气温度传感器工作特性如图 2-24 所示。

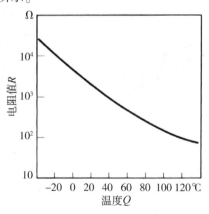

图 2-24　冷却液温度与进气温度传感器工作特性

（3）备用水温值（发动机保护）。

当控制单元（ECU）检测到水温传感器信号异常时，系统会启用备用水温值：发动机启动以前的备用水温值为-25℃，以保证启动；启动以后的备用水温值为 90℃，以保证运行；同时，电子扇控制功能也会默认水温为 105℃，电子扇持续工作，以保证发动机水温不会因为没有监测而过高。

7. 油中有水传感器

油中有水传感器用于检测和提示滤清器已经储存大量的水，其信号可提供给电控单元（ECU）或者油中有水指示灯，此传感器一般与燃油滤清器集成在一起。

技术参数：

工作电压：8~16V；

工作环境温度：-40~120℃；

额定电流：小于200mA。

8. 预热塞

（1）预热塞作用与结构。

对柴油高压共轨发动机来说，可通过预热塞直接对缸体内进行加热，从而优化启动性能并降低运行中的噪声，这个装置装设在发动机气缸上部的预热室，喷油嘴下方预热塞只需要几秒钟的时间就能达到所需的温度，启动之后的预热不仅可以优化排放，同时可以降低噪声。

技术参数：

额定电压：11V；

达到850℃的通电时间：（5±1）s；

60s后的温度：（1050±50）℃。

（2）预热塞工作原理。

当柴油发动机低温启动时，因为外部的低温，使得依靠进气、压缩、做功、排气循环的过程难以启动发动机，需要补助加温，此时水温传感器将发动机低温信号传给发动机ECU，ECU经过计算比较后将控制信号传给预热控制器，由预热控制器控制预热塞工作，工作过程如图2-25所示。当柴油被喷出雾化时，会经过预热塞而被加温，当油气被压缩时，则容易点燃爆炸，启动发动机的工作循环，使之顺利着车。

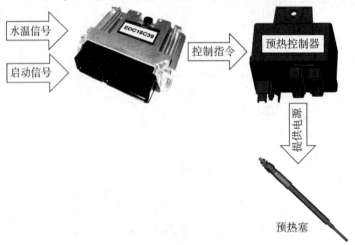

图2-25　预热塞工作过程

9. 废气再循环EGR阀

（1）EGR阀作用与结构。

EGR阀位于进气管上，其作用是使一定量的废气流入进气系统进行再循环。从本质上说，EGR是靠恶化燃烧来减少NO_x排放物的。EGR阀膜片的一侧连接一根枢轴杆，另一侧与弹簧相连（弹簧使阀门保持常闭），当加在膜片上的真空压力（或气压）大于弹簧力时，枢轴杆被拉离原位，通道打开，使废气进入再循环系统，再循环的废气量与进气量直接相关。

（2）预热塞工作原理。

因为 NO_x 产生的条件有两个, 一是高温, 二是多氧, 将一定的燃烧后废气通过控制阀引入进气管与新鲜气体混合后进入气缸燃烧, 这一部分惰性废气可减缓燃烧速度、降低最高燃烧温度, 起到减少 NO_x 的作用。车载真空泵产生真空, EGR 阀的开度并不是直接由真空泵的真空度决定, 而是由真空调节器将真空度调节到合适的值, 从而控制阀打开到所需要的开度。工作过程如图 2-26 所示。

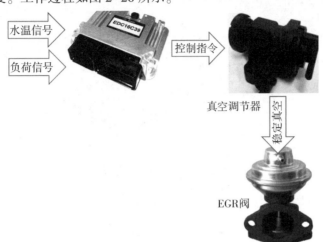

图 2-26　废气再循环工作过程

10. 节气门

柴油机中的节气门与汽油机的节气门所起的作用是截然不同的, 柴油机中的节气门的作用是通过调节新鲜空气量来间接改变废气循环的比例。该阀一般都在低负载和低转速的时候才工作。同真空 EGR 阀一样, 节气门的开度并不是直接由真空泵的真空度决定, 而是由真空调节器将真空度调节到合适的值, 从而控制节气门关闭到所需要的位置。节气门如图 2-27 所示。

图 2-27　节气门

11. 涡轮增压器

涡轮增压器的涡轮机与排气管相通, 压气机与进气管相通, 涡轮机与压气机的叶轮同轴转动, 通过排气驱动涡轮机, 驱动压气机, 提高进气压力, 增加充气量, 从而提高发动机的输出功率。涡轮增压器结构如图 2-28 所示。为了防止柴油机高速高负荷时增压器转速过高, 发动机增压压力过高, 通过排气旁通阀在高速高负荷时打开, 放掉一部分废气, 以降低增压器转速, 控制压比。

使用要点:

（1）由于涡轮增压器采用全浮动轴承，对润滑油的要求很高，应按规定使用增压柴油机机油。

（2）为了确保轴承的润滑，启动后应怠速运转几分钟，使润滑油达到一定的温度和压力；同理，停机时也不能突然停止，要逐渐减少负荷，最后怠速运转几分钟后再停机。

（3）应按规定定期清洗空气滤清器和检查进气系统是否漏气。

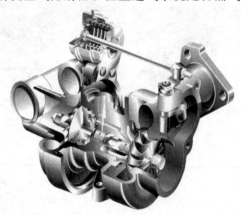

图 2-28　涡轮增压器结构

二、柴油高压共轨系统控制单元

柴油机的电控单元（ECU）可以精确调整不同工况下的喷油参数，这就是现代柴油机之所以能应用在各种场合的唯一原因。

大气压力传感器集成在电控单元（ECU）内，其信号用于一些基于海拔高度进行设定值修正的闭环控制系统（如增压压力控制），从而允许系统根据不同的海拔高度调整系统的工作，大气压力传感器测量的是绝对压力，其结构、工作原理与汽油机进气压力传感器和轨压传感器类似。电控单元（ECU）可以分成3个模块：

（1）传感器的作用是把物理信号转换成电信号，以使电控单元了解当前发动机的工况（例如，发动机转速）和设定值（例如，开关位置）。

（2）电控单元基于特定的开环或闭环控制算法处理从传感器获取的信号，并向执行器输出电子控制信号。另外，电控单元也是车辆其他系统和车载诊断系统联系的接口。

（3）执行器负责把电信号转换为机械动作（例如，打开喷油系统中的电磁阀）。

电控单元（ECU）软件的基本功能：

①多次喷射控制（前喷、主喷和后喷）；

②燃油量控制：低怠速控制器、各缸平衡；

③喷油器的喷油量调整；

④燃油量限制和发动机启动油量控制；

⑤加速踏板信号过滤和驾驶性脉普图；

⑥废气循环；

⑦增压压力控制；

⑧进气节流控制；

⑨可变涡流控制；

⑩预热塞预热时间控制；

⑪风扇和空调控制；

⑫诊断和检测功能；

⑬CAN 接口；

⑭程序刷新。

电控单元（ECU）会监控所有的传感器和执行器是否正常工作。同时，它也会检测接头虚接、短路、断路及与信号之间的合理性。当有故障发生时，电控单元（ECU）会将这个故障对应的故障码储存下来并启用安全模式。

第三节　乘用车柴油高压共轨电控系统工作原理

柴油高压共轨电控系统在高压油泵、油轨压力传感器、计量控制单元和电子控制单元（ECU）等组成的闭环系统中，将喷射压力的产生和喷射过程彼此完全分开控制。高压油泵将高压燃油输送到公共供油管（共轨），通过公共供油管内的油压调节实现精确控制，使高压油管压力大小与发动机负荷相关且与转速无关；控制单元（ECU）根据发动机瞬时工况控制各缸喷油器的喷油时刻与喷射时间。柴油高压共轨电控系统通过各种传感器检测发动机实际运行情况，通过控制单元（ECU）的计算与处理后命令执行器对燃油压力与喷油时刻和喷油时间进行精准控制，使发动机在任何工况与负荷下都能达到最佳的工作状态。控制过程如图 2-29 所示。

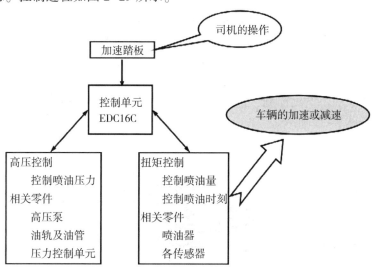

图 2-29　乘用车柴油高压共轨电控系统控制过程

一、柴油高压共轨电控系统基本工作原理（控制策略）

1. 柴油高压共轨电控系统基本控制原理

在确保供油系统正常的前提下，控制单元（ECU）通过接收凸轮轴位置传感器信号（用于判缸）和曲轴位置传感器（发动机转速传感器）信号，用来确定各气缸的工作（喷油）顺序以及喷油时刻（包括初始喷油时刻）；根据柴油发动机的曲轴转速、负荷（加速踏板位置、空气流量等信号）等来控制高压油泵输送给共轨的油压以及喷油器的喷油时间长短，根据轨压传感器反馈的共轨压力信号，对柴油共轨中的油压进行闭环控制；此外，ECU 还根据温度（冷却液、空气、燃油）等信号，对轨压、喷油器的喷射时刻和喷油时间实施修正。当然，ECU 对共轨电控系统中所附带的各种辅助系统的控制也离不开上述传感器的信号参考和修正。柴油高压共轨电控系统基本控制原理如图 2-30 所示。

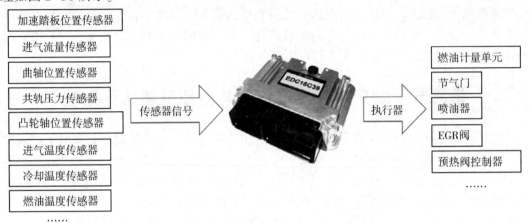

图 2-30　柴油高压共轨电控系统基本控制原理

2．自由调节进油压力（共轨压力控制）

通过控制共轨压力而控制喷油压力，控制单元（ECU）主要根据加速踏板位置传感器、进气流量传感器、发动机转速等传感器输送的电信号来计算发动机当前的负荷，确定负荷后计算出此刻所需要的供油压力（共轨压力）。同时，轨压传感器实时测量高压共轨内燃油的压力并以电信号的形式输送给电控单元，电控单元将计算出所需的供油压力（共轨压力）与轨压传感器测量高压共轨内燃油的压力进行比较，根据比较结果调节燃油计量控制单元的占空比控制，最终实现各工况高压共轨内的燃油压力的精准闭环控制。控制过程如图 2-31 所示。

图 2-31　自由调节进油压力控制

3．自由调节喷油量与喷油时刻

以发动机的转速以及加速踏板位置信号为基础，进气量传感器与进气温度和冷却液温度等传感器信号为辅，发动机控制单元（ECU）计算出最佳喷油量与喷油时刻，并控制喷油器的通电时间。自由调节喷油量与喷油时刻的控制如图 2-32 所示。

4．自由调节喷油率形状

根据发动机用途的需要设置并控制喷油率形状，主要包括预喷射、主喷射、后喷射、多段喷射等。

图 2-32　自由调节喷油量与喷油时刻的控制

5. 启动过程的控制

为使柴油发动机顺利启动，在启动时 ECU 首先采用大脉宽喷射的开环控制模式，当发动机转速与共轨压力达到某一设定值之后，ECU 转为闭环控制。

（1）喷油器开始喷油的必要条件。

①高压共轨压力>20MPa。

②同步信号正常：凸轮轴位置传感器信号（判缸信号）与曲轴位置（发动机转速）传感器信号正常。

（2）发动机判缸过程。

控制单元（ECU）根据凸轮轴位置传感器与曲轴位置传感器的相位关系判断柴油发动机运行的相位角度（判缸）并计算发动机转速，当判缸过程成功后才开始喷油。

①正常模式：凸轮轴位置传感器与曲轴位置传感器工作正常，判缸过程迅速、准确。

②后备模式1：当曲轴位置传感器信号故障，仅有凸轮轴位置传感器信号时，ECU 依靠凸轮轴位置传感器的信号发生器判缸齿确定准确相位和推算曲轴位置与发动机转速，从而按照正确的喷油时序喷油，但会延长发动机启动时间，着车后会影响发动机的使用与排放性能。

③后备模式2：当凸轮轴位置传感器信号故障，仅有曲轴位置传感器信号时，ECU 检测到曲轴位置传感器信号发生器的缺齿时，初步猜测发动机此时位于1缸压缩行程上止点前的位置，按照此假定的角度相位对发动机各缸喷油器进行喷油时刻的控制。当发动机转速超过阈值时，说明成功着车，可以判定此相位正确，判缸成功；若发动机转速没有升高的着车迹象，ECU 则重新假定下一个曲轴位置传感器信号发生器的缺齿信号为1缸压缩行程上止点前的位置，然后对发动机各缸喷油器再次进行喷油时刻的控制，直到着车为止，但会延长发动机启动时间。

（3）启动喷油量的计算。

启动喷油量=基本喷油量+修正喷油量。

①基本喷油量。

a. 主要由发动机转速信号与冷却液温度信号决定，发动机转速与冷却液温度越低，启动喷油量越大。

b. 当冷却液温度信号表现为低温时，发动机启动时间略长，可能冒烟，环境温度低于-15℃时启动辅助加热装置开始工作；当冷却液温度信号表现为高温时，发动机启动时间可能略长。

②修正喷油量。

a. 进气温度传感器信号与 ECU 中的大气压力传感器信号决定了启动修正喷油量。

b. 在发动机启动过程中，ECU 会逐渐增加喷油量，以促进发动机顺利启动。

二、柴油高压共轨电控系统失效控制模式

失效控制模式是指电控系统出现故障状态下的运行模式。在 BOSCH 高压共轨系统中，失效控制模式分为 4 个级别。一般来说，级别越高，表示系统故障程度越高，ECU 采取的限制措施也越严格。

1. 一级（缺省值）失效控制模式

柴油高压共轨电控系统一级（缺省值）失效控制模式主要是针对发动机过热状态下的保护措施。

（1）激活条件。

①冷却液温度传感器信号错误（传感器或控制线路故障）。

②ECU 本身故障。

（2）ECU 处理措施。

①产生故障码并点亮故障指示灯。

②采用某一缺省水温进行控制（依据不同机型而定）。

③减少外特性供油量（依据不同机型而定），降低发动机输出功率。

④在限制范围内，加速踏板依然起作用。

2. 二级（减扭矩）失效控制模式

（1）激活条件。

①环境空气压力传感器信号错误（传感器或控制线路故障）。

②增压压力/温度传感器信号错误（传感器或控制线路故障）。

③轨压传感器信号漂移。

④油轨压力闭环控制故障。

⑤传感器参考电压故障。

⑥ECU 本身故障。

（2）ECU 处理措施。

①产生故障码并点亮故障指示灯。

②减少外特性供油量（依据不同机型而定），限制发动机转速小于 1800r/min，降低发动机输出功率。

③在限制范围内，加速踏板依然起作用。

从上述内容可以看出，无论是一级失效控制模式还是二级失效控制模式，ECU 都对柴油发动机的动力输出进行了限制（包括供油量与发动机转速等），但二级失效控制模式对柴油发动机的限制更为严格，不但扭矩受到限制，转速也同样受到了限制，无论加速踏板踩多深，柴油发动机的转速都被限制在 1800r/min 内。

3. 三级（跛行回家）失效控制模式

（1）激活条件。

①曲轴位置传感器信号错误（传感器或控制线路故障）。

②凸轮轴位置传感器信号错误（传感器或控制线路故障）。

③轨压传感器信号错误（传感器或控制线路故障）。

④加速踏板位置传感器信号错误（传感器或控制线路故障）。

⑤燃油计量阀故障或其控制线路故障。

⑥ECU 本身故障。

（2）ECU 处理措施。

①产生故障码并点亮故障指示灯。

②当曲轴位置传感器或凸轮轴位置传感器信号错误时，依靠单传感器继续工作，但启动时间延长，排放性能变差。

③当轨压传感器信号错误时，ECU 将实际轨压控制在一定压力范围（依据不同机型而定）内。

④当燃油计量阀出现故障时，通过控制喷油器限制发动机转速小于 1700r/min。

⑤当加速踏板位置传感器信号错误时，在发动机启动以后，限制发动机转速为1100r/min。

4. 四级（停机保护）失效控制模式

（1）激活条件。

①A/D 转换功能错误。

②油轨压力持续超高。

（2）ECU 处理措施。

①产生故障码并点亮故障指示灯。

②发动机停机。

③故障状态下发动机熄火后无法再次启动。

第三章　乘用车柴油高压共轨系统故障检修方法

第一节　乘用车柴油高压共轨系统故障检修相关注意事项与要求

一、一般安全注意事项

（1）在对车辆及零部件进行检修时，请确保已全面了解并严格遵守所有安全守则和警告，否则可能导致人身伤害、财产损失和环境污染。

（2）出于安全方面考虑，只有经过培训合格的专业人员才能在具备相应设备和资质的修理厂对车辆和零部件进行维修保养。

（3）在进行作业时，必须注意遵守现行的有关劳动保护和环境保护的法律规定、事故防范条例、技术规范和标准、生产厂家的说明等。

（4）所有的个人防护装置、专用保护装置和安全措施必须满足相应的要求和目的，而更重要的则是严格地按照规定使用；在危险区域或离危险区域较近的人员也必须采取个人防护措施。

（5）在检修的全部过程中，必须采取有效和充分的防火措施；其他邻近的工作区域也必须遵守此规则。

（6）所有检查和调试工作尽量在点火钥匙拔出的状态下进行，如果没法做到，则禁止触碰任何通电部件。

（7）发动机或其他设备排出的废气，含有可能严重影响人身健康甚至导致死亡的有毒成分，因此，为避免以上情况的发生，在封闭的场所内一定要配备相应的废气抽排装置。另外，在废气产生之前就须开启废气抽排装置。

二、高压燃油系统检修注意事项

（1）在对高压燃油系统及其相应部件进行任何操作时，务必要遵守厂家提供的拆装规范。

（2）只有经过专业培训并取得资质认证的专业人员才能对高压燃油系统进行检修，高压燃油溢出时产生的巨大压力可能对皮肤和眼睛造成严重伤害。

（3）注意泄漏出来的高压燃油在遇到发动机高温零部件或排气系统时可能会被点燃，有发生火灾的危险。

（4）进行任何操作时均要穿戴必要的个人防护设备，如护目镜、防护服等；在进行任何特定的操作时，请确保采用相应的防护措施。

（5）在发动机运转时，绝对不能拆装喷油系统。

（6）在检查、拆装高压燃油零部件之前必须确保残余的燃油压力已完全消除。

（7）只有在发动机冷机时，才能对高压燃油系统进行检修，当需要拆开高压输油管路和零部件时，尤其要注意这一点。

（8）输油管路及其零部件均不得有任何损伤，如果这些零部件有任何故障和损伤则不能再继续使用，必须将损坏的零部件换成新的零部件。

（9）在拆装线束时，所有的导线插接头必须具备与原接头相同的特性才能使用，例如相同的导线长度、线径及屏蔽等，只能使用原厂提供的电气接头。

三、易燃易爆物（如柴油、汽油和清洗剂等）注意事项

在维修时，车辆及其部件可能流出某些易燃易爆物，有引起火灾和爆炸的风险，因此，为了避免火灾、爆炸等严重事故的发生，请注意和遵守以下事项。

（1）在拆卸充满易燃物的管路和部件之前，必须先通过适当且可靠的措施卸除其压力。

（2）当有易燃易爆物流出时，必须用适当的器皿储存，然后再按照相应的规范和要求来处理，必须严格遵守相关的条例和法规。

（3）浸透的抹布和黏结剂必须立即从工作场所清除，并暂存在适当的容器中，然后再按照相应的规范和要求来处理。

（4）在任何维修作业开始之前，必须采取适当的措施来保证不会有火星产生，例如断开蓄电池负极、使用绝缘的工具等。

（5）不得在有易燃易爆品的场所从事焊接、切割、打磨等所有会产生高温的作业。

（6）如果车间附近可能会有火源产生，则必须采取可靠、适当的措施加以隔离。

（7）须采取有效、适当的通风措施来避免火灾和爆炸的发生。另外，某些情况下还必须采取防静电、防化学腐蚀的措施。

（8）从开始检修到结束的全部过程中，必须采取充分、有效的防火措施。

四、检修高压共轨系统的清洁要求

现代柴油机的燃油喷射系统是由可以承受极端负荷的高精密的零部件组成，因此，在检修时一定要保证燃油系统的高度清洁，即使是直径 0.2mm 的脏物也可能导致某些零部件失效并损伤发动机。在维修燃油系统之前，务必遵守如下规定。

（1）整个燃油系统必须是封闭的，目视检查燃油系统是否有燃油泄漏或损坏的情况。

（2）在操作燃油系统之前，发动机及发动机舱内一定要干燥和干净，否则，一定要先对其进行清洁。

（3）在用高压水枪清洁发动机及发动机舱时，电气部件及插接头要盖起来，严禁用高压水枪直接喷向电器部件。

（4）用压缩空气干燥燃油系统时，必须先保证燃油系统的封闭性。

（5）维修前尽可能确保车间内清洁和无尘；在检修时，一定要用干净的覆盖膜将发动机盖好，以防止某些部位上的杂物脱落掉在发动机上。

（6）在开始操作之前，一定要清洁所用的工具和设备，不能使用损伤的工具（如，镀铬层开裂）。

（7）用过的清洁油或试验油不允许重复使用。

（8）在拆卸完毕之后，马上用干净、合适的密封盖将零部件的开口封好，拆卸之前

要保证有足量的各类密封盖，并分门别类地放好，密封盖用完后必须立即放回原包装中，以防尘防锈。

（9）拆下的零部件必须保存在一个清洁、密闭的容器里；新的零部件只有在使用前才可以直接从原包装中取出，必须使用新零部件的包装材料来包装替换下来的旧的零部件。

五、检测设备的使用要求

当使用检测设备时一定要注意设备生产厂家的使用说明和安全规定，总的原则如下。

（1）检测设备的使用必须与特定的检测目的相符合。

（2）必须确保所有的检测设备及其安全装置都是安全可靠的，所有的设备都必须有相关的安全和认证标识。

（3）所有检测设备的操作必须由经过培训的指定人员来执行。

六、柴油发动机高压共轨系统故障诊断的基本前提

（1）电池充电状况良好。

（2）所有的插接件都要接牢，而且不能相互接错，这一点对事故车和改装车尤其重要。

（3）发动机、车身和电控单元 ECU 的搭铁良好。

（4）影响发动机控制的其他系统正常，例如空调系统、变速器、防盗器等。

（5）发动机机械部分正常，例如配气正时和气门间隙、压缩比和气缸气密性、排气系统无泄漏、进气系统的密封性、曲轴箱通风系统等。

（6）柴油、机油与冷却液的液位和质量均正常，且符合厂家的规定；历次车辆维修和保养所用零部件的质量良好，规格正确；没有对发动机采取改变功率的措施（特别是修改芯片数据、调整配气正时等）。

第二节　乘用车柴油高压共轨系统故障诊断基本思路

近年来柴油发动机高压共轨系统得到了广泛的推广与使用，对于修理厂维修技师也有了新的挑战，需要掌握系统的故障诊断思路与检修方法，故障诊断思路尤为重要，当遇到故障时需要维修技师根据故障现象和储备的理论知识进行独立的分析，必要时还要借助专用的检测设备进行辅助。本节内容讲述了柴油高压共轨系统故障诊断基本步骤与思路，可以使维修人员从中得到启发。

一、乘用车柴油高压共轨系统故障诊断基本原则

（1）只有经过该系统专业知识培训的技师方能从事新型电控柴油系统的故障诊断。

（2）应用合适的诊断设备、专用工具进行电控柴油系统的故障诊断。

（3）故障诊断前需详细阅读发动机制造厂的操作指南和技术说明。

（4）柴油机高压共轨电控系统故障诊断多采用逆源诊断法，先使用诊断设备找出故障的可能原因，然后从外围设备到控制单元逐步寻找故障所在的部位，最后加以解决。

（5）在维修过程中始终遵循从简单到复杂、从容易到困难的诊断思路。

二、乘用车柴油高压共轨系统故障诊断基本思路与处理过程

（1）根据故障现象、报修人的故障描述，初步判断是哪方面的问题。分析机械系统、电路或者零部件，但不能一开始就更换部件，除非完全确认。

（2）首先向驾驶员询问故障现象及何种情况下会产生此故障现象，然后观察发动机故障现象与读取故障码对故障现象进行确认。电控系统故障与机械系统故障有较大差别，电控方面的大部分故障，包括传感器、线束以及执行器和控制单元（ECU）本身的故障很多都会记录在ECU里面，通过诊断设备可以读取故障码及其解释以缩小故障部位范围，为维修技师提供故障诊断的方向。

（3）根据故障码及其解释进行处理。

①不确认故障原因之前，不要更换任何零部件，特别是电器部件。有些故障码表示某系统有问题，而不能精确到某个部件或部位，如P1011表示轨压正偏差超上限，这表示的是压力不够，可能涉及低压部分故障（油箱油量不足、低压管路泄漏、燃油滤清器堵塞等），也有可能是高压部分故障（高压零部件磨损、高压管路泄漏、燃油计量阀损坏等），需具体问题具体分析。

②油路方面：低压油路的检测，从油箱到高压泵进油的所有部件，同时包括泵和喷油器的回油；高压油路的检测（禁止在发动机运行情况下检测或拆装高压油路），油泵是否能正常泵出足量的燃油，高压管路是否有泄漏，喷油器是否有泄漏和堵塞等现象。

③电气方面：检查相关联的线束，包括接插件、导线、供电、接地等；在确认线束无误后，检查相对应的部件（依据不同部件的特性做相对应的检测，如输出电压、信号波形、电阻等）；ECU的简单检查。

④根据故障码检测相应电控部件与控制线路，故障也可能出现在控制单元（ECU）本身；机械部件出现故障也可以影响高压共轨电控系统的正常工作，例如高压泵严重磨损后使得高压共轨内的燃油压力降低，导致报出关于燃油高压故障的故障码。

（4）如果同时读出了多个故障码，且无法明确这些故障码是否与故障现象有关，则应按照以下的步骤来进行：读故障码、记录故障码、清故障码、读故障码、记录故障码、确认当前有效故障码。

（5）如果没有故障码，根据经验和检测设备（燃油压力表、示波器等）以及数据流进行分析判断，最终确定故障点并排除故障。

（6）如果无法进入检测仪读取故障码与数据流则进行以下操作。

①检查诊断设备是否正常，主要包括程序是否更新、设备硬件是否存在故障等。

②检查车辆诊断接口到ECU的通信线束是否正常；检查检测仪诊断接口到诊断仪的通信线束是否正常。

③检查ECU是否正常工作，主要包括ECU供电与搭铁故障、ECU本身故障等。

第三节　乘用车柴油高压共轨系统故障检修

一、柴油高压共轨系统检修工具

1. 低压燃油系统测试套件

乘用车和商用车的低压燃油系统压力都可以用多功能低压测试套件来测量，测量目的为检查低压油路与燃油滤清器是否损坏或堵塞。套件如图3-1所示。

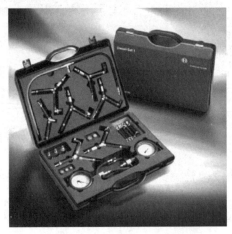

图3-1　多功能低压测试套件

2. 喷油器回油量测试套件

此测试设备用于测试共轨系统中喷油器的回油量，从而判断喷油器是否正常工作。此设备主要由两级量筒（有两个不同的直径）构成，另外还包括回流管线和固定保护带。套件如图3-2所示。

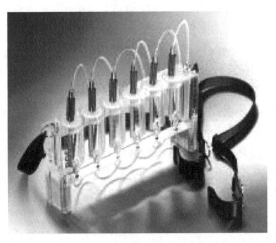

图3-2　喷油器回油量测试套件

3. 透明软管

将透明软管接入低压油路，以检查油路中是否有空气（目视检查）。透明软管如图3-3所示。

图 3-3　透明软管

4．保护帽

保护帽用来堵在拆开的接头处，以防止异物进入而损坏零部件，使用对象为高压共轨、高压油泵、喷油器、高压油管等，如图 3-4 所示。

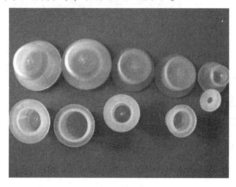

图 3-4　保护帽

5．量杯

量杯可用来存放泄漏的燃油和测量燃油体积。1000mL 量杯用于测量高压油泵回油量；25mL 量杯用于测量喷油器回油量（在喷油器回油量测试套件不具备的情况下）。两种量杯如图 3-5 所示。

6．示波器和配件

示波器可对电压和电流进行实时跟踪并通过屏幕进行显示。主要用于测量凸轮轴/曲轴传感器、油中含水传感器、预热塞电流、喷油器电流和钥匙校验等信号，主要配件包括 BNC 线与电流钳。示波器组件如图 3-6 所示。

图 3-5　量杯

图 3-6　示波器、电流钳、BNC 线

7. 带适配器的缸压测试套装

该工具用于测量并记录发动机气缸的缸压，为了测量不同发动机气缸的缸压，必须使用与之相匹配的转换适配器，以便能顺利连接发动机气缸和测试仪器，以测量并记录缸压。套装如图 3-7 所示。

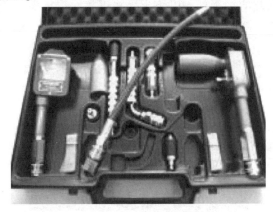

图 3-7　带适配器的缸压测试套装

8. 手压泵

手压泵用于提供检测所需的压力（包括正压和负压），以检查增压器放气阀、EGR 阀和节气门等气动部件能否正常运行。手压泵如图 3-8 所示。

图 3-8　手压泵

9. 万用表

万用表可以测量控制线路与电子部件的电压、电流和电阻。万用表如图 3-9 所示。

10. 接头适配器（Y 线）

维修人员可以用接头适配器（Y 线）在不破坏电气插接头针脚或刺破电缆绝缘层的情况下，方便测量车辆的各种电信号。使用时，接头适配器（Y 线）连在部件和部件线束接头之间。接头适配器（Y 线）如图 3-10 所示。

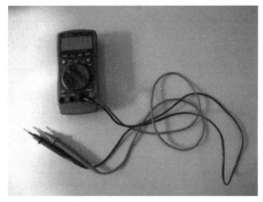

图 3-9　万用表

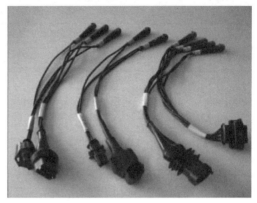

图 3-10　接头适配器（Y 线）

11. 跳线盒

跳线盒是一种电气设备，它可以使维修人员在不破坏 ECU 及其插接件针脚或刺破电缆绝缘层的情况下，方便地测量车辆的各种电信号。同时，它也可以通过插拔跳线盒上相应的短接片来实现连接或断线束的目的。使用时，跳线盒连在 ECU 及其车辆线束接头之间。跳线盒如图 3-11 所示。

12. 故障诊断仪

故障诊断仪用来检测柴油发动机高压共轨电控系统故障，主要作用为读取故障码、清除故障码、读取数据流、执行器动作测试、更新系统程序等。故障诊断仪界面如图 3-12 所示。常用的诊断仪有 X-431、KT600、各车厂专用诊断仪。

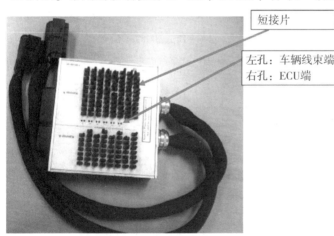

短接片

左孔：车辆线束端
右孔：ECU端

图 3-11　跳线盒

图 3-12　诊断仪工作主界面

二、乘用车 DK4 柴油发动机（BOSCH 系统）故障码

绝大部分车辆柴油机高压共轨电控系统故障都可用故障码表示，很多故障码是直接指向某个部件的故障，然而，有些则只是指向某个子系统的故障，这些指向同一个子系

统的故障被归纳为一组（如燃油系统、空气系统等），需要通过采取一些特定步骤和方法进一步检查之后才能找到具体原因。

故障码分为部件故障码、燃油系统故障码、空气系统故障码。

（1）部件故障码见表 3-1。

表 3-1　部件故障码

故障码	故障描述	故障名称
P0016	曲轴和凸轮轴信号偏差过大	Dfp_ EngMOfsCaSCrS. 0
P0100	HFM 空气流量信号故障	Dfp_ AFSCD_ SRCRawAirm. 0 Dfp_ AFSCD_ SRCRawAirm. 1 Dfp_ AFSCD_ SRCRawAirm. 2
P0101	修正后的 HFM 空气流量信号故障	Dfp_ AFSCD_ SRCCorrAirm. 0 Dfp_ AFSCD_ SRCCorrAirm. 1
P0104	HFM 零点漂移超过限值	Dfp_ AFSCD_ PlOffsDrft. 0 Dfp_ AFSCD_ PlOffsDrft. 1
P0110	HFM 温度信号故障	Dfp_ AFSCD_ SRCRefSigPer. 2
P0116	冷却液温度在发动机运行一定时间内上升的温度未超过限值	Dfp_ Clg_ DynTst. 3
P0117	冷却液传感器电压信号低于下限门槛	Dfp_ CTSCD. 1
P0118	冷却液传感器电压信号高于上限门槛	Dfp_ CTSCD. 0
P0122	加速踏板 1 电压信号低于下限门槛	Dfp_ APP1. 1
P0123	加速踏板 1 电压信号高于上限门槛	Dfp_ APP1. 0
P0128	冷却液温度在发动机运行一定时间内温度未到最低设定温度	Dfp_ ClgAbsTst. 3
P0191	轨压传感器在启动或停机过程中的电压信号高于上限门槛	Dfp_ RailCDOfsTst. 0
P0192	轨压传感器电压信号低于下限门槛	Dfp_ RailCD. 1
P0193	轨压传感器电压信号高于上限门槛	Dfp_ RailCD. 0
P0194	轨压传感器在启动或停机过程中的电压信号低于下限门槛	Dfp_ RailCDOfsTst. 1
P0201	喷油器 1 断路	Dfp_ InjVlvCyl1B. 2
P0202	喷油器 2 断路	Dfp_ InjVlvCyl2B. 2
P0203	喷油器 3 断路	Dfp_ InjVlvCyl3B. 2
P0204	喷油器 4 断路	Dfp_ InjVlvCyl4B. 2
P0222	加速踏板 2 电压信号低于下限门槛	Dfp_ APP2. 1
P0223	加速踏板 2 电压信号高于上限门槛	Dfp_ APP2. 0
P0251	流量计量单元断路	Dfp_ MeUnCDNoLoad. 2

故障码	故障描述	故障名称
P0252	流量计量单元控制电路温度过高	Dfp_ MeUnCDNoLoad. 3
P0253	流量计量单元控制电路短路到地	Dfp_ MeUnCDSCGnd. 1
P0254	流量计量单元控制电路短路到电池	Dfp_ MeUnCDSCBat. 0
P0261	喷油器 1 高端短路到低端	Dfp_ InjVlvCyl1A. 2
P0262	喷油器 1 低端控制电路短路到电池	Dfp_ InjVlvCyl1A. 0
P0263	喷油器 1 其他类型故障	Dfp_ InjVlvCyl1A. 3
P0264	喷油器 2 高端短路到低端	Dfp_ InjVlvCyl2A. 2
P0265	喷油器 2 低端控制电路短路到电池	Dfp_ InjVlvCyl2A. 0
P0266	喷油器 2 其他类型故障	Dfp_ InjVlvCyl2A. 3
P0267	喷油器 3 高端短路到低端	Dfp_ InjVlvCyl3A. 2
P0268	喷油器 3 低端控制电路短路到电池	Dfp_ InjVlvCyl3A. 0
P0269	喷油器 3 其他类型故障	Dfp_ InjVlvCyl3A. 3
P0270	喷油器 4 高端短路到低端	Dfp_ InjVlvCyl4A. 2
P0271	喷油器 4 低端控制电路短路到电池	Dfp_ InjVlvCyl4A. 0
P0272	喷油器 4 其他类型故障	Dfp_ InjVlvCyl4A. 3
P0335	无曲轴信号	Dfp_ EngMCrS1. 0
P0336	错误的曲轴信号	Dfp_ EngMCrS1. 1
P0340	无凸轮轴信号	Dfp_ EngMCaS1. 0
P0341	错误的凸轮轴信号	Dfp_ EngMCaS1. 1
P0383	预热继电器控制电路短路到地	Dfp_ GlwCD_ Actr. 1
P0384	预热继电器控制电路短路到电池	Dfp_ GlwCD_ Actr. 0
P0403	EGR 真空调节器控制电路温度过高	Dfp_ EGRCD. 3
P0404	EGR 真空调节器断路	Dfp_ EGRCD. 2
P0487	节气门真空调节器断路	Dfp_ TVACD. 2
P0488	节气门真空调节器控制电路温度过高	Dfp_ TVACD. 3
P0489	EGR 真空调节器控制电路短路到地	Dfp_ EGRCD. 1
P0490	EGR 真空调节器控制电路短路到电池	Dfp_ EGRCD. 0
P0501	车速信号不可信	Dfp_ VSSCD1. 3
P0503	车速超过最高限值	Dfp_ VSSCD1. 0
P0504	主制动开关信号和副制动开关信号不可信	Dfp_ BrkCD. 3
P0513	钥匙校验没有成功	Dfp_ IMMCtl. 3
P0562	蓄电池电压低于下限门槛	Dfp_ BattCD. 1

故障码	故障描述	故障名称
P0563	蓄电池电压高于上限门槛	Dfp_ BattCD. 0
P0607	ECU 内部处理器故障	Dfp_ TPUMon. 3 Dfp_ WdCom. 3
P060A	ECU 内部监控处理器故障	Dfp_ HWEMonCom. 0
P060B	ECU 内部模数转换器故障	Dfp_ ADCMon. 0 Dfp_ ADCMon. 1 Dfp_ ADCMon. 2 Dfp_ ADCMon. 3 Dfp_ HWEMonRcyVisible. 3
P060C	ECU 内部处理器故障	Dfp_ Montr. 3
P062F	ECU 内部 EEPROM 故障	Dfp_ EEPCD_ VehConf. 0 Dfp_ HWEMonEEPROM. 1 Dfp_ HWEMonEEPROM. 2 Dfp_ HWEMonEEPROM. 3
P062B	ECU 内部喷油驱动芯片故障	Dfp_ InjVlvChipA. 0 Dfp_ InjVlvChipA. 1 Dfp_ InjVlvChipA. 2 Dfp_ InjVlvChipA. 3 Dfp_ InjVlvChipB. 0 Dfp_ InjVlvChipB. 1 Dfp_ InjVlvChipB. 2 Dfp_ InjVlvChipB. 3
P0642	5V 传感器供电模块 1 电压低于下限门槛	Dfp_ SSpMon1. 1
P0643	5V 传感器供电模块 1 电压高于上限门槛	Dfp_ SSpMon1. 0
P0645	压缩机继电器控制电路温度过高或断路	Dfp_ ACCDCmpr. 2 Dfp_ ACCDCmpr. 3
P0646	压缩机继电器控制电路短路到地	Dfp_ ACCDCmpr. 1
P0647	压缩机继电器控制电路短路到电池	Dfp_ ACCDCmpr. 0
P0650	故障灯（MIL）控制电路故障	Dfp_ MIL. 0 Dfp_ MIL. 1 Dfp_ MIL. 2 Dfp_ MIL. 3
P0652	5V 传感器供电模块 2 电压低于下限门槛	Dfp_ SSpMon2. 1
P0653	5V 传感器供电模块 2 电压高于上限门槛	Dfp_ SSpMon2. 0
P0670	预热继电器控制电路断路或温度过高	Dfp_ GlwCD_ Actr. 2 Dfp_ GlwCD_ Actr. 3

故障码	故障描述	故障名称
P0686	主继电器过早打开	Dfp_MRlyCD.1
P0687	主继电器没有及时打开	Dfp_MRlyCD.0
P0698	5V 传感器供电模块 3 电压低于下限门槛	Dfp_SSpMon3.1
P0699	5V 传感器供电模块 3 电压高于上限门槛	Dfp_SSpMon3.0
P0704	离合器开关信号不可信	Dfp_ConvCD.3
P0856	牵引控制系统故障	Dfp_CoVMDCSh.0
P1007	扭矩油量转换故障	Dfp_FMTC_NonMonotonMap.3
P1100	HFM 修正系数故障	Dfp_AFSCDLdAdjVal.0 Dfp_AFSCDLdAdjVal.1 Dfp_AFSCDIdlAdjVal.0 Dfp_AFSCDIdlAdjVal.1
P1102	HFM 温度周期信号超过限值	Dfp_AFSCD_AirTempDcyc.0 Dfp_AFSCD_AirTempDcyc.1
P1106	HFM 进气温度高于上限门槛	Dfp_AFSCD_SRCRefSigPer.0
P1107	HFM 进气温度低于下限门槛	Dfp_AFSCD_SRCRefSigPer.1
P1200	第 1 缸喷油器正向修正量过大	Dfp_ETClbETFltInj1.0
P1201	第 1 缸喷油器负向修正量过大	Dfp_ETClbETFltInj1.1
P1202	第 2 缸喷油器正向修正量过大	Dfp_ETClbETFltInj2.0
P1203	第 2 缸喷油器负向修正量过大	Dfp_ETClbETFltInj2.1
P1204	第 3 缸喷油器正向修正量过大	Dfp_ETClbETFltInj3.0
P1205	第 3 缸喷油器负向修正量过大	Dfp_ETClbETFltInj3.1
P1206	第 4 缸喷油器正向修正量过大	Dfp_ETClbETFltInj4.0
P1207	第 4 缸喷油器负向修正量过大	Dfp_ETClbETFltInj4.1
P120C	第 1 缸喷油器动态正向修正量过大	Dfp_ETClbInj1.0
P120D	第 1 缸喷油器动态负向修正量过大	Dfp_ETClbInj1.1
P120E	第 2 缸喷油器动态正向修正量过大	Dfp_ETClbInj2.0
P120F	第 2 缸喷油器动态负向修正量过大	Dfp_ETClbInj2.1
P1210	第 3 缸喷油器动态正向修正量过大	Dfp_ETClbInj3.0
P1211	第 3 缸喷油器动态负向修正量过大	Dfp_ETClbInj3.1
P1212	第 4 缸喷油器动态正向修正量过大	Dfp_ETClbInj4.0
P1213	第 4 缸喷油器动态负向修正量过大	Dfp_ETClbInj4.1
P1223	喷油器 1、2、3 或者 4 高端控制电路短路到电池	Dfp_InjVlvBnk1A.0
P1224	喷油器 1、2、3 或者 4 低端控制电路短路到地	Dfp_InjVlvBnk1A.1

故障码	故障描述	故障名称
P1562	HFM 供电电压超过限值	Dfp_ AFSCD_ SRCBatt. 0 Dfp_ AFSCD_ SRCBatt. 1
P1601	冷却液温度输出控制电路短路到电池	Dfp_ CTSCDOut. 0
P1602	冷却液温度输出控制电路短路到地	Dfp_ CTSCDOut. 1
P1603	冷却液温度输出控制电路断路	Dfp_ CTSCDOut. 2
P1604	冷却液温度输出控制电路温度过高	Dfp_ CTSCDOut. 3
P1605	发动机转速输出控制电路短路到电池	Dfp_ CrSCDTach. 0
P1606	发动机转速输出控制电路短路到地	Dfp_ CrSCDTach. 1
P1607	发动机转速输出控制电路断路	Dfp_ CrSCDTach. 2
P1608	预热指示灯控制电路短路到电池	Dfp_ GlwCD_ Lamp. 0
P1609	预热指示灯控制电路短路到地	Dfp_ GlwCD_ Lamp. 1
P160A	预热指示灯控制电路断路	Dfp_ GlwCD_ Lamp. 2
P160B	预热指示灯控制电路温度过高	Dfp_ GlwCD_ Lamp. 3
P1613	倒拖时喷油器加电时间超过门槛值	Dfp_ OvrMon. 0
P1614	倒拖时发动机转速过高	Dfp_ OvrMonSigA. 0
P1616	ECU 内部看门狗故障	Dfp_ SOPTst. 1
P1617	内部电压监控处理器故障	ECUDfp_ SOPTst. 2
P1618	ECU 内部电压监控处理器故障	Dfp_ SOPTst. 3
P1619	系统灯控制电路短路到电池	Dfp_ SysLamp. 0
P161A	系统灯控制电路短路到地	Dfp_ SysLamp. 1
P161B	系统灯控制电路断路	Dfp_ SysLamp. 2
P161C	系统灯控制电路温度过高	Dfp_ SysLamp. 3
P161D	ECU 数据不存在	Dfp_ VarMngCodDs. 2
P161E	ECU 数据错误	Dfp_ VarMngCodDs. 3
P1630	ECU 复位	Dfp_ HWEMonRcyLocked. 3
P1631	ECU 复位	Dfp_ HWEMonRcySuppressed. 3
P1637	ECU 内部供电芯片 CJ940 电压高于上限门槛	Dfp_ HWEMonUMaxSupply. 0
P1638	ECU 内部供电芯片 CJ940 电压低于下限门槛	Dfp_ HWEMonUMaxSupply. 1
P2135	加速踏板 1 和加速踏板 2 信号不可信	Dfp_ APP1. 3 或 Dfp_ APP2. 3
P2141	节气门真空调节器控制电路短路到地	Dfp_ TVACD. 1
P2142	节气门真空调节器控制电路短路到电池	Dfp_ TVACD. 0
P2228	大气传感器电压信号低于下限门槛	Dfp_ APSCD. 1

故障码	故障描述	故障名称
P2229	大气传感器电压信号高于上限门槛	Dfp_ APSCD. 0
P2264	油中有水传感器故障	Dfp_ FlFCD_ WtLvl. 2
P2267	油中检测到有水	Dfp_ FlFCD_ WtLvl. 0
P2299	加速踏板和制动信号不可信	Dfp_ AccPedPlausBrk. 3
P2533	点火开关 T15 信号故障	Dfp_ T15CD. 2

（2）燃油系统故障码见表3-2。

表 3-2　燃油系统故障码

故障码	故障描述	故障名称
P0087	轨压峰值低于下限门槛值	Dfp_ RailMeUn3. 0
P0088	轨压峰值超过上限门槛值	Dfp_ RailMeUn4. 0
P1011	轨压偏差超出上限门槛值	Dfp_ RailMeUn0. 0
P1012	轨压偏差超出上限门槛值并且喷油量超限	Dfp_ RailMeUn1. 0
P1013	轨压偏差低于下限门槛值并且喷油量低于门槛值	Dfp_ RailMeUn2. 0

（3）空气系统故障码见表3-3。

表 3-3　空气系统故障码

故障码	故障描述	故障名称
P0401	新鲜空气过多（空气负偏差超出限值）	Dfp_ AirCtlGvnrDvtMin. 1
P0402	新鲜空气过少（空气正偏差超出限值）	Dfp_ AirCtlGvnrDvtMax. 0

三、乘用车柴油发动机（BOSCH 系统）

数据流见表3-4。

表 3-4　BOSCH 系统数据流

英文缩写	数据流名称	单位	怠速 水温 70℃ 数值	2000r/min 水温 70℃ 数值	4000r/min 水温 70℃ 数值
BattCD_ u	电池电压	V	14. 5	14. 5	14. 5
Eng_ nAvrg	发动机转速	r/min	800	2098	4129
Engm_ stSync	同步信号	–	48	48	48
APPCD_ uRawAPP1	加速踏板传感器 1 电压	V	0. 758	1. 32	4. 12
APPCD_ uRawAPP2	加速踏板传感器 2 电压	V	0. 371	0. 664	2. 01
APPCD_ rAPP1UnFlt	加速踏板开度	%	0	16	100
InjVCD_ tiMl1ET_ mp	主喷加电时间	μs	725	588	643
InjCtl_ qCurr	实际喷油量	mg/hvb	7. 25	7. 3	16

英文缩写	数据流名称	单位	怠速 水温 70℃	2000r/min 水温 70℃	4000r/min 水温 70℃
			数值	数值	数值
RailCD_uPeakRaw	轨压传感器电压	V	1.17	1.52	2.32
RailCD_pLin_mp	实际轨压	MPa	30.4	46	81.8
CTSCD_uRaw	冷却液传感器电压	V	1.12	1.11	1.10
CTSCD_tClnt	冷却液温度	℃	70	70	70
APSCD_pVal	环境压力	MPa	1.01	1.01	1.01
APSCD_uRaw	环境压力传感器电压	V	3.98	3.98	3.98
AirCtl_rEGR	EGR 开度位置	%	83.5	35.2	98.9
TVACD_rOut	节气门开度位置	%	95	5	5

四、乘用车柴油发动机高压共轨系统基础电气检查（以 DK4 柴油发动机为例）

当高压共轨电控系统出现故障时，维修技师始终要遵循从简单到复杂的原则进行故障检修，根据故障现象首先要考虑电路基础故障，然后由浅入深进行检测。下面所述的方法适用于检查电气基础故障，希望维修技师学习后可以举一反三。

1. 检查保险丝或可熔性元件

（1）打开主配电盒，拔出相关故障电路的保险丝，如图 3-13 所示。

（2）目视检查保险丝是否熔断，通过万用表检查保险丝是否完好（测量电阻），如果测得的电阻为 0Ω，则表明该保险丝是完好的。

（3）目测保险丝表面氧化是否严重并给予处理。

（4）表 3-5 列举所有用于保护 ECU 和一些重要部件的保险丝。

图 3-13 主配电盒

表 3-5 保护 ECU 和一些重要部件的保险丝

保险丝位置	保险丝功能描述	保险丝规格
F11	燃油滤清保险丝	25A
F14	ECU 保险丝（连接到 K03、K05）	15A
F16	ECU 保险丝（连接到 K01）	10A
F21	预热塞保险丝	60A

2. 检查继电器

（1）打开主配电盒，目测继电器是否都已经安装到位，如图 3-13 所示。

（2）通过万用表测量继电器线圈电阻（参考表 3-6 来找到相应的标准值）。

（3）将继电器线圈通电，通过万用表测量继电器触点电阻，标准值为<2Ω。

（4）检查继电器插脚与配电盒对应插孔是否损坏、接触不良、严重氧化等。

表 3-6 继电器线圈标准电阻值

继电器位置	继电器功能描述	标准电阻值
RL04	压缩机继电器	75~85Ω
RL07	燃油滤清继电器	75~85Ω
RL12	点火继电器	75~85Ω
RL16	主继电器	75~85Ω

3. 检查插头、接头或线束

（1）松开或断开插头时不要拉拔线束，而只能拔插头。断开插头后检查插针是否接触良好、变形，是否氧化严重。

（2）插入插头时检查插头是否变形、损坏或松脱。插入插头时，用力按压接头直至接头卡到位听到卡位声，确保导线和插头均能重新连接完好。

（3）尽量不要扭曲或拉拔线束，不要损坏线束的保护盖。

4. 电源检测、线束断路和短路的检查

（1）电压检测：将点火开关置于 ON 挡，可使待检查部件通电，使用万用表（电压挡）将负极与车厢地相连，正极与部件的待测点相连，观察电压是否正常。

（2）检查接地：检查接地是否接触不良、腐蚀、生锈以及受电磁干扰。

（3）线束检测：进行线束检测时，应确保断开线束接头与 ECU 及部件之间的连接是否良好。

①断路检测：拔出 ECU 线束接头和部件线束接头，测量两个接头相应引脚之间的电阻。

②短路检测：如果线束对地短路，可通过对车厢地的电阻检查确定。

5. 控制单元（ECU）供电检查

预先检查：蓄电池电量充足，车辆保险丝均正常，所有接头均正常，接头无松动或引脚变形、锈蚀。

检测工具：万用表、接头适配器、跳线盒。

（1）供电检查。

①将点火开关置于 OFF 挡（如果点火开关的上一个状态为 ON，则置于 OFF 挡后，

需等待至少 40s 后再进行后续操作）。

②接入跳线盒，将点火开关置于 ON 挡。

③测量 ECU 引脚 K01、K03 和 K05 对车厢地的电压，标准值为 11~14V，参考电路如图 3-14（a）（b）所示。如果测量值与标准值不符，可根据电路图进行故障排查。

（2）接地检查。

①将点火开关置于 OFF 挡（如果点火开关的上一个状态为 ON，则置于 OFF 挡后，需等待至少 40s 后再进行后续操作）。

②接入跳线盒。

③测量 ECU 引脚 K02、K04 和 K06 对车厢地的电阻，标准值为 0~2Ω。参考电路如图 3-14（a）（b）所示。如果测量值与标准值不符，可根据电路图进行故障排查。

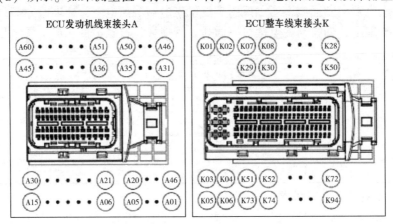

（a）ECU 插脚定义

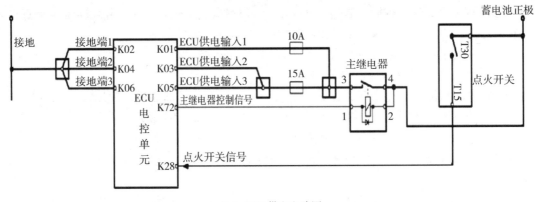

（b）ECU 供电电路图

图 3-14 ECU

五、乘用车柴油发动机高压共轨系统（BOSCH 系统）故障码检修

1. 故障码——加速踏板和制动合理性检查（参考表 3-7）

表 3-7 加速踏板和制动信号故障码

故障码	故障描述	故障名称
P2299	加速踏板和制动信号不可信	Dfp_AccPedPlausBrk. 3

注意：询问并检查驾驶员的驾驶习惯，加速踏板和制动踏板不能同时被踩下。

（1）可能导致的故障。

①系统灯/故障灯长亮。

②发动机运行时加速踏板响应不良。

③发动机动力偶尔不足。

（2）预先检查。

①蓄电池电量充足。

②车辆保险丝均正常。

③所有接头均正常。

④接头无松动或引脚锈蚀。

（3）检测工具：万用表、接头适配器（Y形线）、诊断仪、跳线盒。

（4）部件检查：加速踏板位置传感器。

将点火开关置于 ON 挡，通过诊断仪读取加速踏板传感器 1 和加速踏板传感器 2 信号电压值及加速踏板开度；若无法从诊断仪读取相应的信号值，请使用额外的加速踏板接头适配器（Y形线）或跳线盒，直接用万用表测取加速踏板传感器相应引脚的电压值。参考电路如图 3-14（a）与 3-15 所示；参考加速踏板位置及其线束接头引脚如图 3-16 所示。

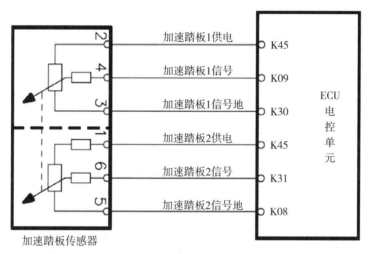

图 3-15　加速踏板位置传感器电路图

①加速踏板位置传感器 1。

跳线盒：ECU 端线束引脚 K31 到车厢地电压。

接头适配器（Y形线）：传感器端线束接头引脚 6 到车厢地电压。

标准值：0.6~0.8V（加速踏板完全松开）；4~4.2V（踏板完全踩下）。

②加速踏板位置传感器 2。

跳线盒：ECU 端线束引脚 K09 到车厢地电压。

接头适配器（Y形线）：传感器端线束接头引脚 4 到车厢地电压。

标准值：0.3~0.4V（加速踏板完全松开）；2~2.1V（踏板完全踩下）。

产生故障可能的原因：加速踏板位置传感器损坏。

（5）部件检查：制动开关。

加速踏板传感器

K31	K08	K09	K30	K45	K45
6	5	4	3	2	1

图 3-16　加速踏板位置及其线束接头引脚

将点火开关置于 OFF 挡（如果点火开关的上一个状态为 ON，则置于 OFF 挡后，需等待至少 40s 后再进行后续操作）。

①制动开关阻值检测。

拔出制动开关线束接头，用万用表直接测量制动开关传感器的电阻值。参考电路如图 3-17 所示；制动开关位置及其线束接头引脚如图 3-18 所示。

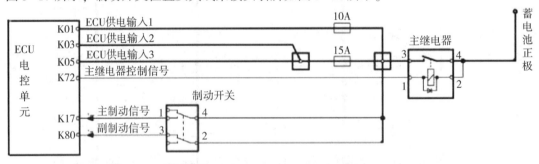

图 3-17　制动开关电路图

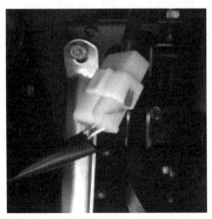

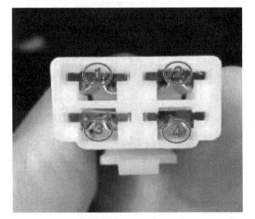

图 3-18　制动开关位置及其线束接头引脚

a. 主制动开关引脚 1 到引脚 4。

踏板完全松开时的正常值：≥1MΩ；

踏板全部踩下时的正常值：0Ω。

b. 副制动开关引脚 2 到引脚 3。

踏板完全松开时的正常值：0Ω；

踏板全部踩下时的正常值：≥1MΩ。

产生故障可能的原因：制动开关损坏。

②电压信号检测。

插上制动开关线束接头，将点火开关置于 ON 挡，通过接头适配器（Y 形线）或跳线盒测量制动开关的电压。参考电路如图 3-14（a）与图 3-15 所示。

a. 主制动开关（通过接头适配器或跳线盒测量制动开关的电压）。

跳线盒 ECU 引脚 K17 到车厢地/接头适配器（Y 形线）制动开关引脚 1 到车厢地。

踏板完全松开时的正常值：0V。

踏板完全踩下时的正常值：11~14V。

b. 副制动开关（通过接头适配器或跳线盒测量制动开关的电压）。

跳线盒 ECU 引脚 K80 到车厢地/接头适配器（Y 形线）制动开关引脚 3 到车厢地。

踏板完全松开时的正常值：11~14V。

踏板完全踩下时的正常值：0V。

产生故障可能的原因：制动开关损坏。

2. 故障码——加速踏板位置传感器（参考表 3-8）

表 3-8　加速踏板位置传感器相关故障码

故障码	故障描述	故障名称
P0122	加速踏板 1 电压信号低于下限门槛	Dfp_APP1.1
P0123	加速踏板 1 电压信号高于上限门槛	Dfp_APP1.0
P0222	加速踏板 2 电压信号低于下限门槛	Dfp_APP2.1
P0223	加速踏板 2 电压信号高于上限门槛	Dfp_APP2.0
P2135	加速踏板 1 和加速踏板 2 信号不可信	Dfp_APP1.3 Dfp_APP2.3

（1）可能导致的故障。

①系统灯/故障灯长亮。

②发动机动力不足。

③发动机怠速过高。

④发动机运行时加速踏板响应不良。

（2）预先检查。

①蓄电池电量充足。

②车辆保险丝均正常。

③所有接头均正常。

④接头无松动或引脚锈蚀。

（3）检测工具：万用表、接头适配器（Y 形线）、诊断仪、跳线盒。

（4）数据流与标准值（参考表3-9）。

表3-9 加速踏板位置传感器数据流

信号名称	踏板完全松开	踏板完成踩下
计算的加速踏板开度	0%	100%
加速踏板位置传感器1	0.76V	4.09V
加速踏板位置传感器2	0.37V	2.05V

（5）供电检查。

将点火开关置于OFF挡（如果点火开关的上一个状态为ON，则置于OFF挡后，需等待至少40s后再进行后续操作），参考电路如图3-15所示。

①拔出加速踏板传感器线束接头，将点火开关置于ON挡。

②测量加速踏板线束接头引脚2到车厢地的电压，标准值：5V。

③测量加速踏板线束接头引脚1到车厢地的电压，标准值：5V。

④测量加速踏板线束接头引脚3到车厢地的电阻，标准值：0Ω。

⑤测量加速踏板线束接头引脚5到车厢地的电阻，标准值：0Ω。

产生故障可能的原因：线束损坏、接头损坏（目测接头是否完好）。

（6）线束检查。

①断路检测。

将点火开关置于OFF挡（如果点火开关的上一个状态为ON，则置于OFF挡后，需等待至少40s后再进行后续操作），参考电路如图3-14（a）与图3-15所示。

a. 拔出ECU整车线束接头K，拔出加速踏板传感器线束接头。

b. 测量加速踏板传感器线束接头引脚与ECU整车线束接头K对应引脚之间的电阻。

加速踏板传感器1：传感器端线束引脚2到ECU端线束引脚K45电阻，标准值：0Ω；传感器端线束引脚3到ECU端线束引脚K30电阻，标准值：0Ω；传感器端线束引脚4到ECU端线束引脚K09电阻，标准值：0Ω。

加速踏板传感器2：传感器端线束引脚1到ECU端线束引脚K46电阻，标准值：0Ω；传感器端线束引脚5到ECU端线束引脚K08电阻，标准值：0Ω；传感器端线束引脚6到ECU端线束引脚K31电阻，标准值：0Ω。

产生故障可能的原因：线束断路、接头损坏（目测接头是否完好）。

②短路检测。

将点火开关置于OFF挡（如果点火开关的上一个状态为ON，则置于OFF挡后，需等待至少40s后再进行后续操作），参考电路如图3-14（a）与图3-15所示。

a. 拔出ECU整车线束接头K，拔出加速踏板传感器线束接头。

b. 测量加速踏板位置传感器线束接头引脚与ECU整车线束接头K对应引脚与车厢地的电阻。

加速踏板传感器1：传感器端线束引脚2到ECU端线束引脚K45与车厢地电阻，标准值：≥1MΩ；传感器端线束引脚3到ECU端线束引脚K30与车厢地电阻，标准值：≥1MΩ；传感器端线束引脚4到ECU端线束引脚K09与车厢地电阻，标准值：≥1MΩ。

加速踏板传感器2：传感器端线束引脚1到ECU端线束引脚K46与车厢地电阻，标准值：≥1MΩ；传感器端线束引脚5到ECU端线束引脚K08与车厢地电阻，标准值：≥

1MΩ；传感器端线束引脚 6 到 ECU 端线束引脚 K31 与车厢地电阻，标准值：≥1MΩ。

产生故障可能的原因：线束对地短路、接头损坏（目测接头是否完好）。

c. 将点火开关置于 ON 挡，测量加速踏板位置传感器线束接头引脚与 ECU 整车线束接头 K 对应引脚与车厢地的电压。

加速踏板传感器 1：传感器端线束引脚 2 到 ECU 端线束引脚 K45 与车厢地电压标准值：0V；传感器端线束引脚 3 到 ECU 端线束引脚 K30 与车厢地电压标准值：0V；传感器端线束引脚 4 到 ECU 端线束引脚 K09 与车厢地电压标准值：0V。

加速踏板传感器 2：传感器端线束引脚 1 到 ECU 端线束引脚 K46 与车厢地电压标准值：0V；传感器端线束引脚 5 到 ECU 端线束引脚 K08 与车厢地电压标准值：0V；传感器端线束引脚 6 到 ECU 端线束引脚 K31 与车厢地电压标准值：0V。

产生故障可能的原因：线束对电源短路、接头损坏（目测接头是否完好）。

（7）部件检查。

①电压信号的读取（读取数据流）。

将点火开关置于 OFF 挡（如果点火开关的上一个状态为 ON，则置于 OFF 挡后，需等待至少 40s 后再进行后续操作）。

a. 插入 ECU 整车线束接头，插上加速踏板位置传感器线束接头。

b. 将点火开关置于 ON 挡，通过故障诊断仪读取加速踏板位置传感器 1 与加速踏板位置传感器 2 信号电压值及计算的开度。

②电压信号的检测（万用表检测）。

若无法从诊断仪读取相应的信号值，请使用额外的加速踏板接头适配器（Y 形线）或跳线盒直接测量加速踏板位置传感器相应引脚的电压值。

a. 加速踏板传感器 1。

跳线盒：ECU 引脚 K09 到车厢地。

接头适配器（Y 形线）：传感器引脚 4 到车厢地。

标准值：0.6~0.8V（加速踏板完全松开）；4~4.2V（加速踏板完全踩下）。

b. 加速踏板传感器 2。

跳线盒：ECU 引脚 K31 到车厢地。

接头适配器（Y 形线）：传感器引脚 6 到车厢地。

标准值：0.3~0.4V（加速踏板完全松开）；2~2.1V（加速踏板完全踩下）。

产生故障可能的原因：加速踏板位置传感器损坏。

3. 故障码——大气压力传感器（参考表 3-10）

表 3-10　大气压力传感器相关故障码

故障码	故障描述	故障名称
P2228	大气传感器电压信号电压低于下限门槛	Dfp_ APSCD. 1
P2229	大气传感器电压信号电压高于上限门槛	Dfp_ APSCD. 0

（1）可能导致的故障。

①发动机故障灯长亮。

②发动机动力不足。

③发动机冒烟。

（2）预先检查。

①蓄电池电量充足。

②车辆保险丝均正常。

③所有接头均正常。

④接头无松动或引脚锈蚀。

（3）检测工具：故障诊断仪。

注意：环境压力传感器是集成在 ECU 内部。

（4）数据流与标准值。

用故障诊断仪读取大气压力传感器数据流，标准压力：101kPa（海拔为0）；标准电压：3.98V（海拔为0）。如果数据相符，说明系统无故障；不相符，说明发动机控制单元（ECU）存在故障，并给予处理。

产生故障可能的原因：ECU 损坏。

4. 故障码——蓄电池（参考表3-11）

表3-11 蓄电池相关数据流

故障码	故障描述	故障名称
P0562	蓄电池电压低于下限门槛	Dfp_ BattCD. 1
P0563	蓄电池电压高于上限门槛	Dfp_ BattCD. 0

（1）可能导致的故障。

①发动机无法启动。

②发动机运行时熄火。

（2）预先检查。

①车辆保险丝均正常。

②所有接头均正常。

③接头无松动或引脚锈蚀。

检测工具：万用表、故障诊断仪。

（3）检查蓄电池电压。

将点火开关置于 ON 挡，关闭车辆所有用电设备，用万用表或故障诊断仪进行测量，读取蓄电池正极到负极的电压，标准值：11~14V。

产生故障可能的原因：电气系统有漏电、蓄电池故障。

（4）检查发电机电压。

将点火开关置于 ON 挡并着车，关闭车辆所有用电设备，用万用表或故障诊断仪进行测量，读取蓄电池正极到负极的电压，标准值：13.5~14.6V。

产生故障可能的原因：电气系统有漏电、发动机故障。

5. 故障码——离合器开关（参考表3-12）

表3-12 离合器开关相关故障码

故障码	故障描述	故障名称
P0704	离合器开关信号不可信	Dfp_ ConvCD. 3

（1）可能导致的故障。

①发动机故障灯长亮。

②换挡时发动机转速不不平稳。

（2）预先检查。

①蓄电池电量充足。

②车辆保险丝均正常。

③所有接头均正常。

④接头无松动或引脚锈蚀。

（3）检测工具：万用表、故障诊断仪。

（4）数据流与标准值（参考表 3-13）。

表 3-13　离合器开关数据流

信号名称	松开离合器	踩下离合器
离合器开关	打开	关闭

（5）供电检查。

将点火开关置于 OFF 挡（如果点火开关的上一个状态为 ON，则置于 OFF 挡后，需等待至少 40s 后再进行后续操作）。参考离合器控制电路，如图 3-19 所示；参考离合器开关位置及其线束接头引脚，如图 3-20 所示。

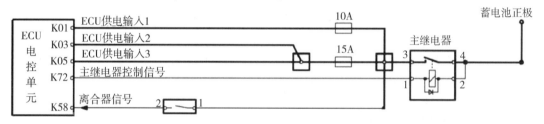

图 3-19　离合器控制电路图

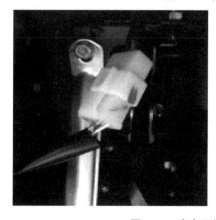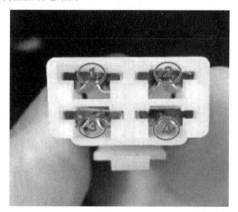

图 3-20　离合开关位置及其线束接头引脚

①拔出离合器开关线束接头，将点火开关置于 ON 挡。

②测量离合器开关线束接头引脚 1 到车厢地的电压，标准值：11～14V。

产生故障可能的原因：线束损坏、接头损坏（目测接头是否完好）。

（6）线束检查。

将点火开关置于 OFF 挡（如果点火开关的上一个状态为 ON，则置于 OFF 挡后，需

等待至少 40s 后再进行后续操作）。参考离合器控制电路，如图 3-19 所示；参考离合开关位置及其线束接头引脚，如图 3-20 所示。

①断路检测。

a. 拔出 ECU 整车线束接头，拔出离合器开关线束接头，拔出主继电器。

b. 测量离合器开关线束接头引脚与对应引脚的电阻。

离合器开关引脚 1 到主继电器插座引脚 3 电阻，标准值：<2Ω；

离合器引脚 2 到 ECU 引脚 K58 电阻，标准值：<2Ω。

产生故障可能的原因：线束断路、接头损坏（目测接头是否完好）。

②短路检测。

a. 拔出 ECU 整车线束接头，拔出离合器开关线束接头，拔出主继电器。

b. 测量离合器开关线束接头引脚与车厢地之间的电阻。

离合器开关引脚 1 到主继电器插座引脚 3 与车厢地电阻，标准值：≥1MΩ；

离合器开关引脚 2 到 ECU 引脚 K58 与车厢地电阻，标准值：≥1MΩ。

产生故障可能的原因：线束对地短路、接头损坏（目测接头是否完好）。

c. 测量离合器开关线束接头引脚与车厢地之间的电压。

离合器开关引脚 1 到主继电器插座引脚 3 与车厢地电压，标准值：0V；

离合器开关引脚 2 到 ECU 引脚 K58 与车厢地电压，标准值：0V。

产生故障可能的原因：线束对电源短路、接头损坏（目测接头是否完好）。

（7）部件检查。

将点火开关置于 OFF 挡（如果点火开关的上一个状态为 ON，则置于 OFF 挡后，需等待至少 40s 后再进行后续操作）。

①离合器开关阻值检测。

a. 拔出离合器开关线束接头。

b. 测量离合器开关传感器端引脚 1 和引脚 2 之间的电阻。

踩下离合器，标准值：<2Ω。

松开离合器，标准值：≥1MΩ。

产生故障可能的原因：离合器开关损坏。

②离合器开关信号检测（读取数据流）。

a. 插上 ECU 整车线束接头 K，插上离合器开关线束接头，插入主继电器。

b. 通过故障诊断仪读取离合器开关状态的数据流，参考表 3-13。

产生故障可能的原因：离合器开关损坏。

③离合器开关信号测量（万用表检测）。

若无法从诊断仪读取相应的信号值，请使用额外的离合器开关接头适配器（Y 形线）或跳线盒直接测取离合器开关相应引脚的电压值。

a. 连接跳线盒进行测量：用万用表测量 ECU 端线束引脚 K58 到车厢地电压。

b. 连接适配器（Y 形线）进行测量：用万用表测量离合器开关接头引脚 2 到车厢地电压。

踩下离合器，标准值：11~14V；

松开离合器，标准值：0V。

产生故障可能的原因：离合器开关损坏。

6. 故障码——发动机转速输出（参考表 3-14）

表 3-14　发动机转速输出相关故障码

故障码	故障描述	故障名称
P1605	发动机转速输出控制电路短路到电池	Dfp_ CrSCDTach. 0
P1606	发动机转速输出控制电路短路到地	Dfp_ CrSCDTach. 1
P1607	发动机转速输出控制电路断路	Dfp_ CrSCDTach. 2

（1）可能导致的故障。

①系统灯/故障灯长亮。

②发动机转速表失灵。

（2）预先检查。

①蓄电池电量充足。

②车辆保险丝均正常。

③所有接头均正常。

④接头无松动或引脚锈蚀。

（3）检测工具：万用表、接头适配器（Y 形线）、诊断仪、跳线盒。

（4）线束检查。

将点火开关置于 OFF 挡（如果点火开关的上一个状态为 ON，则置于 OFF 挡后，需等待至少 40s 后再进行后续操作）。参考发动机转速输出电路，如图 3-21 所示。请参考整车仪表线路图，查找仪表线束接头上正确的引脚，这里只是示例。

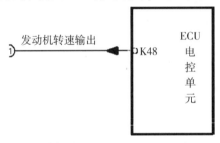

图 3-21　发动机转速输出电路图

①断路检测。

a. 拔出 ECU 整车线束接头 K，拔出仪表盘的接头。

b. 测量仪表端插件引脚 1 与 ECU 端整车线束接头 K48 之间的电阻，标准值：<2Ω。产生故障可能的原因：线束断路、接头损坏（目测接头是否完好）。

②短路检测。

a. 拔出 ECU 整车线束接头 K，拔出仪表盘的接头。

b. 测量仪表端引脚 1 或 ECU 端整车线束接头 K48 与车厢地之间的电阻，标准值：≥1MΩ。

产生故障可能的原因：线束对地短路、接头损坏（目测接头是否完好）。

c. 测量仪表端引脚 1 或 ECU 端整车线束接头 K48 与车厢地之间的电压，标准值：0V。

产生故障可能的原因：线束对电源短路、接头损坏（目测接头是否完好）。

（2）部件检查。

将点火开关置于 OFF 挡（如果点火开关的上一个状态为 ON，则置于 OFF 挡后，需等待至少 40s 后再进行后续操作）。

①用示波器检测 ECU 输出发动机转速信号。

a. 拔出 ECU 整车线束接头 K，连接跳线盒，示波器的正极与 K48 相连，负极与车厢地相连。

b. 拔出仪表盘的接头。

c. 通过跳线盒用示波器测量 ECU 端线束引脚 K48 的波形。

低电平标准值：0V；高电平标准值：11~14V。

800r/min：26.7Hz；1500r/min：51.2Hz；3000r/min：100Hz。

产生故障可能的原因：ECU 端整车线束接头 K 故障、ECU 端引脚接触不良、ECU 损坏。

②仪表盘转速信号接收是否正常。

a. 插上 ECU 整车线束接头，插上仪表盘接头。

b. 启动发动机，观察仪表盘发动机转速与实际转速是否大致一致（实际转速可通过故障诊断仪读取）。

产生故障可能的原因：仪表盘损坏。

7. 故障码——冷却液温度传感器（参考表 3-15）

表 3-15 冷却液温度传感器相关故障码

故障码	故障描述	故障名称
P0116	冷却液温度在发动机运行一定时间内上升的温度未超过限值	Dfp_ Clg_ DynTst. 3
P0117	冷却液传感器电压信号低于下限门槛	Dfp_ CTSCD. 1
P0118	冷却液传感器电压信号高于上限门槛	Dfp_ CTSCD. 0
P0128	冷却液温度在发动机运行一定时间内未到最低设定温度	Dfp_ ClgAbsTst. 3

（1）可能导致的故障。

①系统灯/故障灯长亮。

②发动机动力不足。

③发动机冒烟。

（2）预先检查。

①蓄电池电量充足。

②车辆保险丝均正常。

③所有接头均正常。

④接头无松动或引脚锈蚀。

（3）检测工具：万用表、诊断仪。

（4）信号电压初始检查。

将点火开关置于 OFF 挡（如果点火开关的上一个状态为 ON，则置于 OFF 挡后，需等待至少 40s 后再进行后续操作）。参考冷却液传感器电路，如图 3-22 所示。

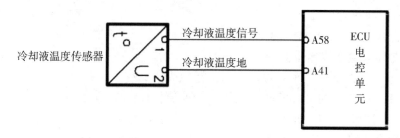

图 3-22 冷却液传感器电路图

①拔出冷却液温度传感器线束接头，将点火开关置于 ON 挡。

②测量冷却液温度传感器端线束接头引脚 1 对车厢地的电压，标准值：5V。

③测量冷却液温度传感器端线束接头引脚 2 对车厢地的电阻，标准值：<2Ω。

产生故障可能的原因：线束损坏、接头损坏（目测接头是否完好）、ECU 故障。

（5）线束检查。

将点火开关置于 OFF 挡（如果点火开关的上一个状态为 ON，则置于 OFF 挡后，需等待至少 40s 后再进行后续操作）。参考冷却液传感器电路，如图 3-22 所示。

①断路检测。

a. 拔出 ECU 端发动机线束接头 A，拔出冷却液温度传感器端线束接头。

b. 测量冷却液温度传感器线束接头引脚与 ECU 发动机线束接头 A 对应引脚之间的电阻。

冷却液温度传感器线束接头引脚 1 到 ECU 发动机线束接头引脚 A58 电阻，标准值：<2Ω；

冷却液温度传感器线束接头引脚 2 到 ECU 发动机线束接头引脚 A41 电阻，标准值：<2Ω。

产生故障可能的原因：线束断路、接头损坏（目测接头是否完好）。

②短路检测。

a. 拔出 ECU 发动机线束接头 A，拔出冷却液温度传感器线束接头。

b. 测量冷却液温度传感器端线束接头引脚到 ECU 相对应引脚 A 与车厢地之间的电阻。

引脚 1 到 ECU 引脚 A58，标准值：≥1MΩ；

引脚 2 到 ECU 引脚 A41，标准值：≥1MΩ。

产生故障可能的原因：线束对地短路、接头损坏（目测接头是否完好）。

c. 测量冷却液温度传感器端线束接头引脚到 ECU 相对应引脚 A 与车厢地之间的电压。

冷却液温度传感器端线束引脚 1 到 ECU 端引脚 A58 与车厢地之间的电压，标准值：0V。

冷却液温度传感器端线束引脚 2 到 ECU 端引脚 A41 与车厢地之间的电压，标准值：0V。

产生故障可能的原因：线束对电源短路、接头损坏（目测接头是否完好）。

（6）部件检查。

将点火开关置于 OFF 挡（如果点火开关的上一个状态为 ON，则置于 OFF 挡后，需

等待至少40s后再进行后续操作）。

①拔出冷却液温度传感器端线束接头；

②测量冷却液温度传感器引脚之间的电阻。

a. 引脚1与引脚2间（20℃时）电阻，标准值：2.2~2.8kΩ。

b. 引脚1与引脚2间（40℃时）电阻，标准值：1.0~1.3kΩ。

c. 引脚1与引脚2间（60℃时）电阻，标准值：0.5~0.7kΩ。

产生故障可能的原因：冷却液温度传感器损坏。

8. 故障码——冷却液温度输出信号（参考表3-16）

表3-16 冷却液温度输出信号相关故障码

故障码	故障描述	故障名称
P1601	冷却液温度输出控制电路短路到电池	Dfp _CTSCDOut. 0
P1602	冷却液温度输出控制电路短路到地	Dfp _CTSCDOut. 1
P1603	冷却液温度输出控制电路断路	Dfp _CTSCDOut. 2
P1604	冷却液温度输出控制电路温度过高	Dfp _CTSCDOut. 3

（1）可能导致的故障。

①系统灯/故障灯长亮。

②水温表失灵。

（2）预先检查。

①蓄电池电量充足。

②车辆保险丝均正常。

③所有接头均正常。

④接头无松动或引脚锈蚀。

（3）检测工具：万用表、诊断仪、跳线盒。

（4）线束检测。

将点火开关置于OFF挡（如果点火开关的上一个状态为ON，则置于OFF挡后，需等待至少40s后再进行后续操作）。参考冷却液传感器输出电路，如图3-23所示。请参考整车仪表线路图，查找仪表线束接头上正确的引脚，这里只是示例。

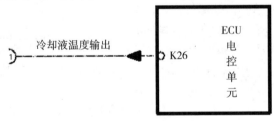

图3-23 冷却液传感器输出电路图

①断路检测。

a. 拔出ECU端整车线束接头K，拔出仪表盘的接头。

b. 测量仪表端线束引脚1与ECU端整车线束接头K引脚K26之间的电阻，标准值：<2Ω。

产生故障可能的原因：线束断路、接头损坏（目测接头是否完好）。

②短路检测。

a. 拔出 ECU 整车线束接头 K，拔出仪表盘的接头。

b. 测量仪表端线束引脚 1 到 ECU 端整车线束接头 K26 与车厢地之间的电阻，标准值：≥1MΩ。

产生故障可能的原因：线束对地短路、接头损坏（目测接头是否完好）。

c. 测量仪表端线束引脚 1 到 ECU 端整车线束接头 K26 与车厢地之间的电压，标准值：0V。

产生故障可能的原因：线束对电源短路、接头损坏（目测接头是否完好）。

（5）部件检查。

将点火开关置于 OFF 挡（如果点火开关的上一个状态为 ON，则置于 OFF 挡后，需等待至少 40s 后再进行后续操作）。参考冷却液传感器输出电路。

①ECU 输出冷却液温度信号是否正常。

a. 拔出 ECU 整车线束接头 K，拔出仪表盘的接头，连接跳线盒，示波器的正极连接到 ECU 端引脚 K26，负极连接到车厢地。

b. 将点火开关置于 ON 挡，通过跳线盒用示波器测量引脚 K26 与车厢地之间的信号。

标准值：低电平 0V；高电平 11～14V；20% 的占空比（在 60℃时）；31% 的占空比（在 70℃时）。

产生故障可能的原因：ECU 端整车线束接头 K 故障、ECU 引脚接触不良、ECU 损坏。

②仪表接收冷却液温度信号是否正常。

a. 插上 ECU 整车线束接头 K，插上仪表盘接头。

b. 将点火开关置于 ON 挡，观察仪表盘冷却液温度信息与实际冷却液温度信息是否一致（实际冷却液温度可通过故障诊断仪读取），如果不符，说明仪表盘中温度表故障。

产生故障可能的原因：仪表盘损坏。

9. 故障码——EGR 真空调节器（参考表 3-17）

表 3-17　EGR 真空调节器相关故障码

故障码	故障描述	故障名称
P0403	EGR 真空调节器控制电路温度过高	Dfp_EGRCD.3
P0404	EGR 真空调节器断路	Dfp_EGRCD.2
P0489	EGR 真空调节器控制电路短路到地	Dfp_EGRCD.1
P0490	EGR 真空调节器控制电路短路到电池	Dfp_EGRCD.0

（1）可能导致的故障。

①系统灯/故障灯长亮。

②发动机动力不足。

③发动机冒烟。

（2）预先检查。

①蓄电池电量充足。

②车辆保险丝均正常。

③所有接头均正常。

④接头无松动或引脚锈蚀。

（3）检测工具：万用表、诊断仪。

（4）供电检查。

将点火开关置于 OFF 挡（如果点火开关的上一个状态为 ON，则置于 OFF 挡后，需等待至少 40s 后再进行后续操作）。参考 EGR 真空调节器电路，如图 3-24 所示。

①拔出 EGR 真空调节器端线束接头，将点火开关置于 ON 挡。

②测量 EGR 真空调节器端线束接头引脚 1 对车厢地的电压，标准值：11~14V。

产生故障可能的原因：线束损坏、接头损坏（目测接头是否完好）。

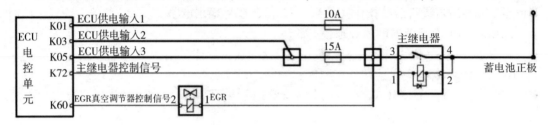

图 3-24 EGR 真空调节器电路图

（5）线束检查。

将点火开关置于 OFF 挡（如果点火开关的上一个状态为 ON，则置于 OFF 挡后，需等待至少 40s 后再进行后续操作）。参考 EGR 真空调节器电路，如图 3-24 所示。

①断路检测。

a. 拔出 ECU 端发动机线束接头 A，拔出 EGR 真空调节器端线束接头，拔出主继电器。

b. 测量 EGR 真空调节器端线束接头引脚 1 与主继电器插座端引脚 3 之间的电阻，标准值：<2Ω。

c. 测量 EGR 真空调节器端线束接头引脚 2 与 ECU 端发动机线束接头引脚 A60 之间的电阻，标准值：<2Ω。

产生故障可能的原因：线束断路、接头损坏（目测接头是否完好）。

②短路检测。

a. 拔出 ECU 端发动机线束接头 A，拔出 EGR 真空调节器端线束接头，拔出主继电器。

b. 测量 EGR 真空调节器端线束接头引脚 1 和引脚 2 与车厢地之间的电阻。

EGR 真空调节器端引脚 1 到车厢地电阻，标准值：≥1MΩ。

EGR 真空调节器端引脚 2 到车厢地电阻，标准值：≥1MΩ。

产生故障可能的原因：线束对地短路、接头损坏（目测接头是否完好）。

c. 测量 EGR 真空调节器端线束接头引脚 1 和引脚 2 与车厢地之间的电压。

EGR 真空调节器端引脚 1 到车厢地电压，标准值：0V；

EGR 真空调节器端引脚 2 到车厢地电压，标准值：0V。

产生故障可能的原因：线束对电源短路、接头损坏（目测接头是否完好）。

（6）部件检查。

将点火开关置于 OFF 挡（如果点火开关的上一个状态为 ON，则置于 OFF 挡后，需等待至少 40s 后再进行后续操作）。

①EGR 真空调节器电阻值检查。

a. 拔出 EGR 真空调节器端线束接头。

b. 测量 EGR 真空调节器两引脚之间的电阻，标准值：$10\sim20\Omega$。

产生故障可能的原因：EGR 真空调节器损坏。

②ECU 控制 EGR 真空调节器信号是否正常。

a. 拔下 EGR 真空调节器线束端接头，插上主继电器，插上 ECU 端发动机线束 A 接头。

b. 将点火开关置于 ON 挡，测量 EGR 真空调节器端引脚 1 与引脚 2 之间的电压，标准值：$2.9\sim4V$。

产生故障可能的原因：ECU 端发动机线束接头 A 故障、ECU 引脚接触不良、EGR 真空调节器控制线路故障、ECU 损坏。

10. 故障码——节气门真空调节器（参考表 3-18）

表 3-18 节气门真空调节器相关故障码

故障码	故障描述	故障名称
P0487	节气门真空调节器断路	Dfp_TVACD. 2
P0488	节气门真空调节器控制电路温度过高	Dfp_TVACD. 3
P2141	节气门真空调节器控制电路短路到地	Dfp_TVACD. 1
P2142	节气门真空调节器控制电路短路到电池	Dfp_TVACD. 0

（1）可能导致的故障。

①发动机动力不足。

②发动机冒烟。

③发动机运行时熄火。

（2）预先检查。

①蓄电池电量充足。

②车辆保险丝均正常。

③所有接头均正常。

④接头无松动或引脚锈蚀。

（3）检测工具：万用表、接头适配器（Y 形线）、诊断仪、跳线盒。

（4）供电检查。

将点火开关置于 OFF 挡（如果点火开关的上一个状态为 ON，则置于 OFF 挡后，需等待至少 40s 后再进行后续操作）。参考节气门真空调节器电路，如图 3-25 所示。

①拔出节气门真空调节器端线束接头，将点火开关置于 ON 挡。

②测量节气门真空调节器端线束接头引脚 1 对车厢地的电压，标准值：$11\sim14V$。

产生故障可能的原因：线束损坏、接头损坏（目测接头是否完好）。

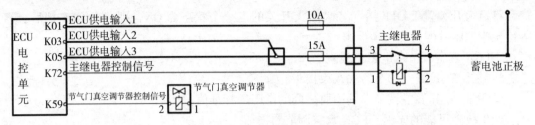

图 3-25 节气门真空调节器电路图

（5）线束检查

将点火开关置于 OFF 挡（如果点火开关的上一个状态为 ON，则置于 OFF 挡后，需等待至少 40s 后再进行后续操作）。参考节气门真空调节器电路，如图 3-25 所示。

①断路检测。

a. 拔出 ECU 端发动机线束接头 A，拔出节气门真空调节器端线束接头，拔出主继电器。

b. 测量节气门真空调节器端线束接头引脚 1 与主继电器插座端引脚 3 之间的电阻，标准值：<2Ω。

c. 测量节气门真空调节器端线束接头引脚 2 与 ECU 端发动机线束接头引脚 A59 之间的电阻，标准值：<2Ω。

产生故障可能的原因：线束断路、接头损坏（目测接头是否完好）。

②短路检测。

a. 拔出 ECU 端发动机线束接头 A，拔出节气门真空调节器端线束接头，拔出主继电器。

b. 测量节气门真空调节器端线束接头引脚 1 和引脚 2 与车厢地之间的电阻。

EGR 真空调节器端引脚 1 到车厢地电阻，标准值：≥1MΩ；

EGR 真空调节器端引脚 2 到车厢地电阻，标准值：≥1MΩ。

产生故障可能的原因：线束对地短路、接头损坏（目测接头是否完好）。

c. 测量节气门真空调节器端线束接头引脚 1 和引脚 2 与车厢地之间的电压。

EGR 真空调节器端引脚 1 到车厢地电压，标准值：0V。

EGR 真空调节器端引脚 2 到车厢地电压，标准值：0V。

产生故障可能的原因：线束对电源短路、接头损坏（目测接头是否完好）。

（6）部件检查。

将点火开关置于 OFF 挡（如果点火开关的上一个状态为 ON，则置于 OFF 挡后，需等待至少 40s 后再进行后续操作）。

①节气门真空调节器电阻值检查。

a. 拔出节气门真空调节器端线束接头。

b. 测量节气门真空调节器两引脚之间的电阻，标准值：10~20Ω。

产生故障可能的原因：节气门真空调节器损坏。

②ECU 控制节气门真空调节器信号是否正常。

a. 拔下节气门真空调节器线束端接头，插上主继电器，插上 ECU 端发动机线束 A 接头。

b. 将点火开关置于 ON 挡，测量节气门真空调节器端引脚 1 与引脚 2 之间的电压，标准值：2.9~4V。

产生故障可能的原因：ECU 发动机线束接头 A 与 ECU 引脚接触不良、ECU 损坏。

11. 故障码——凸轮轴位置传感器（参考表 3-19）

表 3-19　凸轮轴位置传感器相关故障码

故障码	故障描述	故障名称
P0340	无凸轮轴信号	Dfp_EngMCaS1.0
P0341	错误的凸轮轴信号	Dfp_EngMCaS1.1

（1）可能导致的故障。

①系统灯/故障灯长亮。

②发动机无法启动或启动困难。

（2）预先检查。

①蓄电池电量充足。

②车辆保险丝均正常。

③所有接头均正常。

④接头无松动或引脚锈蚀。

（3）检测工具：万用表、接头适配器（Y 形线）、诊断仪、跳线盒。

（4）供电检查。

将点火开关置于 OFF 挡（如果点火开关的上一个状态为 ON，则置于 OFF 挡后，需等待至少 40s 后再进行后续操作）。参考凸轮轴位置传感器电路，如图 3-26 所示。

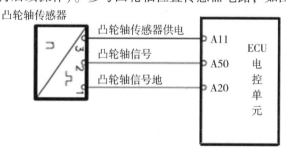

图 3-26　凸轮轴位置传感器电路图

①拔出凸轮轴传感器端线束接头，将点火开关置于 ON 挡。

②测量凸轮轴传感器端线束接头引脚 3 到车厢地的电压，标准值：5V。

③测量凸轮轴传感器端线束接头引脚 1 到车厢地的电阻，标准值：<2Ω。

产生故障可能的原因：线束损坏、接头损坏（目测接头是否完好）。

（5）线束检查。

将点火开关置于 OFF 挡（如果点火开关的上一个状态为 ON，则置于 OFF 挡后，需等待至少 40s 后再进行后续操作）。参考凸轮轴位置传感器电路，如图 3-26 所示。

①断路检查。

a. 拔出 ECU 端发动机线束接头 A，拔出凸轮轴传感器线束接头。

b. 测量凸轮轴传感器端线束接头引脚与 ECU 端发动机线束接头 A 对应引脚之间的电阻。

凸轮轴位置传感器端线束接头引脚 1 与 ECU 端发动机线束接头 A20 电阻，标准值：

$<2\Omega$；

凸轮轴位置传感器端线束接头引脚 2 与 ECU 端发动机线束接头 A50 电阻，标准值：$<2\Omega$；

凸轮轴位置传感器端线束接头引脚 3 与 ECU 端发动机线束接头 A11 电阻，标准值：$<2\Omega$。

产生故障可能的原因：线束断路、接头损坏（目测接头是否完好）。

②短路检测。

a. 拔出 ECU 端发动机线束接头 A，拔出凸轮轴位置传感器端线束接头。

b. 测量凸轮轴位置传感器端线束接头引脚到 ECU 端发动机线束接头与车厢地之间的电阻。

凸轮轴位置传感器端线束接头引脚 1 到 ECU 端发动机线束接头 A20 与车厢地之间的电阻，标准值：$\geqslant 1\mathrm{M}\Omega$；

凸轮轴位置传感器端线束接头引脚 2 到 ECU 端发动机线束接头 A50 与车厢地之间的电阻，标准值：$\geqslant 1\mathrm{M}\Omega$；

凸轮轴位置传感器端线束接头引脚 3 到 ECU 端发动机线束接头 A11 与车厢地之间的电阻，标准值：$\geqslant 1\mathrm{M}\Omega$。

产生故障可能的原因：线束对地短路、接头损坏（目测接头是否完好）。

c. 测量凸轮轴位置传感器端线束接头引脚到 ECU 端发动机线束接头与车厢地之间的电压。

凸轮轴位置传感器端线束接头引脚 1 到 ECU 端发动机线束接头 A20 与车厢地之间的电压，标准值：0V；

凸轮轴位置传感器端线束接头引脚 2 到 ECU 端发动机线束接头 A50 与车厢地之间的电压，标准值：0V；

凸轮轴位置传感器端线束接头引脚 3 到 ECU 端发动机线束接头 A11 与车厢地之间的电压，标准值：0V。

产生故障可能的原因：线束对电源短路、接头损坏（目测接头是否完好）。

（6）部件检查（凸轮轴位置传感器输出信号检查）。

将点火开关置于 OFF 挡（如果点火开关的上一个状态为 ON，则置于 OFF 挡后，需等待至少 40s 后再进行后续操作）。参考凸轮轴位置传感器电路，如图 3-26 所示。

①拔出 ECU 端发动机线束接头 A，拔出凸轮轴传感器端线束接头，连接接头适配器（Y 形线）或跳线盒。

②将点火开关置于 ON 挡，启动或转动发动机。

③通过接头适配器（Y 形线）或跳线盒，用示波器测量凸轮轴位置传感器的信号波形，示波器的正极与凸轮轴位置传感器端线束引脚 2 或 ECU 端线束引脚 A50 相连，负极与车厢地相连，标准波形如图 3-27 所示。

产生故障可能的原因：凸轮轴传感器安装错误、轮盘错误、凸轮轴传感器与轮盘间隙、凸轮轴传感器故障。

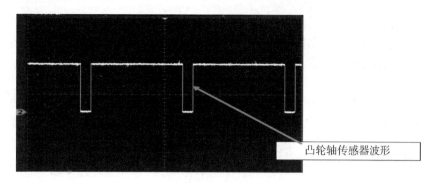

 凸轮轴传感器波形

图 3-27 发动机凸轮轴位置传感器输出波形信号

12. 故障码——曲轴位置/发动机转速传感器 (参考表 3-20)

表 3-20 曲轴位置/发动机转速传感器相关故障码

故障码	故障描述	故障名称
P0340	无曲轴信号	Dfp_EngMCaS1.0
P0341	错误的曲轴信号	Dfp_EngMCaS1.1

（1）可能导致的故障。

①系统灯/故障灯长亮。

②发动机无法启动或启动困难。

③发动机运行时突然熄火。

（2）预先检查。

①蓄电池电量充足。

②车辆保险丝均正常。

③所有接头均正常。

④接头无松动或引脚锈蚀。

（3）检测工具：万用表、接头适配器（Y 形线）、诊断仪、跳线盒。

（4）线束检查。

将点火开关置于 OFF 挡（如果点火开关的上一个状态为 ON，则置于 OFF 挡后，需等待至少 40s 后再进行后续操作）。参考曲轴位置传感器电路，如图 3-28 所示。

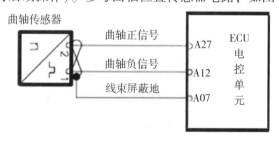

图 3-28 曲轴位置传感器电路图

①断路检测。

a. 拔出 ECU 端发动机线束接头 A，拔出曲轴位置传感器线束接头。

b. 测量曲轴位置传感器端线束接头引脚与 ECU 端发动机线束接头 A 对应引脚之间的电阻。

曲轴位置传感器端线束引脚 1 到 ECU 端线束引脚 A12 电阻，标准值：<2Ω；

曲轴位置传感器端线束引脚 2 到 ECU 端线束引脚 A27 电阻，标准值：<2Ω。

产生故障可能的原因：线束断路、接头损坏（目测接头是否完好）。

②短路检测。

a. 拔出 ECU 端发动机线束接头 A，拔出曲轴位置传感器线束接头。

b. 测量曲轴位置传感器端线束接头引脚到 ECU 端发动机线束接头 A 与车厢地的电阻。

曲轴位置传感器端线束引脚 1 到 ECU 端线束引脚 A12 与车厢地电阻，标准值：≥1MΩ；

曲轴位置传感器端线束引脚 2 到 ECU 端线束引脚 A27 与车厢地电阻，标准值：≥1MΩ。

产生故障可能的原因：线束对地短路、接头损坏（目测接头是否完好）。

c. 测量曲轴位置传感器端线束接头引脚到 ECU 端发动机线束接头 A 与车厢地的电压。

曲轴位置传感器端线束引脚 1 到 ECU 端线束引脚 A12 与车厢地电压，标准值：0V；

曲轴位置传感器端线束引脚 2 到 ECU 端线束引脚 A27 与车厢地电阻，标准值：0V。

产生故障可能的原因：线束对电源短路、接头损坏（目测接头是否完好）。

（5）部件检查。

将点火开关置于 OFF 挡（如果点火开关的上一个状态为 ON，则置于 OFF 挡后，需等待至少 40s 后再进行后续操作）。参考曲轴位置传感器电路，如图 3-28 所示。

①万用表检测曲轴位置传感器电阻值。

a. 拔出曲轴位置传感器端线束接头。

b. 测量曲轴位置传感器引脚 1 与 2 之间电阻，标准值：770~950Ω（在 20℃时）。

产生故障可能的原因：曲轴传感器故障。

②示波器检测曲轴位置传感器输出信号。

a. 拔下曲轴位置传感器端线束接头，拔下 ECU 端发动机线束接头 A，连接适配器（Y 形线）或跳线盒。

b. 将点火开关置于 ON 挡，启动/拖动发动机，通过接头适配器（Y 形线）或跳线盒用示波器测量曲轴位置传感器信号的波形。示波器的正极与曲轴位置传感器端线束引脚 2 或 ECU 端线束引脚 A27 相连，负极与曲轴位置传感器端线束引脚 1 或 ECU 引脚 A12 相连。标准波形如图 3-29 所示。

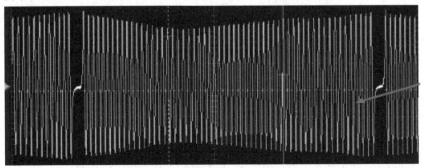

图 3-29　发动机曲轴位置与转速传感器输出波形信号

产生故障可能的原因：曲轴传感器安装错误、轮盘错误、曲轴传感器与轮盘间隙、曲轴传感器故障。

13. 故障码——曲轴和凸轮轴合理性检查（参考表3-21）

表3-21 曲轴和凸轮轴合理性检查相关故障码

故障码	故障描述	故障名称
P0016	曲轴和凸轮轴信号偏差过大	Dfp_EngMOfsCaSCrS. 0

（1）可能导致的故障。

①系统灯/故障灯长亮。

②发动机无法启动。

③发动机动力不足。

（2）预先检查。

①蓄电池电量充足。

②车辆保险丝均正常。

③所有接头均正常。

④接头无松动或引脚锈蚀。

（3）检测工具：万用表、接头适配器（Y形线）、诊断仪、跳线盒。

（4）部件检查。

将点火开关置于OFF挡（如果点火开关的上一个状态为ON，则置于OFF挡后，需等待至少40s后再进行后续操作）。参考凸轮轴位置传感器电路，如图3-26所示；曲轴位置传感器电路，如图3-28所示。

①曲轴和凸轮轴位置传感器信号检查。

a. 启动/拖动发动机，通过接头适配器（Y形线）或跳线盒用示波器测量读取曲轴位置传感器和凸轮轴位置传感器信号的波形，曲轴与凸轮轴位置传感器输出波形如图3-30所示。

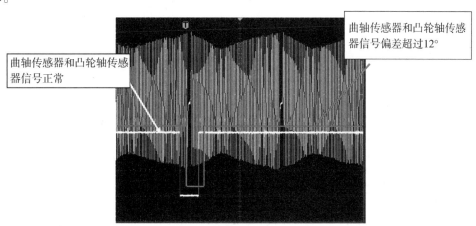

图3-30 曲轴与凸轮轴位置传感器输出波形

b. 示波器的正极与曲轴位置传感器端线束引脚2或ECU端线束引脚A27相连，负极与曲轴位置传感器端线束引脚1或ECU引脚A12相连。

c. 示波器的正极与凸轮轴位置传感器端线束引脚2或ECU端线束引脚A50相连，负极与车厢地相连。

产生故障可能的原因：曲轴位置传感器和凸轮轴位置传感器安装错误、曲轴和凸轮轴轮盘错误。

14．故障码——油中有水传感器（参考表3-22）

表3-22　油中有水传感器相关故障码

故障码	故障描述	故障名称
P2264	油中有水传感器故障	Dfp _FlFCD _WtLvl. 2
P2267	油中检测到有水	Dfp _FlFCD _WtLvl. 0

（1）可能导致的故障：系统灯/故障灯长亮。

（2）预先检查。

①蓄电池电量充足。

②车辆保险丝均正常。

③所有接头均正常。

④接头无松动或引脚锈蚀。

（3）检测工具：万用表、接头适配器（Y形线）、诊断仪、跳线盒。

（4）供电检查。

将点火开关置于OFF挡（如果点火开关的上一个状态为ON，则置于OFF挡后，需等待至少40s后再进行后续操作）。参考油中有水传感器电路，如图3-31所示。

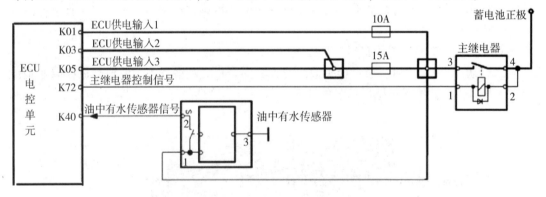

图3-31　油中有水传感器电路图

①拔出油中有水传感器线束接头，将点火开关置于ON挡。

②测量油中有水传感器线束接头引脚1到车厢地的电压，标准值：11~14V。

③测量油中有水传感器线束接头引脚3到车厢地的电阻，标准值：<2Ω。

产生故障可能的原因：线束损坏、接头损坏（目测接头是否完好）。

（5）线束检查。

将点火开关置于OFF挡（如果点火开关的上一个状态为ON，则置于OFF挡后，需等待至少40s后再进行后续操作）。参考油中有水传感器电路，如图3-31所示。

①断路检测。

a. 拔出ECU端整车线束接头，拔出油中有水传感器端线束接头，拔出主继电器。

b. 测量油中有水传感器端线束接头引脚与对应引脚的电阻。

油中有水传感器端线束接头引脚 1 到主继电器插座引脚 3 电阻，标准值：<2Ω；

油中有水传感器端线束接头引脚 2 到 ECU 端整车线束接头引脚 K40 电阻，标准值：<0Ω；

油中有水传感器端线束接头引脚 3 到车厢地电阻，标准值：<0Ω。

产生故障可能的原因：线束断路、接头损坏（目测接头是否完好）。

②短路检测。

a. 拔出 ECU 整车线束接头 K，拔出油中有水传感器线束接头，拔出主继电器。

b. 测量油中有水传感器端线束接头引脚与车厢地之间的电阻。

油中有水传感器端线束接头引脚 1 到主继电器插座引脚 3 电阻，标准值：≥1MΩ；

油中有水传感器端线束接头引脚 2 到 ECU 端整车线束接头引脚 K40 电阻，标准值：≥1MΩ；

油中有水传感器端线束接头引脚 3 到车厢地电阻，标准值：≥1MΩ。

产生故障可能的原因：线束对地短路、接头损坏（目测接头是否完好）。

c. 测量油中有水传感器端线束接头引脚与车厢地之间的电压。

油中有水传感器端线束接头引脚 1 到主继电器插座引脚 3 与车厢地电压，标准值：0V；

油中有水传感器端线束接头引脚 2 到 ECU 端整车线束接头引脚 K40 与车厢地电压，标准值：0V；

油中有水传感器端线束接头引脚 3 到车厢地电压，标准值：0V。

产生故障可能的原因：线束对电源短路、接头损坏（目测接头是否完好）。

（6）部件检查。

将点火开关置于 OFF 挡（如果点火开关的上一个状态为 ON，则置于 OFF 挡后，需等待至少 40s 后再进行后续操作）。参考油中有水传感器电路，如图 3-31 所示。

①拔下 ECU 端整车线束接头，拔下油中有水传感器端线束接头，通过接头适配器（Y 形线）或跳线盒用示波器测量读取油中有水传感器信号的波形，示波器正极与油中有水传感器端引脚 2 或 ECU 引脚 K40 相连，负极与车厢地相连。将点火开关置于 ON 挡，在上电后，油中有水传感器会进行自诊断，会输出大约 2.5s 的高电平，油中有水传感器输出波形如图 3-32 所示。

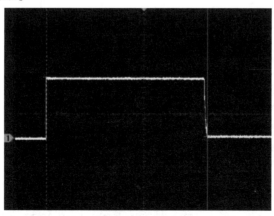

图 3-32　刚上电后的油中有水传感器波形

65

产生故障可能的原因：油中有水传感器损坏。

15. 故障码——预热控制（参考表3-23）

表3-23 预热控制相关故障码

故障码	故障描述	故障名称
P0383	预热继电器控制电路短路到地	Dfp _GlwCD _Actr. 1
P0384	预热继电器控制电路短路到电池	Dfp _GlwCD _Actr. 0
P0670	预热继电器控制电路断路或温度过高	Dfp _GlwCD _Actr. 2 Dfp _GlwCD _Actr. 3

（1）可能导致的故障。

①系统灯/故障灯长亮。

②发动机启动困难。

（2）预先检查。

①蓄电池电量充足。

②车辆保险丝均正常。

③所有接头均正常。

④接头无松动或引脚锈蚀。

（3）检测工具：万用表、试灯、诊断仪。

（4）供电检查。

将点火开关置于OFF挡（如果点火开关的上一个状态为ON，则置于OFF挡后，需等待至少40s后再进行后续操作）。参考预热塞电路，如图3-33所示。

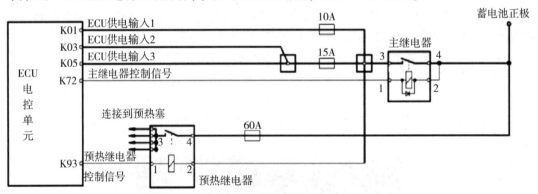

图3-33 预热塞电路图

①拔出预热继电器，将点火开关置于ON挡。

②测量预热继电器端线束引脚2对车厢地的电压，标准值：11~14V。

③测量预热继电器端线束引脚4对车厢地的电压，标准值：11~14V。

产生故障可能的原因：线束损坏、接头损坏（目测接头是否完好）。

（5）线束检查。

将点火开关置于OFF挡（如果点火开关的上一个状态为ON，则置于OFF挡后，需等待至少40s后再进行后续操作）。参考预热塞电路，如图3-33所示。

①断路检测。

a. 拔出 ECU 端整车线束接头 K，拔出预热继电器，拔出主继电器。

b. 测量预热继电器线束接头引脚 1 与 ECU 整车线束接头 K93 之间的电阻，标准值：$<2\Omega$。

c. 测量预热继电器线束接头引脚 2 与主继电器插座引脚 3 之间的电阻，标准值：$<2\Omega$。

d. 测量预热继电器引脚 1 到 ECU 引脚 K93 之间的电阻，标准值：$<2\Omega$。

产生故障可能的原因：线束断路、接头损坏（目测接头是否完好）。

②短路检测。

a. 拔出 ECU 整车线束接头 K，拔出预热继电器，拔出主继电器。

b. 测量预热继电器端线束接头引脚 1 和引脚 2 与车厢地之间的电阻，标准值：$\geqslant 1M\Omega$。

产生故障可能的原因：线束对地短路接头损坏（目测接头是否完好）。

c. 测量预热继电器端线束接头引脚 1 和引脚 2 与车厢地之间的电压，标准值：0V。

产生故障可能的原因：线束对电源短路、接头损坏（目测接头是否完好）。

（6）部件检查。

将点火开关置于 OFF 挡（如果点火开关的上一个状态为 ON，则置于 OFF 挡后，需等待至少 40s 后再进行后续操作）。参考预热塞电路，如图 3-33 所示。

①预热继电器检测。

a. 拔出预热继电器。

b. 测量预热继电器引脚 1 与引脚 2 之间的电阻，标准值：$15\sim 25\Omega$。

c. 将预热继电器引脚 2 与引脚 1 分别连接电源与车厢地，测量预热继电器引脚 3 与引脚 4 电阻，标准值：$<2\Omega$。

产生故障可能的原因：预热继电器损坏。

②ECU 输出预热继电器控制信号检测。

a. 插上 ECU 端整车线束接头 K，插上主继电器，拔出预热继电器。

b. 将点火开关置于 ON 挡，预热继电器端线束接头引脚 1 与车厢地的电压正常值：$2.9\sim 4V$。

c. 也可以用发光二极管试灯检测，将试灯两个探针分别探入预热继电器插座第 1 与第 2 插脚后着车（必须满足预热塞工作条件），正常试灯长亮，熄火后试灯熄灭。

产生故障可能的原因：ECU 端整车线束接头 K 与 ECU 引脚接触不良、ECU 损坏。

16. 故障码——预热灯（参考表 3-24）

表 3-24　预热灯相关故障码

故障码	故障描述	故障名称
P1608	预热灯控制电路短路到电池	Dfp _GlwCD _Lamp. 0
P1609	预热灯控制电路短路到地	Dfp_ GlwCD_ Lamp. 1
P160A	预热灯控制电路断路	Dfp _GlwCD_ Lamp. 2
P160B	预热灯控制电路温度过高	Dfp_ GlwCD_ Lamp. 3

（1）可能导致的故障：系统灯/故障灯长亮。

（2）预先检查。

①蓄电池电量充足。

②车辆保险丝均正常。

③所有接头均正常。

④接头无松动或引脚锈蚀。

（3）检测工具：万用表、诊断仪。

（4）供电检查。

将点火开关置于 OFF 挡（如果点火开关的上一个状态为 ON，则置于 OFF 挡后，需等待至少 40s 后再进行后续操作）。参考预热灯电路，如图 3-34 所示。

①拔出仪表盘端线束接头，将点火开关置于 ON 挡。

②测量预热灯端线束引脚 1 到车厢地的电压，标准值：11~14V。

产生故障可能的原因：线束损坏、接头损坏（目测接头是否完好）。

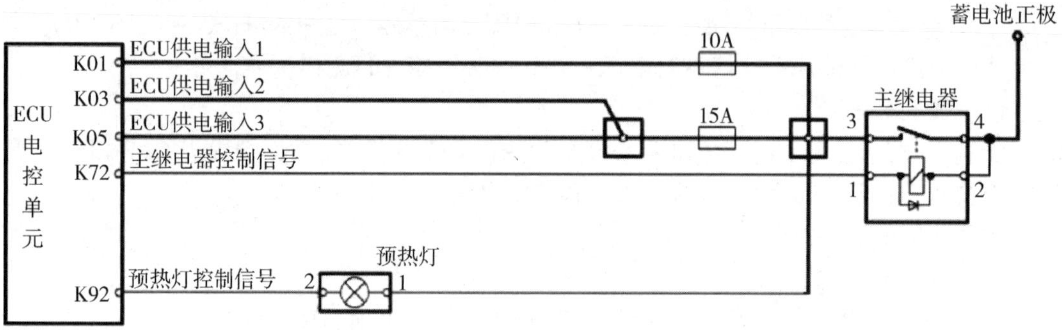

图 3-34　预热灯电路图

（5）线束检查。

将点火开关置于 OFF 挡（如果点火开关的上一个状态为 ON，则置于 OFF 挡后，需等待至少 40s 后再进行后续操作）。参考预热灯电路，如图 3-34 所示。

①断路检测。

a. 拔出 ECU 整车线束接头 K，拔出仪表盘线束接头，拔出主继电器。

b. 测量预热灯端引脚与对应线束引脚之间的电阻。

预热灯端引脚 1 到主继电器端插座引脚 3 电阻，标准值：<2Ω；

预热灯端引脚 2 到 ECU 端整车线束接头 K92 电阻，标准值：<2Ω。

产生故障可能的原因：线束断路、接头损坏（目测接头是否完好）。

②短路检测。

a. 拔出 ECU 端整车线束接头 K，拔出仪表盘端线束接头，拔出主继电器。

b. 测量预热灯引脚 1 和引脚 2 与车厢地之间的电阻，正常值：≥1MΩ。

产生故障可能的原因：线束对地短路、接头损坏（目测接头是否完好）。

c. 测量预热灯引脚 1 和引脚 2 与车厢地之间的电压，正常值：0V。

产生故障可能的原因：线束对电源短路、接头损坏（目测接头是否完好）。

（6）部件检查。

将点火开关置于 OFF 挡（如果点火开关的上一个状态为 ON，则置于 OFF 挡后，需等待至少 40s 后再进行后续操作）。参考预热灯电路，如图 3-34 所示。

①预热灯阻值检测。

a. 拔出仪表盘端线束接头。

b. 测量预热灯引脚 1 和引脚 2 之间电阻，标准值：40~50Ω（普通灯泡）。

产生故障可能的原因：预热灯损坏。

②ECU 输出预热灯控制信号检测。

a. 插上 ECU 端整车线束接头，插上主继电器，拔出仪表端线束接头。

b. 将点火开关置于 ON 挡，测量预热灯端引脚 2 对车厢地的电压，标准值：2.9~4V。

产生故障可能的原因：ECU 端整车线束接头 K 与 ECU 引脚接触不良、ECU 损坏。

17. 故障码——喷油器（参考表 3-25）

表 3-25　喷油器相关故障码

故障码	故障描述	故障名称
P0201	喷油器 1 断路	Dfp_InjVlvCyl1B. 2
P0202	喷油器 2 断路	Dfp_InjVlvCyl2B. 2
P0203	喷油器 3 断路	fp_InjVlvCyl3DB. 2
P0204	喷油器 4 断路	Dfp_InjVlvCyl4B. 2
P0261	喷油器 1 高端短路到低端	Dfp_InjVlvCyl1A. 2
P0262	喷油器 1 低端控制电路短路到电池	Dfp_InjVlvCyl1A. 0
P0263	喷油器 1 其他类型故障	Dfp_InjVlvCyl1A. 3
P0264	喷油器 2 高端短路到低端	Dfp_InjVlvCyl2A. 2
P0265	喷油器 2 低端控制电路短路到电池	Dfp_InjVlvCyl2A. 0
P0266	喷油器 2 其他类型故障	Dfp_InjVlvCyl2A. 3
P0267	喷油器 3 高端短路到低端	Dfp_InjVlvCyl3A. 2
P0268	喷油器 3 低端控制电路短路到电池	Dfp_InjVlvCyl3A. 0
P0269	喷油器 3 其他类型故障	Dfp_InjVlvCyl3A. 3
P0270	喷油器 4 高端短路到低端	Dfp_InjVlvCyl4A. 2
P0271	喷油器 4 低端控制电路短路到电池	Dfp_InjVlvCyl4A. 0
P0272	喷油器 4 其他类型故障	Dfp_InjVlvCyl4A. 3
P1223	喷油器 1、2、3 或者 4 高端控制电路短路到电池	Dfp_InjVlvBnk1A. 0
P1224	喷油器 1、2、3 或者 4 低端控制电路短路到地	Dfp_InjVlvBnk1A. 1

（1）可能导致的故障。

①系统灯/故障灯长亮。

②发动机动力不足。

③发动机无法启动。

④发动机抖动。

⑤发动机难启动。

⑥发动机缺缸。

⑦发动机怠速不稳。

⑧发动机运行时熄火。

（2）预先检查。

①蓄电池电量充足。

②车辆保险丝均正常。

③所有接头均正常。

④接头无松动或引脚无锈蚀。

（3）检测工具：万用表、诊断仪、试灯。

（4）线束检查。

将点火开关置于OFF挡（如果点火开关的上一个状态为ON，则置于OFF挡后，需等待至少40s后再进行后续操作）。参考喷油器电路，如图3-35所示。

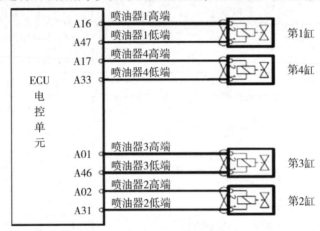

图3-35　喷油器电路图

①断路检测。

a. 拔出ECU端发动机线束接头A，拔出所有喷油器端的线束接头。

b. 测量喷油器端线束接头引脚与ECU端发动机线束接头对应引脚之间的电阻。

1缸喷油器端线束引脚1到ECU端线束引脚A47电阻，标准值：<2Ω；

1缸喷油器端线束引脚2到ECU端线束引脚A16电阻，标准值：<2Ω；

2缸喷油器端线束引脚1到ECU端线束引脚A31电阻，标准值：<2Ω；

2缸喷油器端线束引脚2到ECU端线束引脚A02电阻，标准值：<2Ω；

3缸喷油器端线束引脚1到ECU端线束引脚A46电阻，标准值：<2Ω；

3缸喷油器端线束引脚2到ECU端线束引脚A01电阻，标准值：<2Ω；

4缸喷油器端线束引脚1到ECU端线束引脚A33电阻，标准值：<2Ω；

4缸喷油器端线束引脚2到ECU端线束引脚A17电阻，标准值：<2Ω。

产生故障可能的原因：线束断路接头损坏（目测接头是否完好）。

②短路检测。

a. 拔出ECU端发动机线束接头A，拔出所有喷油器端的线束接头。

b. 分别测量每个喷油器端线束接头引脚1和引脚2与车厢地之间的电阻，标准值：≥1MΩ。

产生故障可能的原因：线束对地短路、接头损坏（目测接头是否完好）。

c. 分别测量每个喷油器端线束接头引脚 1 和引脚 2 与车厢地之间的电压，标准值：0V。

产生故障可能的原因：线束对电源短路、接头损坏（目测接头是否完好）。

（5）部件检查。

将点火开关置于 OFF 挡（如果点火开关的上一个状态为 ON，则置于 OFF 挡后，需等待至少 40s 后再进行后续操作）。参考喷油器电路，如图 3-35 所示。

①喷油器电阻的检测。

a. 拔出所有喷油器端的线束接头。

b. 分别测量每个喷油器端线束接头引脚 1 和引脚 2 之间的电阻，标准值：0.2~1Ω。

产生故障可能的原因：喷油器损坏。

②ECU 输出喷油器控制信号检测。

a. 拔下所有喷油器端的线束接头。

b. 分别用发光二极管试灯（采用双灯头的发光二极管试灯）的两个探针插入每个喷油器端线束接头引脚 1 和引脚 2。

c. 启动发动机，观察试灯工作状态，闪动说明 ECU 输出控制喷油器信号正常。

产生故障可能的原因：ECU 损坏。

18. 故障码——喷油加电时间监控模块（参考表 3-26）

表 3-26　喷油加电时间监控模块相关故障码

故障码	故障描述	故障名称
P1200	第 1 缸喷油器正向修正量过大	Dfp_ETClbETFltInj1.0
P1201	第 1 缸喷油器负向修正量过大	Dfp_ETClbETFltInj1.1
P1202	第 2 缸喷油器正向修正量过大	Dfp_ETClbETFltInj2.0
P1203	第 2 缸喷油器负向修正量过大	Dfp_ETClbETFltInj2.1
P1204	第 3 缸喷油器正向修正量过大	Dfp_ETClbETFltInj3.0
P1205	第 3 缸喷油器负向修正量过大	Dfp_ETClbETFltInj3.1
P1206	第 4 缸喷油器正向修正量过大	Dfp_ETClbETFltInj4.0
P1207	第 4 缸喷油器负向修正量过大	Dfp_ETClbETFltInj4.1
P120C	第 1 缸喷油器动态正向修正量过大	Dfp_ETClbInj1.0
P120D	第 1 缸喷油器动态负向修正量过大	Dfp_ETClbInj1.1
P120E	第 2 缸喷油器动态正向修正量过大	Dfp_ETClbInj2.0
P120F	第 2 缸喷油器动态负向修正量过大	Dfp_ETClbInj2.1
P1210	第 3 缸喷油器动态正向修正量过大	Dfp_ETClbInj3.0
P1211	第 3 缸喷油器动态负向修正量过大	Dfp_ETClbInj3.1
P1212	第 4 缸喷油器动态正向修正量过大	Dfp_ETClbInj4.0
P1213	第 4 缸喷油器动态负向修正量过大	Dfp_ETClbInj4.1

（1）可能导致的故障：发动机冒烟。

（2）预先检查。

①蓄电池电量充足。

②车辆保险丝均正常。

③所有接头均正常。

④接头无松动或引脚锈蚀。

（3）检测工具：诊断仪。

（4）清除 ZFC 学习值。

①连接诊断仪到 OBD 诊断接头，将点火开关置于 ON 挡。

②利用诊断仪清除 ZFC 学习值。

③将点火开关置于 OFF 挡，等待至少 40s。

产生故障可能的原因：车辆超载、变速器匹配不合适、燃油油品不良。

19. 故障码——油量计量单元（参考表 3-27）

表 3-27　油量计量单元相关故障码

故障码	故障描述	故障名称
P0251	流量计量单元断路	Dfp_ MeUnCDNoLoad. 2
P0252	流量计量单元控制电路温度过高	Dfp_ MeUnCDNoLoad. 3
P0253	流量计量单元控制电路短路到地	Dfp_ MeUnCDSCGnd. 1
P0254	流量计量单元控制电路短路到电池	Dfp_ MeUnCDSCBat. 0

（1）可能导致的故障。

①系统灯/故障灯长亮。

②发动机无法启动或启动困难。

③发动机动力不足。

④发动机运行时突然熄火。

（2）预先检查。

①蓄电池电量充足。

②车辆保险丝均正常。

③所有接头均正常。

④接头无松动或引脚锈蚀。

（3）检测工具：万用表、诊断仪。

（4）供电检查。

将点火开关置于 OFF 挡（如果点火开关的上一个状态为 ON，则置于 OFF 挡后，需等待至少 40s 后再进行后续操作）。参考计量阀电路，如图 3-36 所示。

①拔下油量计量单元端线束接头。

②将点火开关置于 ON 挡。

③测量油量计量单元端线束接头引脚 2 到车厢地的电压，标准值：11～14V。

产生故障可能的原因：线束损坏、接头损坏（目测接头是否完好）。

（5）线束检查。

将点火开关置于 OFF 挡（如果点火开关的上一个状态为 ON，则置于 OFF 挡后，需

等待至少 40s 后再进行后续操作）。参考计量阀电路，如图 3-36 所示。

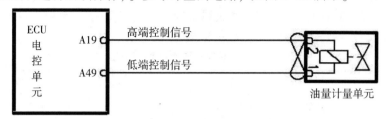

图 3-36　计量阀电路图

①断路检测。

a. 拔下 ECU 端发动机线束接头 A，拔出油量计量单元线束接头。

b. 测量油量计量单元端线束接头引脚与 ECU 端发动机线束接头对应引脚之间的电阻。

油量计量单元端线束引脚 1 到 ECU 端线束引脚 A49 电阻，标准值：<2Ω；

油量计量单元端线束引脚 2 到 ECU 端线束引脚 A19 电阻，标准值：<2Ω。

产生故障可能的原因：线束断路、接头损坏（目测接头是否完好）。

②短路检测。

a. 拔下 ECU 端发动机线束接头 A，拔出油量计量单元线束接头。

b. 测量油量计量单元线束接头引脚与车厢地之间的电阻。

油量计量单元端线束引脚 1 到 ECU 端线束引脚 A49 与车厢地之间电阻，标准值：≥1MΩ；

油量计量单元端线束引脚 2 到 ECU 端线束引脚 A19 与车厢地之间电阻，标准值：≥1MΩ。

产生故障可能的原因：线束对地短路、接头损坏（目测接头是否完好）。

c. 测量油量计量单元线束接头引脚与车厢地之间的电压。

油量计量单元端线束引脚 1 到 ECU 端线束引脚 A49 与车厢地之间电压，标准值：0V。

油量计量单元端线束引脚 2 到 ECU 端线束引脚 A19 与车厢地之间电压，标准值：0V。

产生故障可能的原因：线束对电源短路、接头损坏（目测接头是否完好）。

（6）部件检查。

①油量计量单元阻值检测。

a. 拔出油量计量单元端线束接头。

b. 测量油量计量单元的电阻。

油量计量单元端线束引脚 1 与引脚 2 之间电阻，标准值：2.6~3.15Ω。

产生故障可能的原因：油量计量单元损坏。

②ECU 输出油量计量单元控制信号检测。

a. 拔下油量计量单元线束接头，插上 ECU 发动机线束接头 A。

b. 将点火开关置于 ON 挡，测量 ECU 端线束引脚 A19 对应的燃油计量单元端引脚 2 的电压，标准值：11~14V。

c. 将点火开关置于 ON 挡，测量 ECU 端线束引脚 A19 对应的燃油计量单元端引脚 2

的电压，标准值：2.9~4V。

产生故障可能的原因：ECU 端发动机线束接头 A 与 ECU 引脚接触不良、ECU 损坏。

20. 故障码——轨压传感器（参考表3-28）

表 3-28 轨压传感器相关故障码

故障码	故障描述	故障名称
P0191	轨压传感器在启动或停机过程中的电压信号高于上限门槛	Dfp_RailCDOfsTst.0
P0192	轨压传感器电压信号低于下限门槛	Dfp_RailCD.1
P0193	轨压传感器电压信号高于上限门槛	Dfp_RailCD.0
P0194	轨压传感器在启动或停机过程中的电压信号低于下限门槛	Dfp_RailCDOfsTst.1

（1）可能导致的故障。

①系统灯/故障灯长亮。

②发动机启动困难。

③发动机动力不足。

④发动机运行时突然熄火。

（2）预先检查。

①蓄电池电量充足。

②车辆保险丝均正常。

③所有接头均正常。

④接头无松动或引脚锈蚀。

（3）检测工具：万用表、接头适配器（Y形线）、跳线盒、诊断仪。

（4）供电检查。

将点火开关置于 OFF 挡（如果点火开关的上一个状态为 ON，则置于 OFF 挡后，需等待至少 40s 后再进行后续操作）。参考轨压传感器电路，如图 3-37 所示。

图 3-37 轨压传感器电路图

①拔出轨压传感器端线束接头，将点火开关置于 ON 挡。

②测量轨压传感器端线束接头引脚 3 与车厢地的电压，标准值：5V。

③测量轨压传感器端线束接头引脚 1 与车厢地的电阻，标准值：<2Ω。

产生故障可能的原因：线束损坏、接头损坏（目测接头是否完好）。

（5）线束检查。

将点火开关置于 OFF 挡（如果点火开关的上一个状态为 ON，则置于 OFF 挡后，需等待至少 40s 后再进行后续操作）。参考轨压传感器电路，如图 3-37 所示。

①断路检测。

a. 拔出 ECU 端发动机线束接头 A，拔出轨压传感器端线束接头。

b. 测量轨压传感器端线束接头引脚与 ECU 端发动机线束接头 A 对应引脚的电阻。

轨压传感器端线束接头引脚 1 到 ECU 端发动机线束接头引脚 A08 电阻，标准值：<2Ω；

轨压传感器端线束接头引脚 2 到 ECU 端发动机线束接头引脚 A43 电阻，标准值：<2Ω；

轨压传感器端线束接头引脚 3 到 ECU 端发动机线束接头引脚 A28 电阻，标准值：<2Ω。

产生故障可能的原因：线束断路、接头损坏（目测接头是否完好）。

②短路检测。

a. 拔出 ECU 发动机线束接头 A，拔出轨压传感器线束接头。

b. 测量轨压传感器端线束接头引脚与车厢地之间的电阻。

轨压传感器线束接头引脚 1 到 ECU 端发动机线束接头引脚 A08 与车厢地电阻，标准值：≥1MΩ；

轨压传感器线束接头引脚 2 到 ECU 端发动机线束接头引脚 A43 与车厢地电阻，标准值：≥1MΩ；

轨压传感器线束接头引脚 3 到 ECU 端发动机线束接头引脚 A28 与车厢地电阻，标准值：≥1MΩ。

产生故障可能的原因：线束对地短路、接头损坏（目测接头是否完好）。

c. 测量轨压传感器端线束接头引脚与车厢地之间的电压。

轨压传感器线束接头引脚 1 到 ECU 发动机线束接头引脚 A08 与车厢地电压，标准值：0V；

轨压传感器线束接头引脚 2 到 ECU 发动机线束接头引脚 A43 与车厢地电压，标准值：0V；

轨压传感器线束接头引脚 3 到 ECU 发动机线束接头引脚 A28 与车厢地电压，标准值：0V。

产生故障可能的原因：线束对电源短路、接头损坏（目测接头是否完好）。

（6）部件检查。

将点火开关置于 OFF 挡（如果点火开关的上一个状态为 ON，则置于 OFF 挡后，需等待至少 40s 后再进行后续操作）。参考轨压传感器电路，如图 3-37 所示。

①轨压传感器输出信号（用检测仪读取数据流）。

a. 插入轨压传感器端线束接头，插入 ECU 端发动机线束接头 A。

b. 通过故障诊断仪读取轨压传感器数据流。

800r/min：30.4MPa；

2000r/min：46.0MPa；

4000r/min：81.8MPa。

②轨压传感器输出信号（用万用表读取传感器输出电压）。

若无法从故障诊断仪读取相应的信号值，请使用额外的接头适配器（Y 形线）或跳线盒利用万用表直接测取轨压传感器相应引脚的信号电压。

a. 拔下 ECU 端发动机线束接头 A，拔出轨压传感器端线束接头。

b. 连接跳线盒读取 ECU 端引脚 A43 到车厢地电压。

c. 连接适配器（Y 形线）读取轨压传感器端线束接头引脚 2 到车厢地电压。

800r/min：1.17V；

2000r/min：1.52V；

4000r/min：2.32V。

产生故障可能的原因：轨压传感器损坏。

21. 故障码——空气流量传感器（HFM）（参考表 3-29）

表 3-29　空气流量传感器相关故障码

故障码	故障描述	故障名称
P0100	HFM 空气流量信号故障	Dfp_ AFSCD_ SRCRawAirm. 0 Dfp_ AFSCD_ SRCRawAirm. 1 Dfp_ AFSCD_ SRCRawAirm. 2
P0101	修正后的 HFM 空气流量信号故障	Dfp_ AFSCD_ SRCCorrAirm. 0 Dfp_ AFSCD_ SRCCorrAirm. 1
P0104	HFM 零点漂移超过限值	Dfp_ AFSCD_ PlOffsDrft. 0 Dfp_ AFSCD_ PlOffsDrft. 1P0110
P0110	HFM 温度信号故障	Dfp_ AFSCD_ SRCRefSigPer. 2
P1100	HFM 修正系数故障	Dfp_ AFSCDLdAdjVal. 0 Dfp_ AFSCDLdAdjVal. 1 Dfp_ AFSCDIdlAdjVal. 0 Dfp_ AFSCDIdlAdjVal. 1
P1102	HFM 温度周期信号超过限值	Dfp_ AFSCD_ AirTempDcyc. 0 Dfp_ AFSCD_ AirTempDcyc. 1
P1106	HFM 进气温度高于上限门槛	Dfp_ AFSCD_ SRCRefSigPer. 0
P1107	HFM 进气温度低于下限门槛	Dfp_ AFSCD_ SRCRefSigPer. 1
P1562	HFM 供电电压超过限值	Dfp_ AFSCD_ SRCBatt. 0 Dfp_ AFSCD_ SRCBatt. 1

（1）可能导致的故障。

①系统灯/故障灯长亮。

②发动机动力不足。

③发动机冒烟。

（2）预先检查。

①蓄电池电量充足。

②车辆保险丝均正常。

③所有接头均正常。

④接头无松动或引脚锈蚀。

（3）检测工具：万用表、接头适配器（Y 形线）、跳线盒、诊断仪。

（4）供电检查。

将点火开关置于 OFF 挡（如果点火开关的上一个状态为 ON，则置于 OFF 挡后，需

等待至少 40s 后再进行后续操作）。参考空气流量传感器电路，如图 3-38 所示。

①拔下空气流量传感器端线束接头，将点火开关置于 ON 挡。

②测量空气流量传感器端线束接头引脚 1 对车厢地的电压，标准值：11~14V。

③测量空气流量传感器端线束接头引脚 2 对车厢地的电阻，标准值：<2Ω。

产生故障可能的原因：线束损坏、接头损坏（目测接头是否完好）。

（5）线束检查。

将点火开关置于 OFF 挡（如果点火开关的上一个状态为 ON，则置于 OFF 挡后，需等待至少 40s 后再进行后续操作）。参考空气流量传感器电路，如图 3-38 所示。

①断路检测。

a. 拔下空气流量传感器端线束接头，拔出 ECU 端发动机线束接头 A。

b. 测量空气流量传感器端线束接头引脚与相对应引脚之间的电阻。

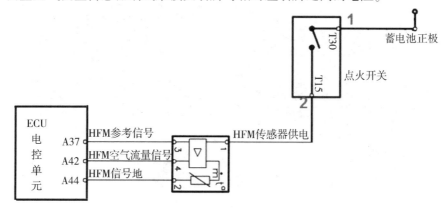

图 3-38　空气流量传感器电路图

空气流量传感器端线束引脚 1 到点火开关引脚 2 电阻，标准值：<2Ω；

空气流量传感器端线束引脚 2 到 ECU 端引脚 A44 电阻，标准值：<2Ω；

空气流量传感器端线束引脚 3 到 ECU 端引脚 A37 电阻，标准值：<2Ω；

空气流量传感器端线束引脚 4 到 ECU 端引脚 A42 电阻，标准值：<2Ω。

产生故障可能的原因：线束断路、接头损坏（目测接头是否完好）。

②短路检测。

a. 拔出空气流量传感器端线束接头，拔出 ECU 端发动机线束接头 A。

b. 测量空气流量传感器端线束接头引脚与车厢地之间的电阻。

空气流量传感器端线束引脚 1 到车厢地电阻，标准值：≥1MΩ；

空气流量传感器端线束引脚 2 到车厢地电阻，标准值：≥1MΩ；

空气流量传感器端线束引脚 3 到车厢地电阻，标准值：≥1MΩ；

空气流量传感器端线束引脚 4 到车厢地电阻，标准值：≥1MΩ。

产生故障可能的原因：线束对地短路、接头损坏（目测接头是否完好）。

c. 测量空气流量传感器端线束接头引脚与车厢地之间的电压。

空气流量传感器端线束引脚 1 到车厢地电压，标准值：0V。

空气流量传感器端线束引脚 2 到车厢地电压，标准值：0V。

空气流量传感器端线束引脚 3 到车厢地电压，标准值：0V。

空气流量传感器端线束引脚 4 到车厢地电压，标准值：0V。

产生故障可能的原因：线束对电源短路、接头损坏（目测接头是否完好）。

（6）部件检查。

将点火开关置于 OFF 挡（如果点火开关的上一个状态为 ON，则置于 OFF 挡后，需等待至少 40s 后再进行后续操作）。参考空气流量传感器电路，如图 3-38 所示。

①空气流量传感器空气流量信号检测。

a. 拔下空气流量传感器端线束接头，拔下 ECU 发动机线束接头 A，通过接头适配器（Y 形线）或跳线盒用示波器测量读取空气流量传感器信号的波形，示波器正极与空气流量传感器端线束引脚 4 或 ECU 端线束引脚 A42 相连，负极与车厢地相连。

b. 将点火开关置于 ON 挡，通过接头适配器（Y 形线）或跳线盒用示波器测量空气流量传感器空气流量信号的波形。空气流量传感器信号输出波形如图 3-39 所示。

参考数据：0V（低电平）、5V（高电平）。

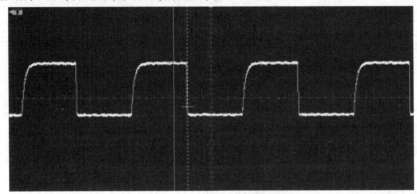

图 3-39　空气流量传感器信号输出波形

产生故障可能的原因：空气流量传感器故障。

②进气温度传感器信号检测。

a. 拔下空气流量传感器端线束接头，拔下 ECU 发动机线束接头 A，通过接头适配器（Y 形线）或跳线盒用示波器测量读取进气温度传感器信号的波形，示波器正极与空气流量传感器端线束引脚 3 或 ECU 端线束引脚 A37 相连，负极与车厢地相连。

b. 将点火开关置于 ON 挡，通过接头适配器（Y 形线）或跳线盒用示波器测量进气温度传感器信号的波形，进气温度传感器信号输出波形如图 3-40 所示。

参考数据：0V（低电平）、5V（高电平）、58% 占空比（30℃时）。

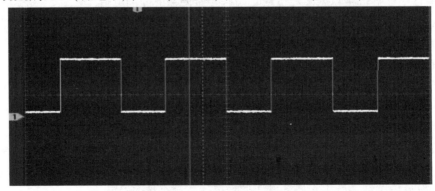

图 3-40　进气温度传感器信号输出波形

产生故障可能的原因：进气温度传感器故障。

22. 故障码——故障灯（参考表3-30）

表3-30　发动机故障指示灯相关故障码

故障码	故障描述	故障名称
P0650	故障灯（MIL）控制电路故障	Dfp_MIL.0 或 Dfp_MIL.1 Dfp_MIL.2 或 Dfp_MIL.3

（1）可能导致的故障。

①系统灯/故障灯长亮。

②系统灯/故障灯常不亮。

（2）预先检查。

①蓄电池电量充足。

②车辆保险丝均正常。

③所有接头均正常。

④接头无松动或引脚锈蚀。

（3）检测工具：万用表、试灯、诊断仪。

（4）供电检查。

将点火开关置于OFF挡（如果点火开关的上一个状态为ON，则置于OFF挡后，需等待至少40s后再进行后续操作）。参考发动机故障指示灯电路，如图3-41所示。

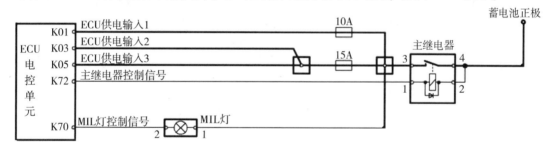

图3-41　发动机故障指示灯电路图

①拔出仪表盘端线束接头，将点火开关置于ON挡。

②测量发动机故障指示灯端线束引脚1到车厢地的电压，标准值：11~14V。

产生故障可能的原因：线束损坏、接头损坏（目测接头是否完好）。

（5）线束检查

将点火开关置于OFF挡（如果点火开关的上一个状态为ON，则置于OFF挡后，需等待至少40s后再进行后续操作）。参考发动机故障指示灯电路，如图3-41所示。

①断路检测。

a. 拔下ECU端整车线束接头K，拔出仪表盘线束接头，拔出主继电器。

b. 测量预热灯端引脚与对应线束引脚之间的电阻。

发动机故障指示灯端引脚1到主继电器端插座引脚3电阻，标准值：<2Ω；

预热灯端引脚2到ECU端整车线束接头K70电阻，标准值：<2Ω。

产生故障可能的原因：线束断路、接头损坏（目测接头是否完好）。

②短路检测。

a. 拔下 ECU 端整车线束接头 K，拔出仪表盘端线束接头，拔出主继电器。

b. 测量发动机故障指示灯引脚 1 和引脚 2 与车厢之间的电阻，正常值：≥1MΩ。

产生故障可能的原因：线束对地短路、接头损坏（目测接头是否完好）。

c. 测量发动机故障指示灯引脚 1 和引脚 2 与车厢地之间的电压，正常值：0V。

产生故障可能的原因：线束对电源短路、接头损坏（目测接头是否完好）。

（6）部件检查。

将点火开关置于 OFF 挡（如果点火开关的上一个状态为 ON，则置于 OFF 挡后，需等待至少 40s 后再进行后续操作）。参考发动机故障指示灯电路，如图 3-41 所示。

①发动机故障指示灯阻值检测。

a. 拔出仪表盘端线束接头。

b. 测量预热灯引脚 1 和引脚 2 之间电阻，标准值：40~50Ω（普通灯泡）。

产生故障可能的原因：发动机故障指示灯损坏。

②ECU 输出发动机故障指示灯控制信号检测。

a. 插上 ECU 端整车线束接头，插上主继电器，拔出仪表端线束接头。

b. 将点火开关置于 ON 挡，测量发动机故障指示灯端引脚 2 对车厢地的电压，标准值：2.9~4V。

c. 也可以用发光二极管试灯检测，将试灯两个探针分别探入发动机故障指示灯引脚 1 与引脚 2，将点火开关置于 ON 挡，正常试灯长亮，关闭着车后试灯熄灭。

产生故障可能的原因：ECU 端整车线束接头 K 与 ECU 引脚接触不良、ECU 损坏。

23. 故障码——主继电器（参考表 3-31）

表 3-31　主继电器相关故障码

故障码	故障描述	故障名称
P0686	主继电器过早打开	Dfp_ MRlyCD. 1
P0687	主继电器没有及时打开	Dfp_ MRlyCD. 0

（1）可能导致的故障。

①系统灯/故障灯长亮。

②发动机无法启动。

③发动机运行时熄火。

（2）预先检查。

①蓄电池电量充足。

②车辆保险丝均正常。

③所有接头均正常。

④接头无松动或引脚锈蚀。

（3）检测工具：万用表、接头适配器（Y 形线）、诊断仪、跳线盒。

（4）供电检查。

将点火开关置于 OFF 挡（如果点火开关的上一个状态为 ON，则置于 OFF 挡后，需等待至少 40s 后再进行后续操作）。参考发动机主继电器电路，如图 3-42 所示。

①拔下发动机主继电器。

②用万用表分别检测主继电器插座第 2 与第 4 插脚电压，标准值：11~14V。

产生故障可能的原因：线束断路、接头损坏（目测接头是否完好）。

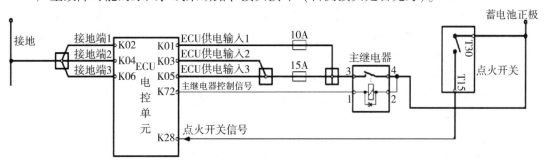

图 3-42　发动机主继电器电路图

（5）线束检查。

将点火开关置于 OFF 挡（如果点火开关的上一个状态为 ON，则置于 OFF 挡后，需等待至少 40s 后再进行后续操作）。参考发动机主继电器电路，如图 3-42 所示。

①断路检测。

a. 拔出 ECU 端整车线束接头 K，拔出主继电器。

b. 测量发动机主继电器线束接头引脚 1 与 ECU 整车线束接头 K72 之间的电阻，标准值：<2Ω；

c. 测量发动机主继电器线束接头引脚 3 分别与 ECU 整车线束接头 K1、K3、K5 之间的电阻，标准值：<2Ω。

产生故障可能的原因：线束断路、接头损坏（目测接头是否完好）。

②短路检测。

a. 拔下 ECU 端整车线束接头 K，拔出主继电器。

b. 测量发动机主继电器端线束接头引脚 1 与 ECU 端整车线束接头 K72 之间的电阻，标准值：≥1MΩ。

c. 测量发动机主继电器端线束接头引脚 3 分别与 ECU 端整车线束接头 K1、K3、K5 之间的电阻，标准值：≥1MΩ。

产生故障可能的原因：线束对地短路、接头损坏（目测接头是否完好）。

d. 测量发动机主继电器端线束接头引脚 1 到 ECU 端整车线束接头 K72 与车厢地的电压，标准值：0V。

e. 测量发动机主继电器端线束接头引脚 3 分别到 ECU 端整车线束接头 K01. K03、K05 与车厢地的电压，标准值：0V。

产生故障可能的原因：线束对电源短路、接头损坏（目测接头是否完好）。

（6）部件检查。

将点火开关置于 OFF 挡（如果点火开关的上一个状态为 ON，则置于 OFF 挡后，需等待至少 40s 后再进行后续操作）。参考发动机主继电器电路，如图 3-42 所示。

①发动机主继电器阻值检测。

a. 拔出发动机主继电器。

b. 测量主继电器端引脚 1 与引脚 2 之间的电阻，标准值：70~80Ω。

c. 将发动机主继电器引脚 2 与引脚 1 分别连接电源与车厢地，测量引脚 3 与引脚 4 电阻，标准值：<2Ω。

②ECU 输出发动机主继电器控制信号检测。

a. 拔下 ECU 端发动机线束接头 K，通过接头适配器（Y 形线）或跳线盒用发光二极管试灯测量 ECU 输出发动机主继电器控制信号，将试灯正极与任意电源相连，负极通过接头适配器（Y 形线）或跳线盒与 ECU 端 K72 相连。

b. 将点火开关置于 ON 挡，正常情况下试灯长亮，关闭点火开关后试灯熄灭。

产生故障可能的原因：发动机主继电器损坏、ECU 端发动机线束接头 K72 与 ECU 插头接触不良、ECU 故障。

24. 故障码——压缩机继电器（参考表 3-32）。

表 3-32　压缩机继电器相关故障码

故障码	故障描述	故障名称
P0645	压缩机继电器控制电路温度过高或断路	Dfp_ ACCDCmpr. 2 Dfp_ ACCDCmpr. 3
P0646	压缩机继电器控制电路短路到地	Dfp_ ACCDCmpr. 1
P0647	压缩机继电器控制电路短路到电池	Dfp_ ACCDCmpr. 0

（1）可能导致的故障。

①系统灯/故障灯长亮。

②空调压缩机不工作。

③空调压缩机常转。

④发动机怠速不稳。

⑤发动机动力不足。

（2）预先检查。

①蓄电池电量充足。

②车辆保险丝均正常。

③所有接头均正常。

④接头无松动或引脚锈蚀。

（3）检测工具。

万用表、试灯、诊断仪。

（4）供电检查。

将点火开关置于 OFF 挡（如果点火开关的上一个状态为 ON，则置于 OFF 挡后，需等待至少 40s 后再进行后续操作）。参考压缩机继电器电路，如图 3-43 所示。

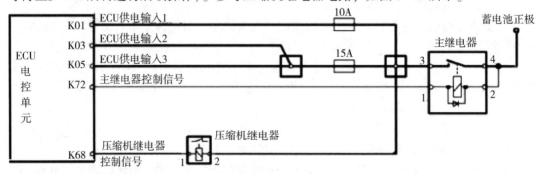

图 3-43　压缩机继电器电路图

①拔出压缩机继电器，将点火开关置于 ON 挡。

②测量压缩机继电器插座引脚 2 到车厢地的电压，标准值：11~14V。

产生故障可能的原因：线束损坏、接头损坏（目测接头是否完好）。

（5）线束检查。

将点火开关置于 OFF 挡（如果点火开关的上一个状态为 ON，则置于 OFF 挡后，需等待至少 40s 后再进行后续操作）。参考压缩机继电器电路，如图 3-43 所示。

①断路检测。

a. 拔下 ECU 端整车线束接头 K，拔出压缩机继电器，拔出主继电器。

b. 测量压缩机继电器端引脚与对应线束引脚之间的电阻。

压缩机继电器端引脚 2 到主继电器端插座引脚 3 电阻，标准值：<2Ω；

压缩机继电器端引脚 1 到 ECU 端整车线束接头 K68 电阻，标准值：<2Ω。

产生故障可能的原因：线束断路、接头损坏（目测接头是否完好）。

②短路检测。

a. 拔出 ECU 端整车线束接头 K，拔出压缩机继电器端线束接头，拔出主继电器。

b. 测量压缩机继电器引脚 1 和引脚 2 与车厢地之间的电阻，正常值：≥1MΩ。

产生故障可能的原因：线束对地短路、接头损坏（目测接头是否完好）。

c. 测量压缩机继电器引脚 1 和引脚 2 与车厢地之间的电压，正常值：0V。

产生故障可能的原因：线束对电源短路、接头损坏（目测接头是否完好）。

（6）部件检查。

将点火开关置于 OFF 挡（如果点火开关的上一个状态为 ON，则置于 OFF 挡后，需等待至少 40s 后再进行后续操作）。参考压缩机继电器电路，如图 3-43 所示。

①压缩机继电器阻值检测。

a. 拔下压缩机继电器。

b. 测量压缩机继电器插孔引脚 1 和引脚 2 之间电阻，标准值：75~85Ω。

产生故障可能的原因：压缩机继电器损坏。

②ECU 输出压缩机继电器控制信号检测。

a. 插上 ECU 端整车线束接头，插上主继电器，拔出压缩机继电器。

b. 将点火开关置于 ON 挡，测量压缩机继电器插座端引脚 1 对车厢地的电压，标准值：2.9~4V。

c. 也可以用发光二极管试灯检测，将试灯两个探针分别探入压缩机继电器插座第 1 与第 2 插脚后着车，打开空调压缩机（必须满足压缩机工作条件），正常试灯长亮，关闭空调后试灯熄灭。

产生故障可能的原因：ECU 端整车线束接头 K 与 ECU 引脚接触不良、ECU 损坏。

25. 故障码——点火开关 T15（参考表 3-33）

表 3-33　点火开关 T15 相关故障码

故障码	故障描述	故障名称
P2533	点火开关 T15 信号故障	Dfp_T15CD.2

（1）可能导致的故障。

①发动机启动不着。

②发动机偶有动力不足。

③发动机运行时偶有熄火。

（2）预先检查。

①蓄电池电量充足。

②车辆保险丝均正常。

③所有接头均正常。

④接头无松动或引脚锈蚀。

（3）检测工具：万用表、诊断仪。

（4）供电检查。

将点火开关置于 OFF 挡（如果点火开关的上一个状态为 ON，则置于 OFF 挡后，需等待至少 40s 后再进行后续操作）。参考点火开关 T15 电路，如图 3-44 所示。

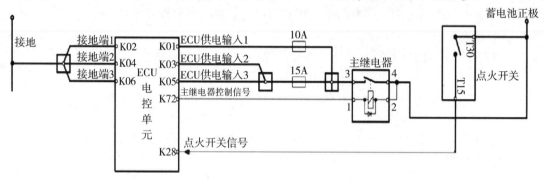

图 3-44 点火开关 T15 电路图

①拔下点火开关线束插头。

②测量点火开关引脚 T30 对车厢地的电压，标准值：11~14V。

产生故障可能的原因：线束损坏、接头损坏（目测接头是否完好）。

（5）线束检查。

将点火开关置于 OFF 挡（如果点火开关的上一个状态为 ON，则置于 OFF 挡后，需等待至少 40s 后再进行后续操作）。参考点火开关 T15 电路，如图 3-44 所示。

①断路检测。

a. 拔下 ECU 整车线束接头 K，断开蓄电池正极接头，拔下点火开关线束插头。

b. 测量点火开关引脚 T30 与蓄电池正极接头之间的电阻，标准值：<2Ω。

c. 测量点火开关引脚 T15 与 ECU 端整车线束接头引脚 K28 之间的电阻，标准值：<2Ω。

产生故障可能的原因：线束断路、接头损坏（目测接头是否完好）。

②短路检测。

a. 拔下 ECU 端整车线束接头 K，拔出点火开关线束插头，断开蓄电池正极接头。

b. 测量点火开关引脚 T30 与车厢地之间的电阻，标准值：≥1MΩ。

c. 测量点火开关引脚 T15 与车厢地之间的电阻，标准值：≥1MΩ。

产生故障可能的原因：线束短路、接头损坏（目测接头是否完好）。

（6）部件检查。

将点火开关置于 OFF 挡（如果点火开关的上一个状态为 ON，则置于 OFF 挡后，需

等待至少40s后再进行后续操作）。参考点火开关T15电路，如图3-44所示。

①点火开关阻值检测。

a. 拔下点火开关线束接头。

b. 测量点火开关引脚T15与点火开关引脚T30之间的电阻。

将点火开关置于ON挡，正常值：<2Ω；

将点火开关置于OFF挡，标准值：≥1MΩ。

②点火开关电压信号检测。

a. 拔下ECU端整车线束接头K。

b. 点火开关置于ON挡，测量ECU端整车线束接头K28对车厢地的电压，标准值：11~14V。

c. 点火开关置于OFF挡，测量ECU端整车线束接头K28对车厢地的电压，标准值：0V。

产生故障可能的原因：点火开关损坏。

26. 故障码——车速传感器（参考表3-34）

表3-34　车速传感器相关故障码

故障码	故障描述	故障名称
P0501	车速信号不可信	Dfp_ VSSCD1.3
P0503	车速超过最高限值	Dfp_ VSSCD1.0

注意：车速传感器信号不是直接连接到ECU上，而是先接到仪表盘处理后，再输入给ECU。

（1）可能导致的故障：系统灯/故障灯长亮。

（2）预先检查。

①蓄电池电量充足。

②车辆保险丝均正常。

③所有接头均正常。

④接头无松动或引脚锈蚀。

（3）检测工具：万用表、跳线盒、诊断仪。

（4）线束检查。

将点火开关置于OFF挡（如果点火开关的上一个状态为ON，则置于OFF挡后，需等待至少40s后再进行后续操作）。参考车速传感器电路，如图3-45所示。请参考整车仪表线路图，查找仪表线束接头上正确的引脚，这里只是示例。

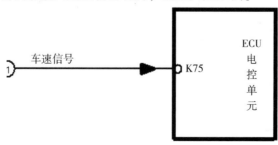

图3-45　车速传感器电路图

①断路检测。

a. 拔出 ECU 端整车线束接头 K，拔出仪表盘线束接头。

b. 测量仪表盘端车速信号引脚 1 与 ECU 端整车线束接头 K75 之间的电阻，标准值：<2Ω。

产生故障可能的原因：线束断路、接头损坏（目测接头是否完好）。

②短路检测。

a. 拔出 ECU 整车线束接头 K，拔出仪表盘线束接头。

b. 测量仪表盘端车速信号引脚 1 与车厢地之间的电阻，标准值：≥1MΩ。

产生故障可能的原因：线束对地短路、接头损坏（目测接头是否完好）。

c. 测量仪表盘端车速信号引脚 1 到 ECU 端整车线束接头 K75 与车厢地之间的电压，标准值：0V。

产生故障可能的原因：线束对电源短路、接头损坏（目测接头是否完好）。

（5）部件检查。

将点火开关置于 OFF 挡（如果点火开关的上一个状态为 ON，则置于 OFF 挡后，需等待至少 40s 后再进行后续操作）。参考车速传感器电路，如图 3-45 所示。

①车速信号检测。

a. 插上 ECU 整车线束接头 K，插上仪表盘线束接头。

b. 拔下仪表端线束接头，通过接头适配器（Y 形线）或跳线盒用示波器测量读取车速传感器信号的波形，示波器正极与仪表端线束引脚 2 或 ECU 引脚 K75 相连，负极与车厢地相连。

c. 启动并驾驶车辆，通过接头适配器（Y 形线）或跳线盒用示波器测量车速信号的波形。

标准值：0V（低电平）、11~14V（高电平）；12.4Hz（20km/h）、24.82Hz（40km/h）。

产生故障可能的原因：车速传感器故障、仪表盘故障。

27. 故障码——电控单元传感器供电模块 1（参考表 3-35）

表 3-35　电控单元传感器供电模块 1 相关故障码

故障码	故障描述	故障名称
P0642	5V 传感器供电模块 1 电压低于下限门槛	Dfp_SSpMon1.1
P0643	5V 传感器供电模块 1 电压高于上限门槛	Dfp_SSpMon1.0

电控单元传感器供电模块 1：加速踏板位置传感器 1 第 2 插脚（ECU 端 K45 插脚输出电压）、凸轮轴位置传感器第 3 插脚（ECU 端 A11 插脚输出电压）。

（1）可能导致的故障。

①系统灯/故障灯长亮。

②发动机无法启动。

（2）预先检查。

①蓄电池电量充足。

②车辆保险丝均正常。

③所有接头均正常。

④接头无松动或引脚锈蚀。

（3）检测工具：万用表、诊断仪。

（4）供电检查。

将点火开关置于 OFF 挡（如果点火开关的上一个状态为 ON，则置于 OFF 挡后，需等待至少 40s 后再进行后续操作）。参考点火开关 T15 电路，如图 3-44 所示；加速踏板位置传感器电路，如图 3-15 所示；凸轮轴位置传感器电路，如图 3-26 所示。

①拔出凸轮轴传感器线束接头，拔出加速踏板位置传感器线束接头。

②将点火开关置于 ON 挡，测量凸轮轴位置传感器端线束接头引脚 3（ECU 端 K45 插脚输出电压）对车厢地的电压，标准值：5V。

③将点火开关置于 ON 挡，测量加速踏板位置传感器端线束接头引脚 2（ECU 端 A11 插脚输出电压）对车厢地的电压，标准值：5V。

④拔出 ECU 端整车线束接头 K，将点火开关置于 ON 挡，测量 ECU 端整车线束接头 K01 电压，标准值：11~14V。

产生故障可能的原因：线束损坏、接头损坏（目测接头是否完好）、ECU 损坏。

（5）线束检查。

将点火开关置于 OFF 挡（如果点火开关的上一个状态为 ON，则置于 OFF 挡后，需等待至少 40s 后再进行后续操作）。参考点火开关 T15 电路，如图 3-44 所示；加速踏板位置传感器电路，如图 3-15 所示；凸轮轴位置传感器电路，如图 3-26 所示。

①断路检测。

a. 拔出凸轮轴传感器线束接头，拔出加速踏板位置传感器线束接头，拔出 ECU 端整车线束接头 K，拔出主继电器。

b. 测量加速踏板位置传感器端线束引脚 2 到 ECU 端线束引脚 K45 之间电阻，标准值：<2Ω。

c. 测量凸轮轴位置传感器端线束引脚 3 到 ECU 端线束引脚 A11 之间电阻，标准值：<2Ω。

d. 测量发动机主继电器线束接头引脚 3 与 ECU 端整车线束接头 K01 之间电阻，标准值：<2Ω。

产生故障可能的原因：线束断路、接头损坏（目测接头是否完好）。

②短路检测。

a. 拔出凸轮轴传感器线束接头，拔出加速踏板位置传感器线束接头，拔出 ECU 端整车线束接头 K，拔出主继电器。

b. 测量加速踏板位置传感器端线束引脚 2 与车厢地之间电阻，标准值：≥1MΩ。

c. 测量凸轮轴位置传感器端线束引脚 3 与车厢地之间电阻，标准值：≥1MΩ。

d. 测量发动机主继电器线束接头引脚 3 与车厢地之间电阻，标准值：≥1MΩ。

产生故障可能的原因：线束短路、接头损坏（目测接头是否完好）。

28. 故障码——电控单元传感器供电模块 2（参考表 3-36）

表 3-36　电控单元传感器供电模块 2 相关故障码

故障码	故障描述	故障名称
P0652	5V 传感器供电模块 2 电压低于下限门槛	Dfp_SSpMon2.1

故障码	故障描述	故障名称
P0653	5V 传感器供电模块 2 电压高于上限门槛	Dfp_SSpMon2.0

电控单元传感器供电模块 2：加速踏板位置传感器 2 第 1 插脚（ECU 端 K46 插脚输出电压）、燃油轨压传感器第 3 插脚（ECU 端 A28 插脚输出电压）。

（1）可能导致的故障。

①系统灯/故障灯长亮。

②发动机无法启动。

（2）预先检查。

①蓄电池电量充足。

②车辆保险丝均正常。

③所有接头均正常。

④接头无松动或引脚锈蚀。

（3）检测工具：万用表、诊断仪。

（4）供电检查。

将点火开关置于 OFF 挡（如果点火开关的上一个状态为 ON，则置于 OFF 挡后，需等待至少 40s 后再进行后续操作）。参考点火开关 T15 电路，如图 3-44 所示；加速踏板位置传感器电路，如图 3-15 所示，燃油轨压传感器电路，如图 3-37 所示。

①拔出燃油轨压传感器线束接头，拔出加速踏板位置传感器线束接头。

②将点火开关置于 ON 挡，测量燃油轨压传感器端线束接头引脚 3（ECU 端 A28 插脚输出电压）对车厢地的电压，标准值：5V。

③将点火开关置于 ON 挡，测量加速踏板位置传感器端线束接头引脚 1（ECU 端 K46 插脚输出电压）对车厢地的电压，标准值：5V。

④拔出 ECU 端整车线束接头 K，将点火开关置于 ON 挡，测量 ECU 端整车线束接头 K03 电压，标准值：11~14V。

产生故障可能的原因：线束损坏、接头损坏（目测接头是否完好）、ECU 损坏。

（5）线束检查。

将点火开关置于 OFF 挡（如果点火开关的上一个状态为 ON，则置于 OFF 挡后，需等待至少 40s 后再进行后续操作）。参考点火开关 T15 电路，如图 3-44 所示；加速踏板位置传感器电路，如图 3-15 所示；燃油轨压传感器电路，如图 3-37 所示。

①断路检测。

a. 拔出燃油轨压传感器线束接头，拔出加速踏板位置传感器线束接头，拔出 ECU 端整车线束接头 K，拔出主继电器。

b. 测量加速踏板位置传感器端线束引脚 1 到 ECU 端线束引脚 K46 之间电阻，标准值：<2Ω。

c. 测量燃油轨压传感器端线束引脚 3 到 ECU 端线束引脚 A28 之间电阻，标准值：<2Ω。

d. 测量发动机主继电器线束接头引脚 3 与 ECU 端整车线束接头 K05 之间电阻，标准值：<2Ω。

产生故障可能的原因：线束断路、接头损坏（目测接头是否完好）。

②短路检测。

a. 拔出凸轮轴传感器线束接头，拔出加速踏板位置传感器线束接头，拔出 ECU 端整车线束接头 K，拔出主继电器。

b. 测量加速踏板位置传感器端线束引脚 1 与车厢地之间电阻，标准值：≥1MΩ。

c. 测量燃油轨压传感器端线束引脚 3 与车厢地之间电阻，标准值：≥1MΩ。

d. 测量发动机主继电器线束接头引脚 3 与车厢地之间电阻，标准值：≥1MΩ。

产生故障可能的原因：线束短路、接头损坏（目测接头是否完好）。

29. 故障码——电控单元传感器供电模块 3（参考表 3-37）

表 3-37　电控单元传感器供电模块 3 相关故障码

故障码	故障描述	故障名称
P0698	5V 传感器供电模块 3 电压低于下限门槛	Dfp_ SSpMon3. 1
P0699	5V 传感器供电模块 3 电压高于上限门槛	Dfp_ SSpMon3. 0

电控单元传感器供电模块 3：ECU 端 A26、K22、K44 插脚输出电压。

注意：目前传感器供电模块 3 没有使用。

（1）可能导致的故障：系统灯/故障灯长亮。

（2）预先检查。

①蓄电池电量充足。

②车辆保险丝均正常。

③所有接头均正常。

④接头无松动或引脚锈蚀。

（3）检测工具：万用表、诊断仪。

（4）供电检查。

将点火开关置于 OFF 挡（如果点火开关的上一个状态为 ON，则置于 OFF 挡后，需等待至少 40s 后再进行后续操作）。参考点火开关 T15 电路，如图 3-44 所示。

①拔出 ECU 端整车线束接头 K 与接头 A。

②将点火开关置于 ON 挡，测量 ECU 端线束插脚 A26 对车厢地的电压，标准值：5V。

③将点火开关置于 ON 挡，测量 ECU 端线束插脚 K22、K44 对车厢地的电压，标准值：5V。

④拔出 ECU 整车线束接头 K，将点火开关置于 ON 挡，测量 ECU 端整车线束插脚 K05 电压，标准值：11~14V。

产生故障可能的原因：线束损坏、接头损坏（目测接头是否完好）、ECU 损坏。

30. 故障码——电控单元 ECU（参考表 3-38）

表 3-38　电控单元 ECU 相关故障码

故障码	故障描述	故障名称
P0607	ECU 内部处理器故障	Dfp_ TPUMon. 3 或 Dfp_ WdCom. 3
P060A	ECU 内部监控处理器故障	Dfp_ HWEMonCom. 0

故障码	故障描述	故障名称
P060B	ECU 内部模数转换器故障	Dfp_ ADCMon. 0 Dfp_ ADCMon. 1 Dfp_ ADCMon. 2 Dfp_ ADCMon. 3 Dfp_ HWEMonRcyVisible. 3
P060C	ECU 内部处理器故障	Dfp_ Montr. 3
P062B	ECU 内部喷油驱动芯片故障	Dfp_ InjVlvChipA. 0 Dfp_ InjVlvChipA. 1 Dfp_ InjVlvChipA. 2 Dfp_ InjVlvChipA. 3 Dfp_ InjVlvChipB. 0 Dfp_ InjVlvChipB. 1 Dfp_ InjVlvChipB. 2 Dfp_ InjVlvChipB. 3
P062F	ECU 内部 EEPROM 故障	Dfp_ EEPCD_ VehConf. 0 Dfp_ HWEMonEEPROM. 1 Dfp_ HWEMonEEPROM. 2 Dfp_ HWEMonEEPROM. 3
P0856	牵引控制系统故障	Dfp_ CoVMDCSh. 0
P1007	扭矩油量转换故障	Dfp_ FMTC_ NonMonotonMap. 3
P1613	倒拖时喷油器加电时间超过门槛值	Dfp_ OvrMon. 0
P1614	倒拖时发动机转速过高	Dfp_ OvrMonSigA. 0
P1616	ECU 内部看门狗故障	Dfp_ SOPTst. 1
P1617	ECU 内部电压监控处理器故障	Dfp_ SOPTst. 2
P1618	ECU 内部电压监控处理器故障	Dfp_ SOPTst. 3
P161D	ECU 数据不存在	Dfp_ VarMngCodDs. 2
P161E	ECU 数据错误	Dfp_ VarMngCodDs. 3
P1630	ECU 复位	Dfp_ HWEMonRcyLocked. 3
P1631	ECU 复位	Dfp_ HWEMonRcySuppressed. 3
P1637	ECU 内部供电芯片 CJ940 电压高于上限门槛	Dfp_ HWEMonUMaxSupply. 0
P1638	ECU 内部供电芯片 CJ940 电压低于下限门槛	Dfp_ HWEMonUMaxSupply. 1

（1）可能导致的故障。

①系统灯/故障灯长亮。

②发动机无法启动。

③发动机运行时熄火。

④发动机动力不足。

（2）预先检查。

①蓄电池电量充足。

②车辆保险丝均正常。

③所有接头均正常。

④接头无松动或引脚锈蚀。

（3）检测工具：万用表、诊断仪。

（4）供电检查。

将点火开关置于 OFF 挡（如果点火开关的上一个状态为 ON，则置于 OFF 挡后，需等待至少 40s 后再进行后续操作）。参考点火开关 T15 电路，如图 3-44 所示。

①拔出 ECU 端整车线束接头 K，将点火开关置于 ON 挡。

②测量 ECU 引脚 K01、K03、K05、K28 对车厢地的电压，标准值：11~14V。

③测量 ECU 引脚 K02、K04、K06 对车厢地的电阻，标准值：<2Ω。

产生故障可能的原因：线束损坏、接头损坏（目测接头是否完好）、ECU 损坏。

第四章　乘用车柴油高压共轨系统常见故障分析

本章以绵阳新晨动力 DK4 柴油发动机高压共轨系统（BOSCH）为例，将常见故障以表格的形式加以描述，详情具体见表 4-1。

表 4-1　DK4 柴油发动机高压共轨系统常见故障分析

故障现象	故障部位	故障分析
启动时发动机无反应或转动无力（有时启动时启动机位置伴有"嗒嗒"声响）	蓄电池故障	蓄电池馈电
		蓄电池极桩接触不良
		蓄电池极桩氧化严重
	启动控制电路故障	启动相关保险丝损坏
		启动继电器损坏
		启动控制线路故障
	启动机故障	控制装置（电磁开关）故障
		直流电动机故障
		减速传动机构故障
	其他因素	发动机机械故障
不着车或不易着车	低压油路故障	油箱内燃料不足
		燃油滤清器严重堵塞
		管路中有大量空气
		低压油泵（输油泵）故障
		低压管路严重损坏或堵塞
	高压油路故障	高压油泵故障
		管路中有大量空气
		高压管路严重损坏或堵塞
	电控系统部件故障	燃油计量控制单元故障
		多数喷油器故障
		凸轮轴位置传感器故障
		曲轴位置传感器故障
		控制线路故障
	其他因素	燃油质量不佳
		发动机机械故障

故障现象	故障部位	故障分析
发动机怠速不稳或动力不足	低压油路故障	燃油滤清器堵塞
		油箱压力过低
		低压管路中有空气
		低压油泵（输油泵）故障
		低压管路损坏或堵塞
	高压油路故障	高压油泵故障
		高压管路中有空气
		高压管路损坏或堵塞
	电控系统部件故障	燃油计量控制单元故障
		个别喷油器故障
		节气门控制系统故障
		进气流量传感器故障
		EGR 控制系统故障
		加速踏板位置传感器故障
		燃油轨压传感器故障
		控制单元（ECU）故障
		控制线路故障
	其他因素	燃油品质差
		空气系统堵塞
		发动机机械故障
		空调系统故障
发动机冒白烟	电控系统部件故障	个别喷油器故障
		控制单元（ECU）故障
		控制线路故障
	其他因素	发动机机械故障
		燃油中含水
发动机冒黑烟	电控系统部件故障	燃油计量控制单元故障
		喷油器故障
		进气流量传感器故障
		EGR 控制系统故障
		燃油轨压传感器故障
		控制单元（ECU）故障

故障现象	故障部位	故障分析
发动机冒黑烟	电控系统部件故障	水温传感器故障
		进气温度传感器故障
		控制线路故障
	其他因素	燃油品质差
		空气系统堵塞
		发动机机械故障
发动机油耗过高	低压油路故障	燃油滤清器堵塞
		低压管路中有空气
		低压油泵（输油泵）故障
		低压管路损坏或堵塞
	高压油路故障	高压油泵故障
		高压管路中有空气
		高压管路损坏或堵塞
	电控系统部件故障	燃油计量控制单元故障
		喷油器故障
		节气门控制系统故障
		进气流量传感器故障
		EGR 控制系统故障
		燃油轨压传感器故障
		控制单元（ECU）故障
		水温传感器故障
		进气温度传感器故障
		控制线路故障
	其他因素	燃油品质差
		空气系统堵塞
		发动机机械故障
		不良的驾驶习惯
		发动机保养周期过长

故障现象	故障部位	故障分析
发动机排放不达标	电控系统部件故障	燃油计量控制单元故障
		喷油器故障
		节气门控制系统故障
		进气流量传感器故障
		EGR 控制系统
		燃油轨压传感器故障
		控制单元（ECU）故障
		水温传感器故障
		进气温度传感器故障
		凸轮轴位置传感器故障
		曲轴位置传感器故障
		控制线路故障
	其他因素	燃油品质差
		空气系统堵塞
		发动机机械故障
		发动机保养周期过长

第五章　商用车柴油高压共轨系统组成与工作原理

商用车柴油高压共轨燃油喷射系统是一种应用于内燃机的燃油直接喷射系统。在高压共轨燃油喷射系统中，系统压力的产生和燃油喷射的功能是分开的，无论发动机转速高低，根据当前工况与负荷，高压燃油泵都能向油轨供应所需的高压燃油，不断地向喷油器供油，电子控制系统通过操纵喷油器控制发动机的供油和正时，从而保证柴油机达到最佳的工作状态产生最少的污染排放。

第五章至第七章以康明斯柴油发动机高压共轨系统为例进行描述，其控制系统为博世（BOSCH）电控系统，配装此发动机的车辆有福田欧曼、陕西重汽、厦门金龙等。

第一节　商用车高压共轨供油系统组成与工作原理

高压共轨燃油系统由低压回路与高压回路组成，如图5-1所示。低压回路由油箱、燃油粗滤器与细滤器、低压燃油齿轮泵、燃油滤清器、回油管等组成；高压回路由高压油泵、高压油轨、喷油器等组成。

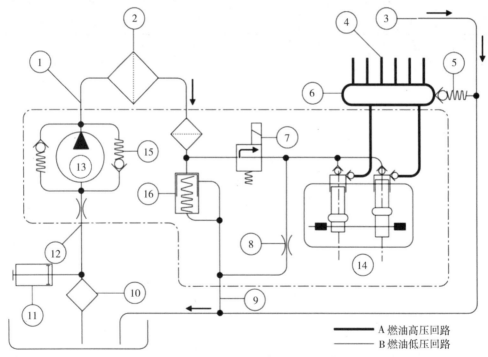

1. 齿轮泵出油口　2. 燃油细滤器　3. 喷油器回油管　4. 喷油器　5. 燃油高压限压阀　6. 高压油轨　7. 燃油计量阀　8. 零供油节流孔　9. 输油泵回油管　10. 燃油粗滤器　11. 手油泵　12. 齿轮泵进油口　13. 低压输油泵　14. 高压油泵　15. 低压供油限压阀　16. 燃油低压限压阀

图5-1　高压共轨系统供油回路

一、商用车高压共轨供油系统低压回路

燃油从油箱中被吸出，通过安装在车架上的燃油粗滤器（吸入侧燃油滤清器），进入集成在高压燃油泵上的低压输油泵，经过低压输油泵，低压燃油去往安装在发动机上的燃油细滤器（压力侧燃油滤清器），燃油通过燃油细滤器，流向高压燃油泵。

1. 油箱

顾名思义，油箱是用来储存燃油的。油箱必须耐腐蚀，且能承受一定的压力而不会渗漏，必须安装有效的缓解通气口或安全阀，以防过压。当车辆在弯道行驶、倾斜或受到撞击时，燃油不能经由加油口或压力补偿装置漏出。油箱必须远离发动机，以防止由于事故而引燃燃油。由于商用车与乘用车用途有所差异，所以油箱的设计也有所不同。

（1）双油箱设计。

随着国内快运、高效物流行业的发展，对车辆的续航里程要求也随之提高，因此许多商用车都采用了双油箱设计，两个油箱一般分布在车架两侧，目的是增加车辆的续航里程，双油箱也可以分别储存不同油号的柴油，以适应车辆在行驶过程中温差或地区的变化。利用仪表板上的转换开关控制转换阀工作以切换主副油箱。以福田欧曼商用车为例，当向上按下转换开关时，油路连接副油箱，燃油表显示的是副油箱的油量，当按键处于水平状态时，油路连接主油箱，燃油表显示的是主油箱的油量。双油箱如图 5-2 所示。

（2）双腔（双标号）油箱设计。

双腔油箱就是将一个油箱内部分隔成大小两个独立存储空间，遇到寒冷的气候，可以先利用副油箱的 35 号柴油，启动发动机后，通过水升温加热主油箱，最终可以使用主油箱的 0 号柴油行车。双标号油箱分别有自己的出油管和进油管，甚至还有单独的传感器，单独的供油系统避免了两种柴油的混用，中途也不用换油。双腔（双标号）油箱如图 5-3 所示。

图 5-2　商用车双油箱

图 5-3　双腔（双标号）油箱

2. 燃油滤清器

康明斯柴油发动机高压共轨系统采用两个燃油滤清器，分别为粗滤器（吸入侧燃油滤清器）与细滤器（压力侧燃油滤清器）。

（1）燃油粗滤器。

过滤来自油箱柴油较大的杂质，燃油粗滤器除了过滤燃油较大杂质以外，还集成了手动泵油装置、油水分离及燃油有水传感器，其中手动泵油装置与乘用车 DK4 发动机燃油滤清器中的手动泵油装置基本类似。近年来，有些发动机取消了手动泵油装置，取而代之的是电动输油泵，由电控单元（ECU）控制。例如康明斯国六排放发动机，取消

了手动输油泵，24V 电动输油泵与燃油粗滤器集成一体，点火开关打开后工作 3min，为燃油系统建立起足够的发动机启动油压，使得柴油发动机启动更加顺利，工作更加平稳。

（2）燃油细滤器。

过滤来自低压输油泵柴油较细的杂质，是保护燃油系统高压部件的最后一道屏障。现代柴油机的直喷系统对燃油里极小的杂质都很敏感，微粒腐蚀是导致部件受损的主要原因，喷油系统的设计使用寿命是基于燃油的最高纯度确定的。

3. 低压输油泵

低压输油泵与高压油泵集成于一体，用于吸出油箱中的燃油，并在燃油流向高压泵之前对燃油加压到一定的低压压力，最终输送给高压燃油泵。低压输油泵是一个齿轮泵，分别为驱动齿轮与从动齿轮，通过联轴器由高压泵驱动轴驱动，通过齿轮之间的间隙把燃油从吸油侧输送到压油侧。发动机转速与燃油泵转速比为 1：1.7，发动机转速为 600r/min 时，齿轮泵压力大于 420kPa。当发动机转速为 1200r/min 时，齿轮泵调压阀开启，齿轮泵压力大于 510kPa。低压输油泵如图 5-4 所示。

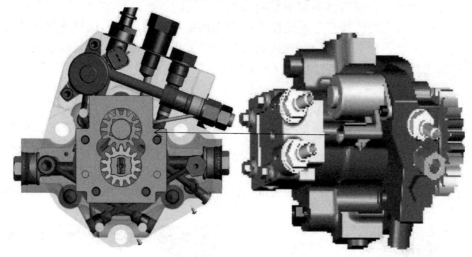

图 5-4　康明斯发动机低压输油泵

二、商用车高压共轨供油系统高压回路

燃油在高压燃油泵中被加压到 25~200MPa，高压燃油通过一个燃油管，从高压油泵流向高压油轨，通过喷油器供油管，高压燃油从油轨直接流向喷油器，ECM 控制喷油器雾化喷射燃油到气缸。

1. 径向柱塞式高压油泵

（1）高压泵作用与组成。

高压燃油泵作用是将输油泵提供的低压燃油转换为高压燃油并输送给高压共轨。高压燃油泵由两个分泵组成，两个分泵的结构与普通直列泵相似，由一根凸轮轴上的凸轮驱动，分泵由滚轮式挺杆、柱塞、进油阀与出油阀门组成，如果阀体磨损关闭不严，会导致轨压下降。燃油低压限压阀与燃油计量阀并联安装，当低压进油压力高于规定值时燃油低压限压阀打开进行泄压，保证进入高压泵的稳定油压。燃油计量阀安装在燃油高压泵入口处，根据发动机工况与负荷控制进入高压泵的燃油量。高压燃油泵组成如图 5-5

所示。

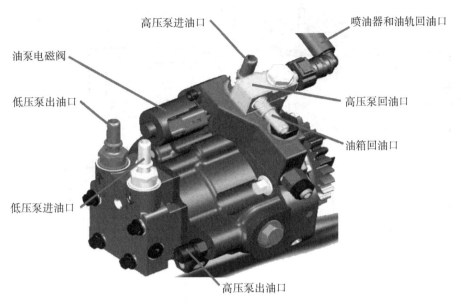

图5-5　高压燃油泵组成

（2）高压泵工作原理。

高压油泵有两个径向分布的柱塞泵，由驱动凸轮驱动，驱动凸轮由凸轮轴驱动，凸轮轴由驱动齿轮启动，以上所有部件由燃油进行润滑。低压油泵将燃油输送到高压油泵后，在凸轮的驱动下，其内部两个径向分布的柱塞进行压缩，一旦压缩压力大于共轨内部压力，出油阀被打开，被建立高压的燃油送入高压回路，这种情况是在柱塞从下止点到上止点运动过程产生的，属于供油行程，而达到上止点后，压力下降，出油阀关闭；当柱塞向下运动时，由于容积的增大，柱塞腔内的燃油压力下降，直到压力低于低压油泵的供油压力时，进油阀被再次打开，进入下一轮的工作循环。燃油高压泵最高可以为高压共轨提供200MPa的压力。

2. 油量控制计量单元（燃油泵执行器）

（1）计量控制单元作用。

康明斯发动机燃油计量控制单元是一个占空比电磁阀，安装在高压油泵进油口，根据电控单元（ECU）的指令实现对共轨燃油压力的闭环控制，从而控制进入高压油泵的油量，最终精确控制共轨管中瞬时燃油压力，以满足发动机各个工况。

（2）计量控制单元组成以及工作原理。

ECU通过控制计量控制单元脉冲占空比信号（PWM）的平均通断电时间长短来控制进入高压泵的燃油量。需要注意的是，油量计量阀是一个常开电磁阀，计量阀通电时，电磁力克服弹簧弹力使铁芯（阀芯）左移，弹簧被压缩，阀门处于关闭的趋势，高压油泵进油通道逐渐被关闭，相当于减少供油量；当燃油计量阀线圈没有通电时，计量阀在弹簧的作用下是全开的，可以提供最大的燃油流量，换句话说，可以形成最高的共轨压力。当计量控制单元出现损坏或其线束出现断路故障时，常开的特性可使发动机仍能保持基本工作状态，发动机将会被限制在1500r/min的转速内运行，计量阀电阻值为2.6～3.4Ω。计量控制单元组成与工作原理如图5-6所示。

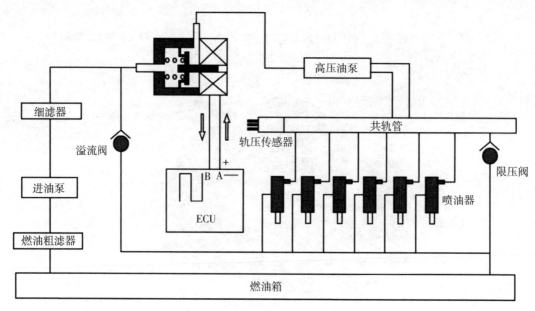

图 5-6　计量控制单元组成与工作原理

3．高压共轨

柴油机高压共轨作用是储存足够压力的燃油，并向各缸喷油器提供稳定喷射压力的燃油。高压共轨集成了高压共轨管、共轨压力传感器、减压阀、高压进油口、高压出油口等部件。高压共轨如图 5-7 所示。

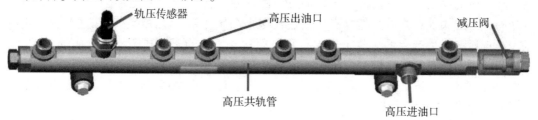

图 5-7　高压共轨组成

（1）高压共轨管。

高压共轨所有部件都安装在共轨管上，通过螺栓将其固定在缸盖上，要求共轨管有足够的强度与密封性能。

（2）油轨减压阀。

油轨减压阀是一个安全阀，当轨压超过预设的临界值时，克服燃油压力弹簧弹力，将球阀打开来释放燃油压力，从而限制了系统的最高油压，如果轨压超过减压阀开启压力，轨压将会被调节到一个较低的压力，多余的燃油会流到回油管中。减压阀组成如图5-8 所示。

技术参数：

开启压力：（235±10）MPa；

泄漏量：0.2mL/min（205MPa）；

最大流量：4L/min。

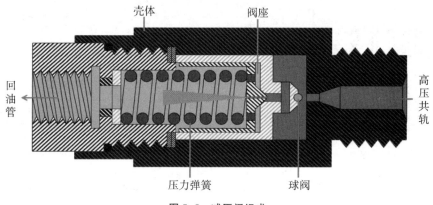

图 5-8　减压阀组成

4．喷油器

（1）喷油器作用。

控制单元（ECU）通过驱动喷油器电磁阀来控制发动机喷油量和喷油正时。发动机做功一次，喷油器实现预喷射、主喷射与后喷射三个过程。

（2）喷油器组成。

喷油器主要由进油口、回油口、针阀、球阀、控制腔、喷油嘴、电磁阀、回位弹簧、燃油控制孔、壳体等组成。康明斯发动机喷油器如图 5-9 所示，电路如图 5-10 所示。

技术参数：

喷油器最小工作压力：35MPa。

（3）喷油器工作原理。

①喷油器不工作状态。

控制单元（ECU）没有控制喷油器线圈通电，电磁阀没有被激励，阀球在上部弹簧的作用下关闭下方的出油孔，使得针阀上方控制腔与针阀下方燃油压力保持平衡，在针阀回位弹簧作用下使针阀处于最低位，喷油嘴关闭，此时喷油器不工作，此工作过程如图 5-11（a）所示。

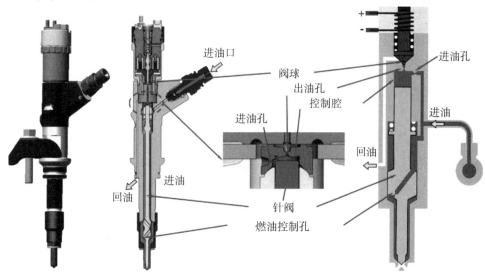

图 5-9　康明斯发动机喷油器结构

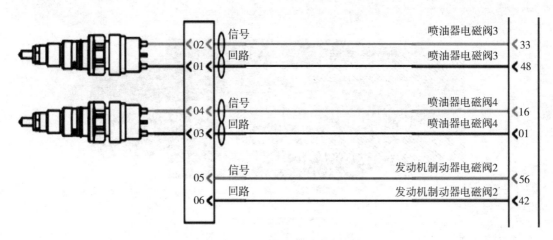

图 5-10　康明斯发动机喷油器电路图

②喷油器线圈通电状态。

控制单元（ECU）为喷油器线圈通电，电磁阀被激励，电磁力克服阀球上部弹簧弹力并打开下方的出油孔，使得控制腔内的燃油从出油孔流回到回油管，控制腔内的燃油压力迅速下降，针阀上方控制腔压力瞬间低于针阀下方燃油压力而形成压力差，针阀在压力差的作用下克服针阀回位弹簧弹力向上移动，喷油嘴开启，燃油被雾化喷到气缸中去，此时喷油器开始工作，此工作过程如图 5-11（b）所示。

③喷油器线圈断电状态。

控制单元（ECU）切断喷油器线圈电流，电磁阀不再被激励，电磁力消失，在阀球上部弹簧弹力的作用下阀球关闭下方的出油孔，控制腔内的燃油不能从出油孔流回到回油管，使得针阀上方控制腔与针阀下方燃油压力重新保持平衡，在针阀回位弹簧作用下使针阀下降并处于最低位，喷油嘴关闭，此时喷油器停止工作，此工作过程如图 5-11（c）所示。

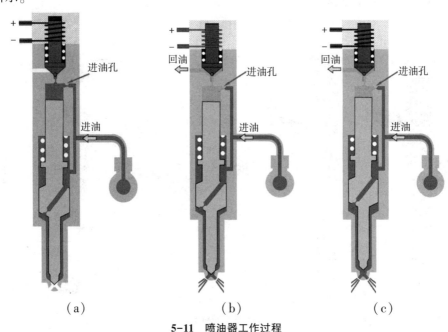

（a）　　　　　　　（b）　　　　　　　（c）

5-11　喷油器工作过程

（4）高压共轨喷油器修正码的设置与喷油器复位（国六）。

当发动机更换新的喷油器、下载新的标定程序或更换新的 ECU 时，需要执行 INSITE（用于康明斯柴油发动机检测的一种诊断软件，这里可以理解为康明斯柴油发动机专用检测仪）"高压共轨喷油器设置"和"喷油器复位"功能；当取出喷油器进行检查时，在不更换喷油器的情况下各缸喷油器不能错装，必须从哪个缸拆下后再装回到哪个缸，否则要重新执行 INSITE "高压共轨喷油器设置"和"喷油器复位"功能，未执行喷油器设置与复位可能会出现发动机工作噪声大、各缸工作不均衡，引起"悠车"等故障。IN-SITE 喷油器设置界面如图 5-12 所示，INSITE 喷油器复位界面如图 5-13 所示。

图 5-12　INSITE 喷油器设置界面

图 5-13　INSITE 喷油器复位界面

在执行 INSITE "高压共轨喷油器设置"和"喷油器复位"功能时，必须向系统输入喷油器代码，此代码代表喷油器的喷油特性，ECU 根据这些特性信息，调整喷射命令以提高喷射精度，缩小各缸喷油器之间的细微差别。喷油器代码如图 5-14 所示。

图 5-14　喷油器代码

103

三、高压共轨供油系统测试（国六）

高压共轨柴油发动机在使用过程中，若出现燃油油路故障，会出现发动机不能启动或者功率下降等现象，不通过或没有正确规范的检测，很难发现故障所在。下面以康明斯国六高压共轨柴油发动机为例，介绍燃油系统的检测与维修。

1. 高压共轨供油系统低压油路检测

低压油路由油箱、吸入侧燃油滤清器（粗滤器）、低压输油泵、压力侧燃油滤清器（细滤器）、油管等部件组成，其检测项目与检测部位如图5-15所示。

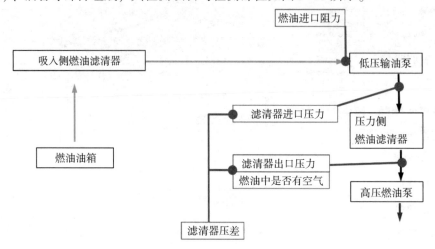

图5-15 高压共轨供油系统低压油路检测项目与检测部位

（1）燃油进口（低压输油泵进口）阻力测试。

将诊断用燃油管串联安装到吸入侧燃油滤清器出口与低压输油泵入口之间，并在燃油管上并联安装压力表，连接方式如图5-16所示。高怠速运转发动机，测量进口阻力（真空度）是否正常。

阻力（真空度）过大可能的原因有：

吸入侧燃油滤清器堵塞；

燃油加热器阀堵塞；

燃油管受挤压或堵塞；

燃油箱竖管堵塞。

（2）压力侧燃油滤清器进口（低压输油泵出口）压力测试。

将诊断用燃油管串联安装到压力侧燃油滤清器进口与低压输油泵出口之间，并在燃油管上并联安装压力表，连接方式如图5-17所示。发动机不启动并拖动发动机与高怠速运转发动机，分别测量低压输油泵输出压力是否正常。

要求发动机高怠速运转时，低压输油泵输出油压不低于517kPa。

要求发动机不启动并连续利用启动机拖动发动机30s，低压输油泵输出油压不低于69kPa（不要连续让启动机工作30s，要以15s连续工作，中间停15s后再连续工作15s，这样可以避免启动机过热）。

（3）压力侧燃油滤清器阻力测试。

分别在压力侧燃油滤清器座进口和出口管接头上串联安装压力表，连接方式如图5-

18 所示。高怠速运转发动机约 1min，或直到燃油压力稳定并观察滤清器进口和出口压力。

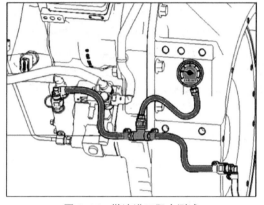

图 5-16 燃油进口阻力测试

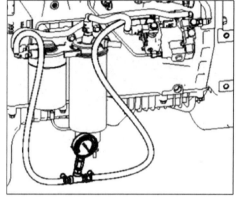

图 5-17 压力侧燃油滤清器进口压力测试

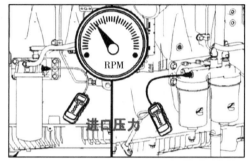

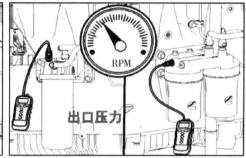

图 5-18 压力侧燃油滤清器阻力测试连接方式

压力差=滤清器进口压力-滤清器出口压力。

要求滤清器进口和出口压力差不大于 138kPa。

（4）低压燃油管路中有无空气测试。

将 0.043 英寸（1 英寸=2.54 厘米）孔径节流式诊断用燃油管安装到压力侧燃油滤清器进口处，旁通部分燃油，连接方式如图 5-19 所示。用于模拟额定工况下流经低压燃油系统的燃油量，无须带载运行发动机，将油管出油口浸没在装有适当燃油的容器中，启动发动机并使发动机从怠速运转到高怠速几次，以排出安装诊断燃油管时进入的空气，经过一段时间之后，观察容器中是否还有气泡产生。

燃油管路中进空气可能原因：

燃油吸油管损坏；

吸油侧燃油滤清器损坏；

油箱中竖管损坏。

2. 高压共轨供油系统高压油路检测

高压油路由高压燃油泵、高压油轨、喷油器、高压油管等部件组成，其检测项目与检测部位如图 5-20 所示。

（1）高压油泵性能测试。

将高压油泵出油管拆下并连接测试管，测试管另一头接到量杯中，连接方式如图 5-21 所示。用启动机带动发动机转动并超过 120r/min，此时发动机不能着车，计时 30s 观察高压油泵排出燃油量，燃油泵的燃油量与发动机转速成正比。高压燃油泵的输出油量与发动机转速关系如图 5-22 所示。

图 5-19　低压燃油管路中有无空气测试连接方式

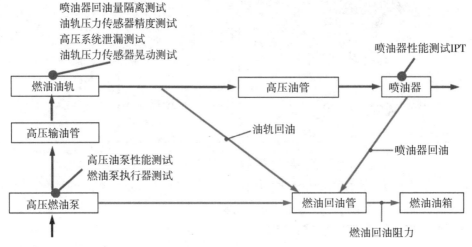

图 5-20　高压共轨供油系统高压油路检测项目与检测部位

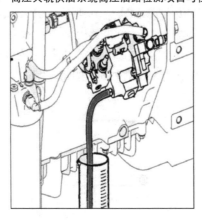

图 5-21　高压油泵性能测试连接方式

（2）燃油泵执行器（计量阀）测试。

①用检测仪进行动作测试。

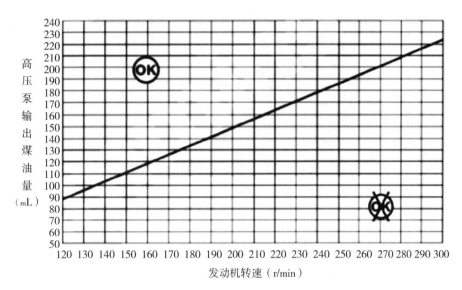

图 5-22 燃油泵的泵油量与发动机转速关系

标准值：（0±4300）MPa。

使用 INSITE（用于康明斯柴油发动机检测的一种诊断软件，这里可以理解为康明斯柴油发动机专用检测仪）诊断测试功能"燃油泵执行器超越测试"，打开或关闭执行器来判断执行器工作状况。

②用万用表进行电阻测量。

标准值：2.5Ω，新品约 2.2Ω。

（3）油轨压力传感器精度测试。

将点火开关打到 ON 位置，但不启动发动机，连接 INSITE 服务软件并运行 INSITE 服务软件监测器，释放高压油轨中的燃油压力后使用 INSITE 服务软件测量燃油油轨压力。

（4）油轨压力传感器晃动测试。

连接 INSITE 并打开数据监测/记录特性，监测"燃油油轨压力传感器信号电压"，同时也监测"测量燃油油轨压力"。用手轻微地扭转、弯曲拉拽高压共轨压力传感器线束，在执行线束晃动测试时，INSITE 显示的传感器信号电压应该保持稳定，如果出现轨压传感器相关现行故障码或传感器信号电压出现波动的情况，则表示传感器插接件某处连接松动或导线损坏。

（5）高压油轨减压阀回油量（油轨回油）测试。

在油轨减压阀出口连接回油测试管，将管口放入量杯内，连接方式如图 5-23 所示。

启动发动机，保持发动机怠速运行，使燃油流入搜集装置，执行 INSITE 电子服务工具"高压泄漏测试"功能，当燃油开始排出油管时，将回油流导引至量筒中，规定泄漏必须少于每分钟 10 滴。

（6）喷油器回油（高压系统泄漏）测试。

将定制工具喷油器回油连接软管安装到喷油器回油通道上，将软管另一端引至一个量筒或等同容器中，连接方式如图 5-24 所示。

启动发动机并保持怠速运行，确保发动机处于正常工作温度后再进行此测试，当发动机温度正常时，执行 INSITE 服务软件"高压系统泄漏测试"，记录 1min 喷油器回油流量，观察回油量是否正常。如果喷油器回油量超过 36mL，则需要做断缸测试以确定磨损严重或损坏的喷油器；如果回油量未超过 36mL，则证明喷油器回油量合格。测试完成后拆下所有工具并将车辆恢复原样。

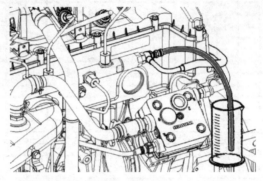

图5-23　高压油轨减压阀回油量（高压系统泄漏）测试连接方式

图5-24　喷油器回油（高压系统泄漏）测试连接方式

（7）高压喷油器回油流量隔离（断缸）测试。

将喷油器隔离（断缸）工具依次安装在各缸喷油器供油管上，代替向喷油器供油的高压燃油管，目的是依次隔离每个气缸的喷油器以确定哪一个喷油器存在故障或燃油系统的泄漏点，连接方式如图5-25 所示。

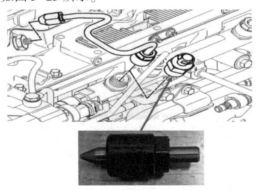

图5-25　高压喷油器回油流量隔离（断缸）测试连接方式

运转发动机，使用 INSITE 电子服务工具"高压泄漏测试"功能，记录 1min 内来自喷油器回油管的燃油流量，每一缸喷油器各执行此步骤一次，6 缸发动机需要执行 6 次，每次隔离一根燃油管。正常情况下测试 6 次的回油量应该基本一致且不超过 30mL，图 5-26 为 2 缸喷油器出现故障时 6 次测试的回油量。

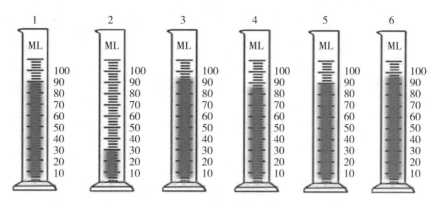

图 5-26　2 缸喷油器出现故障时 6 次测试的回油量

（8）回油阻力测试。

在发动机回油管处安装压力表，利用启动机带动发动机旋转但不着车或使发动机高怠速运转的情况下测量燃油回油阻力，连接方式与检查项目如图 5-27 所示。如果回油管阻力过高，请检查以下项目：

检查接至油箱回油管的尺寸是否正确、有无泄漏、弯曲或堵塞；

检查燃油箱排气管是否堵塞。

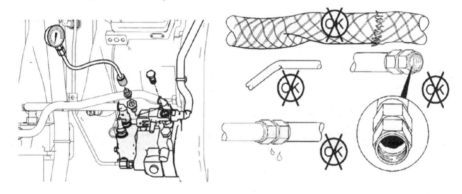

图 5-27　发动机回油阻力测试连接方式与检查项目

（9）IPT 喷油器性能诊断。

IPT（Injector Performance Test）是一个单缸喷油器功能诊断工具，它是一个电子软件，镶嵌在 INSITE 工具里面，只要拥有此软件，经过培训就可用它进行测试。IPT 是个省时、精确诊断单缸喷油器功能的工具，用它可以节省故障诊断时间，减少不必要的维修。

当发动机出现功率低、噪声大、冒黑烟或冒白烟等问题，在无现行故障码和排除其他可能导致故障的原因后，如果仍然不能解决问题，可以启动"燃油喷油器性能测试"（IPT）功能对喷油器进行性能检测。

①IPT 基本诊断原理。

IPT 是在车辆停止行驶，发动机水温达到正常，无现行故障码和驻车的条件下进行检测的。运行 IPT 时，发动机将提高怠速转速到 1800r/min，油轨压力达到 160MPa，然后停止向油轨供油，同时也停止所有喷油器的供油，然后再控制逐个缸喷油器依次进行单缸喷油。喷油后，INSITE 检测每次喷油时油轨里面的燃油压力变化，正常的喷油器，油轨燃油压力将会在某个标准值范围内，如果超过标准值，说明该喷油器有异常，INSITE 会显示测试结果不通过，整个检测过程由 INSITE 自动控制，检测时间大约需要 5min。

②喷油器故障判断。

每个喷油器将检测 3 个工况点，每个点采集 4 个数据取其平均值。喷油器检测的 3 个工况点分别为：

"高供油区"供油检测，如果喷油量不够，说明喷孔有堵塞，发动机会出现低功率现象；

"低供油区"供油检测，如果没有先导供油，发动机会出现噪声；

"低供油区"供油检测，如果喷油量过大，发动机会出现较大的噪声。

当检测结束后，INSITE 会显示每一缸喷油器 3 个工况点的检测结果。如果有任何一个工况点没有通过检测，则该喷油器就需要更换；如果 3 个工况点检测都合格，则该喷油器不需要更换。

③INSITE 电子服务工具当中 IPT 使用界面。

INSITE 电子服务工具当中 IPT 使用界面如图 5-28 所示。此界面中有 3 个显示内容需要特殊说明。

a. 测试运行点、结束界面：可以显示运行至第几缸喷油器，第几个测试点，测试结束后，会显示合格或失败。

b. 测试检测界面：会显示实时发动机冷却液温度、发动机转矩、控制轨压。

c. 测试状态栏：会提示测试者测试状态，如果出现报错，需根据其建议进行。

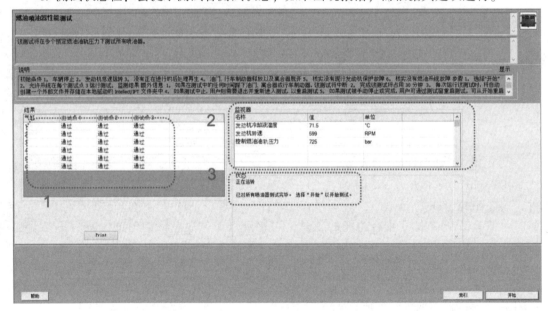

图 5-28　INSITE 电子服务工具当中 IPT 使用界面

④IPT 原始文件。

IPT 运行完会自动生成原始文件，路径为 C-Interlect-IPT，文件名命名为 IPT 发动机序列号年月日时分秒。运行完 IPT 后，需确认生成了原始文件，工程师可能需要原始文件。生成的原始文件如图 5-29 所示。

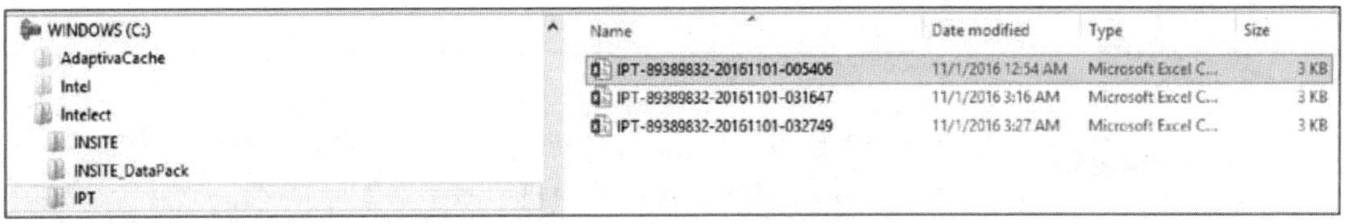

图 5-29 IPT 运行完自动生成的原始文件

⑤IPT 适应模式。

柴油发动机在使用过程中会出现各类故障现象，这时就需要车辆维修人员来判断哪种故障现象需要进行 IPT 喷油器性能诊断。表 5-1 为技术人员提供了适用于 IPT 的发动机故障模式与 IPT 适用情况判断，此表可提升车辆维修人员进行发动机油路检修的工作效率。

表 5-1　适用于 IPT 的发动机故障模式与 IPT 适用情况判断

适用于 IPT 的故障模式	IPT 适用情况判断
发动机功率低，动力不足	尤为适用
发动机异响	尤为适用
换挡/加速时发动机冒黑烟	尤为适用
发动机轻微冒黑烟	适用
发动机明显冒白烟/严重冒黑烟	建议先进行单缸断油试验及喷油器回油量测试诊断，如检查结果合格，可以尝试运行 IPT 进行诊断

⑥IPT 报错信息与应对措施。

在 IPT 测试过程中，偶尔会出现 IPT 报错导致 IPT 无法运行或中途停止，此时，IPT 测试页面会出现相应的错误信息及应对措施。表 5-2 列举了几个典型 IPT 报错信息与应对措施，车辆维修人员只需根据这些提示信息进行操作即可。

表 5-2　典型 IPT 报错信息与应对措施

报错信息	应对措施
测试由于发动机保护故障停止或不能启动	发动机出现现行故障码或频繁的非现行故障码，退出测试，对故障码进行故障诊断，然后重新开始测试
冷却液温度过低	发动机热机，将冷却液温度升高至 60℃ 及以上，然后重新测试
由于启用了发动机制动，测试停止或无法开始	停用发动机制动，然后重新开始测试
车速传感器故障	按照服务维修手册对车速传感器进行故障排查，清除故障后重新开始测试
测试由于燃油系统压力衰减率过高停止	依次进行喷油器回油量/泄漏及断缸泄漏等测试，排除燃油系统故障
ECU 测定存在可能损坏发动机或阻止测试正常运行的状态。ECU 将不能启动该测试	检查有无发生故障码，如果有，按照相应的故障码进行排除。如果没有，按照服务维修手册对 ECU 进行故障排查，清除故障后重新开始测试

报错信息	应对措施
系统发生自泵油现象	检查有无故障码发生，对故障码进行排除。如果没有故障码，对回油阻力、IMV 以及高压油泵进行检测，排除故障后重新进行检测

第二节　商用车柴油高压共轨电控系统部件的结构与其工作原理

柴油机高压共轨电控系统分成三大模块，分别为传感器、电控单元（ECU）和执行器。

一、康明斯柴油高压共轨电控系统核心部件

传感器的作用是把发动机各部分工况的物理信号转换成电信号输送给电控单元，电信号又分为模拟信号与数字信号，以使电控单元了解当前发动机的工况（例如，发动机转速、温度等）和设定值（例如，开关位置）；电子控制单元（ECU）给各传感器提供参考（基准）电压，并对所接受的传感器信号进行存储、计算和分析处理后向执行元件发出指令；执行元件受 ECU 控制，具体执行某项控制功能的装置，执行元件主要实现的控制有喷油量的控制、喷油正时的控制、排放的控制等。

在柴油发动机高压共轨电控系统中，ECU 处在整个发动机控制系统的核心位置，各种输入设备，主要包括传感器、开关向 ECU 提供各种信息，ECU 通过这些信息来判断发动机当前的工况和操作者的输入指令；输出设备为执行元件，它们执行 ECU 通过计算得出的各种控制指令，在所有的执行元件中，最重要的执行元件是实现喷油压力、喷油量控制和喷油时刻控制的元件，比如共轨系统中实现控制喷油压力的燃油计量阀，实现控制喷油量和喷油时刻的喷油器中的电磁阀。

1. 发动机曲轴位置与转速传感器

（1）传感器作用与结构。

康明斯发动机曲轴位置与转速传感器为霍耳效应式传感器，输出数字信号，传感器为三线制，电路如图 5-30 所示。康明斯发动机曲轴位置传感器一般安装在前齿轮室盖上，读取曲轴皮带轮后边曲轴转速信号轮的信号，如图 5-31 所示，与曲轴上的 58x 齿圈共同工作，为 ECU 提供曲轴瞬时位置与发动机转速信号。

（2）传感器工作原理。

在信号转子盘上，每隔 6° 有一个信号孔，但由于一周有连续 2 处没孔，因而飞轮盘上共有 58 个信号孔，发动机每转两圈就输出 116 个脉冲，此信号每隔 6° 检测发动机曲轴位置与转速。曲轴转动时，58x 的齿顶和齿槽以不同的距离通过传感器，传感器感应到的磁场的变化，这个交变的磁场使霍耳传感器产生了交变的输出数字电信号以确定曲轴瞬时位置与发动机转速，信号轮两处没孔信号作为辅助判缸信号，交变信号如图 5-32 所示，ECU 利用此信号与凸轮轴位置传感器信号共同确定各缸活塞位置。

（3）辅助功能。

当发动机凸轮轴位置传感器发生故障时，ECM 启动故障备用模式，使用曲轴位置传感器提供的发动机曲轴位置信号确定正时以维持发动机的基本工作状态。

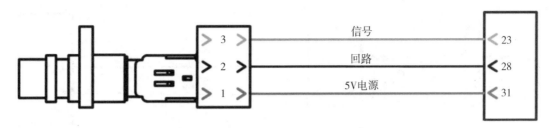

图 5-30 霍耳式曲轴位置传感器电路图

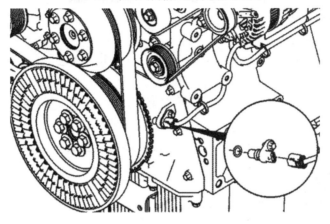

图 5-31 康明斯发动机曲轴位置传感器安装位置

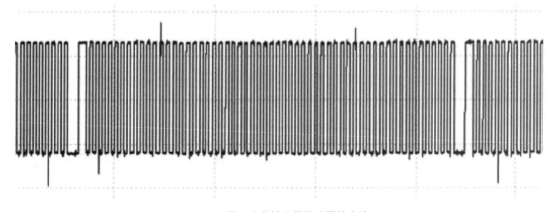

图 5-32 霍耳式曲轴位置传感器输出波形

2. 发动机凸轮轴位置传感器

康明斯发动机凸轮轴位置传感器为霍耳效应式传感器，输出数字信号，传感器为三线制，如图 5-33 所示。凸轮轴位置传感器安装在缸盖前端凸轮轴正时信号轮盖上，读取凸轮轴正时信号轮（用螺栓固定在凸轮轴前端）的信号，主要功能是检测发动机 1 缸活塞上止点位置以控制喷油正时。此传感器与绵阳新晨动力 DK4 柴油发动机凸轮轴位置传感器结构与工作原理相似。

辅助功能：当发动机曲轴位置传感器发生故障时，ECM 启动故障备用模式，使用凸轮轴位置传感器提供的发动机凸轮轴位置信号确定发动机曲轴位置与转速以维持发动机的基本工作状态。

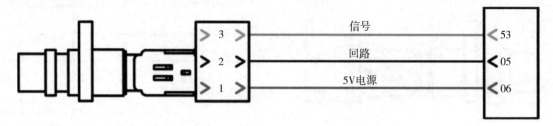

图 5-33　霍耳式凸轮轴位置传感器电路图

3. 进气压力传感器

（1）传感器作用与结构。

此传感器位于发动机进气管接头附近，使用一个组合式进气歧管温度/压力传感器，输出模拟信号，以测定进气歧管内部空气压力（涡轮增压器产生的增压压力）和进气温度，用于喷油量修正控制和发动机保护。传感器为四线制，电路如图5-34所示。

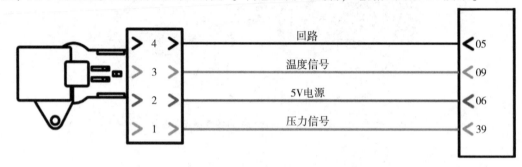

图 5-34　进气歧管温度/压力传感器电路图

（2）传感器工作原理。

进气压力传感器一般采用半导体压敏电阻式压力传感器，利用半导体的压阻效应将压力转换为相应的电压信号，其中半导体应变片是一种受拉或受压时其电阻值会相应改变的敏感元件，将半导体应变片贴在硅膜片上，并连接成惠斯顿电桥，当硅膜片受力变形时，各应变片受拉或受压而其电阻发生变化。硅膜片的一面是真空，另一面导入进气管压力，当进气管内的压力变化时，硅膜片的变形量就会随之改变，并产生与进气压力相对应的电压信号。进气压力越大，硅膜片的变形量也越大，传感器的输出电压也就越高，一般输出电压为0.5~4.5V。

4. 高压油轨压力传感器

康明斯发动机轨压传感器安装在高压共轨上，输出模拟信号，ECM利用此信号监测燃油油轨实际压力，与燃油计量控制单元形成供油的闭环控制。当ECU无法收到此传感器的信号时，会控制燃油泵执行器（燃油计量控制单元）在一个合适的开启位置，保持一定的燃油油轨压力，使发动机能够继续运行，保证基本工作状态。

传感器为三线制，如图5-35所示。此传感器与绵阳新晨动力DK4柴油发动机轨压传感器结构与工作原理相似。

5. 加速踏板位置传感器

此传感器与加速踏板集成在一起，测定加速踏板开度大小与幅度，以计算发动机负荷，用于主喷油量控制。传感器为六线制，电路如图5-36所示。此传感器与绵阳新晨动力DK4柴油发动机加速踏板位置传感器结构与工作原理相似。

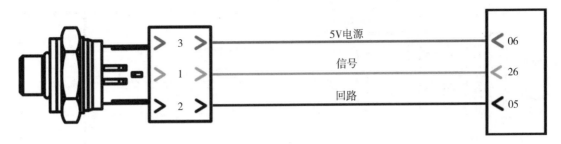

图 5-35　轨压传感器电路图

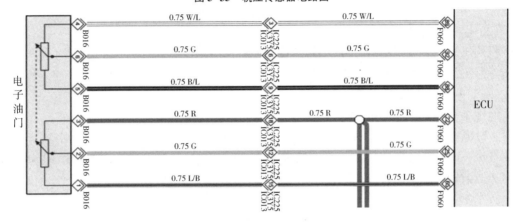

图 5-36　康明斯发动机加速踏板位置传感器电路图

6. 温度传感器

康明斯发动机冷却液温度/进气温度传感器分别检测发动机水温与进气温度，用来修正喷油量，其中冷却液温度传感器安装在节温器壳体上，用来测量发动机的冷却液的温度，主要功能是用于发动机保护和冷启动时的喷油控制；机油温度传感器位于发动机左侧、燃油滤清器上方的缸体上，作用是监测发动机主油道的机油温度。如果水温与机油温度高于正常范围，发动机故障指示灯会点亮，同时发动机会限制喷油量而进行限扭控制，用于发动机保护。

康明斯发动机温度传感器与绵阳新晨动力 DK4 柴油发动机加速踏板位置传感器结构与工作原理相似。

7. 机油压力传感器

（1）传感器作用与结构。

此传感器位于发动机左侧，燃油泵附近的缸体上，用于监测发动机的机油压力。传感器电路如图 5-37 所示。当机油压力低于或高于标准值，ECU 会点亮机油压力指示灯和发动机故障指示灯提醒驾驶员，同时发动机会限制喷油量而进行限扭控制，用于发动机保护。机油压力传感器结构与进气压力传感器结构类似，可以加以参考。

技术参数：

①技术状况正常的发动机在常用转速范围内，机油压力标准值：350~550kPa。

②若中等转速下的机油压力低于 300kPa，怠速时低于 100kPa，则发动机应停止运转并检查润滑系统。

③传感器输出电压值：0.5~4.5V。

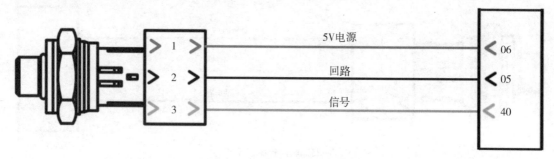

（2）传感器工作原理。

机油压力传感器根据机油压力的高低输出模拟信号，机油压力传感器结构与进气压力传感器工作原理类似，可以加以参考。

8. 油中有水传感器

此传感器安装在燃油粗滤器（吸入侧燃油滤清器）的底部，油中有水传感器有两个探针，ECU在这两个探针上加上一定的电压，如果探针是处在水中，水将被击穿，通过一个电流，两个探针形成回路，而在柴油和空气中，电流无法击穿，表现为电阻为无穷大。当滤清器中的水积累到一定程度时，ECM会报警，用于发动机保护。

技术参数：

①信号电压低于0.25V为短路报警，高于4.95V为断路报警。

②信号电压低于3V为水中，高于3V为正常。

9. 大气压力传感器

大气压力传感器集成在ECU内部，作用是检测周围环境大气压力，根据发动机转速和大气压力，通过减少全负荷喷油量，以降低涡轮增压器的转速。此部件不可维修，如果大气压力传感器损坏或功能不正常，必须更换ECM。

二、商用车高压共轨系统控制单元（ECU）

电子控制模块（ECU）是发动机电控系统的控制中心，处理所有的来自传感器与开关的输入信息，经过计算、比较后得出最佳控制指令并转换成电信号向燃油系统、车辆和发动机控制装置发出指令，使柴油发动机在任何工况都能以最佳状态工作，保证发动机良好的动力性能、排放性能与经济性能。

ECU具备故障自诊断功能，对大多数电控部件与控制电路进行诊断测试，如果在某个电路中检测到问题就会产生一个相应的故障码，故障码和故障码被激活时的发动机运行参数，都会贮存在ECU内。现行故障码的出现还会造成发动机故障指示灯长亮，以便直观或通过故障诊断仪进行故障码的读取，为维修技师提供故障信息以便快速、准确地进行故障诊断。

ECU具备"跛行回家"的功能，当柴油机发生一种影响工作可靠性、安全性故障而没有排除之前，ECU可以对各执行元件输出一个"默认值"。所谓"默认值"就是预先设置好，在不影响故障扩展的情况下，发动机仅能维持一般运转的指令，此时发动机转速较低，不会发挥全功率，驾驶员只能操纵汽车勉强行走回家或开至维修地点待故障排除才能恢复车辆原状态。

第三节　商用车柴油发动机高压共轨电控系统工作原理

在柴油发动机电控系统中，喷油量不再由驾驶员通过加速踏板直接控制，而是根据驾驶员意图（加速踏板、各种开关等）、发动机当前运行状态（发动机转速、负荷、温度等）、喷油器对排放的影响、其他系统的影响（空调系统、后处理系统、ESP 系统）等影响因素通过计算得出，控制单元根据以上因素计算喷油压力与喷油量，同时改变喷油正时，同时，柴油电子控制系统与车上其他系统进行交互，如驱动防滑控制系统（ASR）、电子稳定系统（ESP）等，这样便能将发动机控制集成到整车控制中。控制过程如图 5-38 所示。

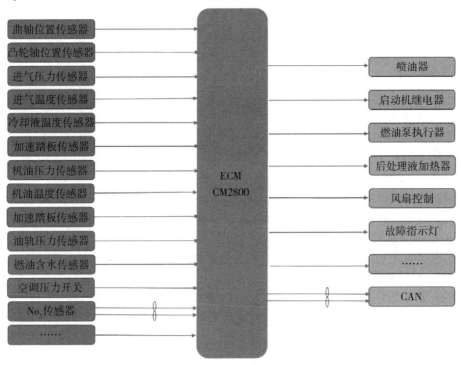

图 5-38　康明斯柴油高压共轨发动机电控系统

一、发动机供油压力、供油量、喷油正时与喷油率的控制

康明斯柴油高压共轨发动机根据工况的不同供油控制策略也有所不同，柴油机电子控制系统（EDC）可以精确设定不同工况下的供油压力与喷油量，使发动机始终处于最佳的工作状态，其基本工作原理是发动机控制单元（ECU）根据发动机转速（曲轴位置）和加速踏板位置传感器的输入信号，首先计算出基本喷油压力与喷油量，然后根据水温、进气温度、进气压力等传感器的信号与开关输入信号进行喷油压力与喷油量的修正。

1. 供油（油轨）压力的控制

根据驾驶员操作命令和发动机运行状况，ECU 会通过计算确定一个理想的"控制油轨压力"，这是该工况下发动机希望达到的最佳油轨压力。通过轨压传感器 ECU 会得到一个"测量油轨压力"，这是此时油轨的实际压力。ECU 通过对比"控制油轨压力"与

"测量油轨压力"来计算此时需要对燃油系统增压还是减压，然后以此调整燃油计量控制单元（燃油泵执行器），改变流入高压燃油泵燃油的流量，使"测量油轨压力"产生变化并努力与"控制油轨压力"保持一致。ECU根据实际轨压与理想轨压进行比较后进行反馈修正，形成供油压力的闭环控制。

2. 供油量的控制

喷油量取决于油轨压力和喷油持续（喷油器通电）时间，发动机负荷与喷油量成正比关系，负荷越大喷油量越大。

在多缸柴油机工作时，即使喷油量控制指令值一定，但由于各缸喷油器性能差异将导致各缸的喷油量的差异，从而引起转速的波动，即所谓怠速震颤。柴油机高压共轨电控系统通过各缸在做功冲程时的曲轴转速变化来判断各缸喷油量的差异，及时修正各缸的喷油量，以降低柴油发动机转速的波动，保持工作的稳定性。

当发动机怠速运转时，由于发电机、空调压缩机、动力转向液压油泵等装置工作状态的变化将引起发动机负荷的变化，从而导致转速的变化，控制系统将通过反馈控制系统控制供油量，把怠速控制在所设定的目标转速值上。

3. 喷油正时的控制

柴油共轨发动机喷油正时的控制，实际上是对喷油器的喷油提前角进行控制。喷油提前角是相对活塞压缩上止点的角度，为了确定上止点，柴油发动机曲轴位置（转速）传感器产生霍耳信号 Ne，凸轮轴位置传感器产生 1 缸活塞上止点霍耳（判缸）信号 G。G 信号和 Ne 信号安装时的配合原则是当 ECU 同时检测到 G 信号和 Ne 的缺口（参考备用标记）时，说明 1 缸活塞处于压缩行程上止点附近，随后 ECU 开始读取 Ne 信号以确定各缸活塞处于某个行程的具体位置。电控共轨柴油机不仅要把精确计算后得到一定压力的燃油通过喷油器喷入气缸，而且要根据发动机工况选择合适的喷油始点，燃油过早喷入缸内导致燃烧爆发压力过大，影响发动机寿命，过迟则喷入缸内的燃油雾化质量变差，造成燃烧不良，油耗增加，排气冒黑烟。能使燃油燃烧点发生在最佳位置所对应的喷油提前角称为最佳喷油提前角，ECU 根据发动机转速决定基本喷油提前角，同时，还要根据发动机负荷、冷却液温度、进气压力等信号对喷油提前角进行修正，最终确定最佳的喷油正时。

4. 喷油率的控制

在柴油发动机电控共轨系统中，ECU 控制喷油器的喷油率，喷油率的定义是指在一次喷油循环过程中，从喷油开始到喷油结束之间，包括引导喷射、预喷射、主喷射和后喷射、次后喷射等都在内的喷油率。喷油率控制是一种保证柴油发动机动力性能与燃油经济性能的兼容以及降低排放和噪声十分有效的手段。为了使柴油发动机工作柔和，排放降低，理想的喷油规律是初期喷油速率低，中期按照一定的速率建立起较高的喷油速率后保持稳定，而喷油后期能快速断油，不滴漏，即"先缓后急"的喷油规律。

对于高压共轨系统具有快速断油和中期保持高压、高速率喷射的优势，但是，喷油初期在高压下进行，喷油速率较大，如果仍然按照理想喷油率曲线进行喷射，其结果是滞燃期内喷入燃油较多，致使发动机噪声和氮氧化合物（NO_x）排放量增大。解决的方法是使初期低速喷射与后期的高速喷射分开，即采用多次喷油模式来改善喷油规律，共轨燃油喷射系统由于喷射压力的产生与喷射过程无关，而且喷油器的开启、关闭是以电控液压的原理控制的，响应速度极快，所以非常便于实现多次喷油，包括预喷射、主喷射和后喷射过程。

预喷射在主喷射脉冲前，先给喷油器电磁阀一个宽度较小的喷射脉冲来实现预喷射。采用预喷射来诱发冷焰反应，可以改善冷启动性能，尤其对低温时的冷启动性能非常有效，预喷射降低了发动机噪声，在主喷射之前极短时间内少量的燃油被喷进了气缸压燃，预加热燃烧室，预热后，使主喷射后的压燃更加容易，缸内的压力和温度不再是突然地增加，有利于降低燃烧噪声，转速越高，预喷对降低噪声的影响减小。决定预喷射形状的参数有预喷射油量的大小及预喷射与主喷射之间的时间间隔，具体方法是准确而细致地调节喷油器脉冲始点、脉冲宽度和脉冲间隔。发动机输出的能量来自主喷射序列，这意味着发动机扭矩的建立主要依靠主喷射过程。为了满足更加严格的柴油机排放要求，在预喷射和主喷射之后还需要后喷射过程，即二次甚至多次喷射，在膨胀过程中进行后喷射，产生二次燃烧，将缸内温度增加 $200\sim250℃$，降低了排气中碳颗粒的产生。在康明斯柴油发动机国六后处理系统中，发动机喷油器共有 3 次后喷射，从主喷射往后数分别为后喷射 1、后喷射 2、后喷射 3，采用缸内燃油后喷射的方式来继续提高排气管温度，利用高压共轨燃油系统的喷油器多次喷射来完成主动再生。

高压共轨系统可以在一次供油循环中通过控制喷油电磁阀通、断电来实现多次喷射，从而实现对喷油规律的灵活控制。

二、发动机怠速控制

ECU 有 3 种怠速相关控制特性，可以帮助改善发动机燃油经济性、降低噪声和震动，以及满足排放法规对怠速工况的要求。

1. 怠速转速控制

通过 INSITE，修改 ECU 的"特性和参数"，在一定范围内调整发动机的怠速转速设定值。

2. 怠速停机

如果不触动加速踏板、发动机怠速运行超过设定的时间，ECU 将自动停机，以节约燃油。

3. 低怠速调整开关

驾驶员可以通过安装在驾驶室内的怠速调整开关（增加/减少开关），在设定范围内，调整低怠速转速的设定值。

三、发动机机智人 EBP 节油开关模式控制

康明斯机智人 EBP 节油开关有 3 种模式（E-经济挡、B-标准挡、P-动力挡），对应于发动机的 3 种供油策略，根据不同路况、载重量可以进行自由选择，使发动机保持在最优化的燃油经济状态下运行，从而达到节油目的。EBP（节油开关）是一种可以使卡车在轻载、中载、重载以及不同路况的时候都能保持一个最佳的经济性与动力性的装置。使用 EBP 节油开关后比不使用时节油效果有了巨大的提升。根据数据统计，我们测试得到一个结论：同一名驾驶员，使用 EBP 节油开关前后油耗相差 3%～7%。

1. E 模式（经济模式）

E 模式限制发动机功率输出，达到节油的目的。此模式有助于帮助纠正驾驶员的不良驾驶习惯。在车辆空载工况下，建议使用经济挡（E），此时车辆不需要发动机输出大功

率，所以可以适当减少喷油量，以达到最大的燃油经济性。

2. B 模式（平衡模式）

B 模式是处于经济模式与动力模式之间的一种模式：与经济模式相比，功率降低较少；与动力模式相比，燃油消耗较少。轻载和半载的工况下，建议使用标准挡（B），此时发动机处于中小负荷工作状态，ECU 启用标准喷油量，以同时兼顾整车动力性及经济性。

3. P 模式（动力模式）

P 模式不限制发动机输出功率，以保证发动机输出大功率为目的，燃油消耗较高。标载或者超载的工况下，建议使用动力挡（P），此时车辆需要发动机输出大功率，所以可以适当增加喷油量，以使整车动力性得到最大限度发挥。

四、电控硅油离合器风扇控制

电控硅油离合器风扇与传统离合器硅油风扇相比，避免了热敏双金属感温器感应水箱周围空气温度时受环境与系统布局影响而导致控制滞后或提前等问题，其控制更为精确。

电控硅油离合器风扇与传统硅油离合器风扇结构类似，不同的是由带有电磁线圈的电磁阀门取代了硅油风扇离合器热敏双金属感温阀门。电磁阀门有两种控制方式：一种是由继电器控制给电，基本属于开关型阀门；另一种由 ECU 直接对电磁阀门进行占空比（PWM）控制，这种方式对发动机温度控制得更加精准，明显提升了发动机的经济性能。

1. 开关型阀门电控硅油离合器风扇

发动机水温传感器将电信号时时输送给控制单元，控制单元收到此信号后判断发动机工作温度，以控制硅油风扇继电器的工作状态，继电器的工作状态决定了电磁阀门（电磁阀断电时为常开状态，属于常开阀）的通电情况，最终保持了发动机的工作温度。

①当发动机水温较高时，继电器控制电磁阀线圈断电，阀门开启，硅油进入工作腔，风扇高速运转。

②当发动机水温较低时，继电器控制电磁阀线圈通电，阀门关闭，硅油流回硅油池，风扇低速运转。

此控制方式避免了当电控硅油离合器风扇控制线路或相关部件出现故障时，无法控制风扇转速升高而使发动机温度过高，最终损坏发动机机械部件。开关型阀门电控硅油离合器风扇控制过程如图 5-39 所示。

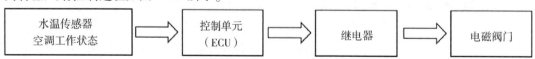

图 5-39 开关型阀门电控硅油离合器风扇控制过程

2. 占空比控制型电控硅油离合器风扇

发动机转速传感器与水温/进气温度传感器将电信号时时输送给控制单元，控制单元收到信号后判断发动机瞬时转速与工作温度并计算出此刻硅油风扇应该输出的理论转速，控制单元根据风扇理论转速来输出占空比（PWM）信号控制电磁阀门（电磁阀断电时为常开状态，属于常开阀）的开启程度，即决定进入离合器工作室的硅油量，从而改变风扇的转速。在电控硅油离合器集成了霍耳式转速传感器，用来监测风扇的实际转速，如果实际转速与理论转速不符，电控单元通过计算再发出调整指令，直至实际风扇转速与理论风扇转速相符。

①当发动机水温较高时，电控单元向电磁阀门输出低占空比（PWM）控制信号，阀门开启程度较大，大量硅油进入工作腔，风扇高速运转。

②当发动机水温较低时，电控单元向电磁阀门输出高占空比（PWM）控制信号，阀门开启程度较小，大部分硅油流回硅油池，风扇低速运转。

此控制方式避免了当电控硅油离合器风扇控制线路或相关部件出现故障时，无法控制风扇转速升高而使发动机温度过高，最终损坏发动机机械部件。此控制方式也实现了风扇转速的闭环控制，从而使发动机温度的控制达到更为精确、迅速的反应。占空比控制型电控硅油离合器风扇控制过程如图5-40所示。

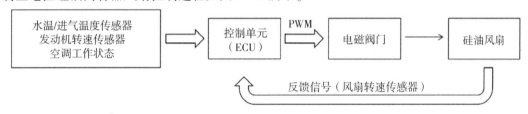

图5-40　占空比控制型电控硅油离合器风扇控制过程

五、发动机排气制动控制（辅助制动装置）

随着国内商用车发动机制动技术的发展，单一的蝶阀制动正趋于淘汰，效率更高的缸内压缩制动技术正在兴起。通过控制辅助制动装置，使发动机成为功率吸收器来降低车速。康明斯发动机缸内压缩制动技术采用电控液动控制方式，系统受发动机控制单元（ECU）控制，驾驶员可以通过驾驶室内的发动机制动/排气制动开关的开启或关闭控制此功能，但制动器是否起作用，还需要由ECU根据工况来决定。缸内压缩制动技术制动效能明显优于蝶阀制动。

1. 带有缸内排气制动控制系统发动机的工作循环

它的工作原理是通过一套机构来控制排气门的开启与关闭，当此系统工作时，控制单元不控制喷油器喷油。带有排气制动控制发动机的工作循环如图5-41所示。

（1）吸气冲程：进/排气门正常工作，吸气完成后正常进入压缩冲程。

（2）压缩冲程：在此行程初期进/排气门正常工作均为关闭状态，空气被压缩，起到发动机制动的作用。活塞快到顶点的时候控制机构把排气门打开，压缩过的空气被释放到排气管内，这样大部分压缩气体吸收的能量会被排放掉。

（3）膨胀行程：进/排气门正常工作均为关闭状态，由于压缩冲程接近终了时压缩气体被释放，防止膨胀行程随着发动机的循环运转，并且缸内产生一定的真空，使活塞下行时也产生了一定的阻力而生成辅助制动力。车辆下坡时的能量不停地通过发动机的压缩、释放，从而达到使车辆减速的目的。

（4）排气冲程：进/排气门正常工作，与系统不工作时状态一致。

2. 缸内排气制动控制系统结构与工作原理

（1）缸内排气制动控制系统结构。

缸内排气制动装置与排气门摇臂集成一体，配以双桃尖排气凸轮，来实现排气门的二次打开。康明斯发动机制动器组成如图 5-42 所示，主要由排气摇臂、双桃尖排气凸轮、电磁阀、控制油路等组成。

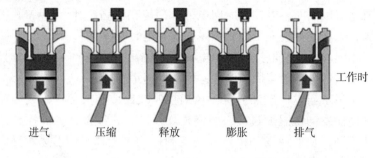

进气　　压缩　　释放　　膨胀　　排气　　工作时

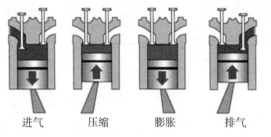

进气　　压缩　　膨胀　　排气　　非工作时

图 5-41　带有排气制动控制发动机的工作循环

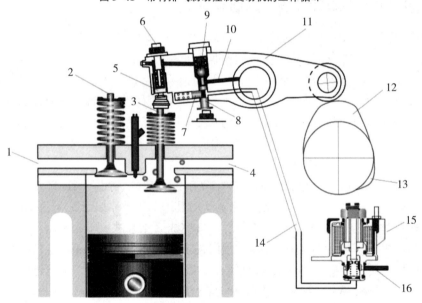

1. 进气道　2. 进气门　3. 排气门　4. 排气道　5. 液压活塞　6. 间隙调整螺栓　7. 锁定销　8. 复位销　9. 球阀　10、16. 主压力油道　11. 排气门摇臂　12. 排气凸轮桃尖　13. 小桃尖　14. 控制油道　15. 电磁阀

图 5-42　康明斯发动机制动器组成

（2）缸内排气制动控制系统工作原理。

①系统不工作时。

用于制动的排气凸轮小桃尖设置在上止点附近，发动机正常工作时，控制单元控制电磁阀断电，控制油路与主压力油路断开而无油压，锁定销在弹簧力的作用下将复位销锁止在高位，球阀一直保持打开，液压挺柱上方的机油与主油路连通，摇臂内的液压活

塞可以回缩，相当于有较大的排气间隙，此间隙足以将排气小凸轮的小桃尖覆盖即小桃尖转过时，排气门保持关闭，发动机制动器不工作。

②系统工作时。

发动机制动器打开时，在喷油器停止喷油的同时，控制单元控制电磁阀通电，控制油路与主压力油路接通而建立油压，锁定销在油压的作用下克服弹簧弹力向左移动，为复位销解锁，球阀下降到最低位置封闭主压力油道与液压活塞上方油室之间油路，使液压活塞上方形成一个密封不可压缩的油室，当活塞快到压缩行程上止点小桃尖驱动排气门摇臂时，由于球阀关闭油道，液压活塞不可回缩，完成液压锁止，此时的排气门处于一种无间隙状态，使排气门对应有个微开，将缸内的压缩终了气压卸掉，这样，进入做功行程时，活塞上方气体推力消失，并且缸内产生一定的真空，增大了发动机的制动力。

这种液压活塞在气门驱动端的驱动方式结构紧凑，制动间隙和排气门间隙合二为一，装配时，只需要预设排气门的间隙即可。

③系统控制策略。

当车辆下坡时缓速器控制手柄打到 B 挡，车辆将在液力缓速器和发动机制动的制动能力范围内保持车辆在当前车速行驶，缓速器工作指示灯亮，在特定的情况下会请求发动机制动介入工作，发动机制动指示灯亮。康明斯缸内排气制动控制系统有 3 个电磁阀，每个电磁阀控制两个气缸，系统工作时有两个挡位，1 挡工作时电控单元控制 1、2 缸与 3、4 缸电磁阀通电，4 个缸发动机制动器工作，输出功率 66%；1、2 挡同时工作时电控单元控制 3 个电磁阀通电，6 个缸发动机制动器同时工作，输出功率 100%。缸内排气制动控制系统电路如图 5-43 所示。

④发动机缸内排气制动器工作解除条件。

关闭发动机制动器开关、踩下加速踏板、踩下离合器踏板、发动机转速低于 900r/min 启用巡航功能。

（3）高功率 HPD 发动机缸内制动系统。

这种发动机制动力非常的强大，可以比上面描述的压缩释放式功率高出 100%，实现了制动功率大于发动机正功输出功率，它的工作原理也是通过控制机构来开启和关闭气门，从而把发动机变成一个超大排量的空气压缩机。

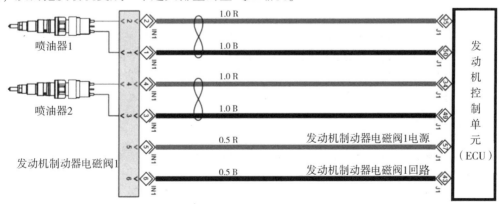

图 5-43　缸内排气制动控制系统电路图

第一冲程：活塞下行吸气，进气门打开。

第二冲程：活塞上行压缩空气消耗能量，快到上止点时打开排气门把压缩空气释放掉。

第三冲程：这时候正常情况下应该是膨胀冲程，气门不会打开，但开启高功率 HPD 发动机缸内制动系统的时候，进气门会被打开，活塞下行进入吸气冲程。

第四冲程：第四冲程正常情况下是排气冲程，排气门会打开，但开启高功率 HPD 发动机缸内制动系统之后，在这个冲程开始的时候排气门不会打开，随着活塞的上行，缸内的空气会被压缩从而活塞运动阻力增大而消耗能量，活塞快到上止点的时候排气门打开释放压缩空气。

从上边的工作原理可以看出来，普通的压缩释放缓速器需要活塞做 4 个冲程才能完成一个工作循环，而高功率 HPD 发动机缸内制动系统却只需要 2 个冲程就能完成一个工作循环，理论上制动功率要比四冲程的缓速器高出一倍，如果我们的发动机装配了这种装置，那真的就可以实现下坡无忧了。

六、进气加热器控制

进气加热器控制的作用是在寒冷天气条件下进行辅助启动，并帮助控制发动机冷态运行时的白烟。

进气加热器的工作过程：

（1）预热（钥匙开关通电但没有使用启动机盘车）：如果进气歧管温度低于设定值，ECU 通过主机厂安装的继电器控制进气加热器加热一段时间，在预热期间，"等待启动"指示灯亮起，预热完成后熄灭。

（2）启动机盘车时，进气加热器断电，以保证启动机所需的大电流。

（3）后期加热（启动成功后）：如果进气歧管温度或水温仍低于设定值，ECU 会命令进气加热器加热，以减少白烟的生成。

七、发动机保护

发动机运行时，ECU 监测发动机运行状态（例如，发动机转速、冷却液温度、机油压力、机油温度、进气歧管温度等），如果某关键参数的读数超出了标定中设置的限值，发动机就会减载运行（降转速或降功率），同时黄色报警灯点亮，除消防车和消防泵用发动机，所有发动机标定中都有减载运行功能。

不同的运行参数超出其限值，可能会触发不同级别的减载运行；同一个运行参数，超出限值的程度不同，也可能会触发不同级别的减载运行。如果问题一直存在，而且发动机保护停机功能开启，红色停机指示灯将闪烁一段时间，警告驾驶员即将自动停机，然后在短时间内发动机将自动停机。

1. 降功率和降转速

（1）降功率保护。

降低发动机在各个转速下可以达到的最大扭矩，以起到保护发动机的作用，只有当油门要求的油量大于最大保护油量时，才会进行减油动作。

（2）降转速保护。

降低发动机在各工况相对应转速的参考点，从而降低了发动机工作的转速范围，以起到保护发动机的作用。

2. 发动机保护的历史记录和设置

（1）发动机保护设置。

通过 INSITE 显示发动机保护功能的设置值（高级 ECU 数据页面），当发动机保护功能被激活时，确定发动机会如何反应（发动机降功率是否由发动机某故障造成）。

（2）发动机保护的历史记录。

故障码以及发生时的快照信息会被记录下来，发动机保护的历史信息（包括激活时刻、持续时间等）会被记录下来（高级 ECM 数据页面）。

3. 启动机锁止

启动机锁止功能作用是当发动机运行时，防止启动机运转。当发动机转速高于设定值时，启动机处于不能运转状态，直到发动机转速降为 0 后，启动机才可以运转。此功能通过控制启动机锁止继电器得以实现。

4. 传动系统保护

根据传动系中各部件的允许最大输入扭矩和使用工况来调整发动机的最大输出扭矩以保护传动系不受损坏。由主机厂输入传动系部件的扭矩限值，发动机运行时连续计算输出扭矩并与这些限值做对比，当达到限值时将降低输出扭矩。

传动系统保护的 3 种限制方式：

①扭矩限制开关：开关控制的最大扭矩预设好后，由开关来调用。

②根据变速器速比：变速器的输入扭矩（发动机输出扭矩）限值根据当前的速比来判断，选择预设的各挡位允许最大输入扭矩。

③根据后桥速比：后桥的扭矩限值定义好后，根据当前的速比就可以反算出发动机的扭矩值。

八、PTO 控制

PTO 是辅助动力输出的意思，用于需要发动机为辅助装置提供动力的一些应用，例如混凝土搅拌车、自动倾泻卡车、垃圾装运车等。此功能被激活时，ECU 将使发动机以驾驶员设定的发动机转速运行，驾驶员首先选择一个设定的发动机转速运行（共 3 个设定转速），然后可以通过安装在驾驶室内的开关来调整发动机转速，此时油门不会决定发动机转速。

九、道路车速调速器 RSG、防低挡保护 GDP 与基于负荷的转速控制 LBSC

1. 道路车速调速器 RSG

RSG 全称 Road Speed Governor，是康明斯车用发动机默认开启的一个特性，为了保证车辆行驶安全，某些国家或地区有相关法律规定了整车最高车速，当驾驶员使用加速踏板控制车辆时，发动机控制单元 ECU 会自动限制整车行驶的最高车速。此功能可以使用 Insite 修改最高车速值。

2. 防低挡保护 GDP

GDP 全称 Gear-Down Protection，是当变速器不处于最高挡位时，限制所能达到的最高车速，使驾驶员必须升挡才能进一步提升车速，以鼓励驾驶员使用更高的挡位行驶，提高燃油经济性，发动机根据车速、发动机转速和变速器参数来判断变速器挡位。系统分为次高挡（比最高挡低一挡的挡位）和除了最高挡、次高挡之外的所有其他低挡两个挡位区，分别设置各自的最大车速限值。系统对轻载或重载状态也设置了不同的最大车速限值。防低挡保护 GDP 只对手动变速器起作用，对于任何类型的自动变速器，该特性不起作用，如果使用电控机械自动变速器的手动模式，该特性可以起作用。

3. 基于负荷的转速控制 LBSC

LBSC 全称 Load-Based Speed Control，该特性监测发动机整个运行工况，在中、小负荷时，系统限制发动机的最高转速，以达到节油的目的，在大负荷时，逐步放开发动机转速限制。系统通过监测发动机转速和变速器输出轴转速来计算传动比，当传动比大于标定值时，说明车辆此时处于大负荷工作状态，系统将自动激活该功能。

LBSC 应该和 RSG 以及 GDP 共同起作用，以达到车辆最佳的燃油经济性的目的。道路车速调速器 RSG、防低挡保护 GDP 与基于负荷的转速控制 LBSC 的控制策略如图 5-44 所示。

（1）车辆以最高挡（图中 10 挡）行驶时，通过 RSG 限制最高车速。

（2）车辆以次高挡（图中 9 挡）行驶时，通过 GDP 限制该挡位下的最高车速。

（3）车辆以更低挡位（图中 8 挡或 8 挡以下）行驶时，通过 LBSC 限制发动机转速。

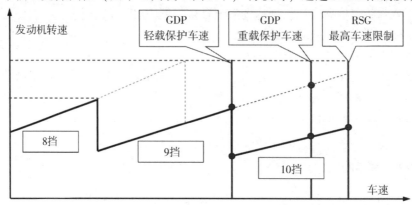

图 5-44　道路车速调速器 RSG、防低挡保护 GDP 与基于负荷的转速控制 LBSC 的控制策略

第六章　商用车柴油高压共轨发动机后处理系统

随着环保法规的日趋严格，柴油发动机尾气污染物对环境的污染和对人体健康的危害越来越受到人们的重视。柴油机尾气具有复杂的化学成分组成，并且随着发动机的工况变化，尾气的组成也显著不同，其排放的污染物中主要含有碳烟颗粒物（PM）、烃类（HC）、一氧化碳（CO）和碳氢化合物（NO_x）等。因为柴油发动机尾气中氧气（O_2）含量较高，故 HC 和 CO 排放量较少，而 PM 的排放量约为汽油机的几十倍，因此，降低 NO_x 和 PM 排放是柴油发动机尾气催化净化的主要目标。柴油机尾气污染物催化净化原理、方法和技术的研究是当今世界环境催化领域的热门和难点课题之一。

第一节　商用车柴油高压共轨发动机 SCR 后处理系统

排放净化就是利用一切方法和手段使机动车排出的尾气中，对人类及其生活环境造成伤害的成分越少越好。SCR 是英文 Selective Cataiytic Reduction 的首字母，其含义为选择性催化还原器。这是当今控制柴油机动车尾气排放最先进的技术之一，本节将针对柴油高压共轨发动机后处理系统（SCR）进行详细描述。

一、柴油高压共轨发动机后处理系统(SCR)作用与柴油机排气处理液(DEF)

1. 柴油高压共轨发动机后处理系统（SCR）作用

当共轨系统喷射到燃烧室燃烧后产生的废气进入排气系统，SCR 利用尿素喷射系统将尿素水溶液（DEF）喷入排气系统，在废气流中分解为氨气（NH_3），并在催化剂的作用下与氮氧化合物（NO_x）发生反应，使之转化为无害的氮气（N_2）和水（H_2O），从而减少柴油车尾气排放中的氮氧化合物（NO_x）的含量。控制转化过程如图 6-1 所示。

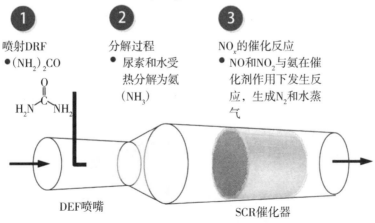

① 喷射DRF
● $(NH_2)_2CO$

② 分解过程
● 尿素和水受热分解为氨（NH_3）

③ NO_x的催化反应
● NO和NO_2与氨在催化剂作用下发生反应，生成N_2和水蒸气

DEF喷嘴　　　　SCR催化器

图6-1　柴油发动机后处理系统控制转化过程

2. 柴油机排气处理液 DEF

（1）DEF 组成与特性。

DEF 是一种尿素浓度为 32.5%（按重量）的、高纯度的尿素水溶液，无毒而且为无污染、不可燃、清澈的液体，可能有轻微的氨气味，泄漏出来的 DEF 很容易因为水分蒸发而变成白色的 DEF 结晶，在-11℃时开始结冰。

（2）DEF 服务工具。

使用零件号为 4919554 的康明斯 DEF 折射计，测试 DEF 的浓度，使用该工具时，DEF 的测量值应在（32.5±1.5）%，当测量柴油机排气处理液浓度时，以上列出的技术规范考虑了折射仪工具的公差、误差和校正。DEF 折射计外形与观察窗数据如图 6-2 所示。

图 6-2 DEF 折射计外形与观察窗数据

（3）DEF 的存放建议。

①货架储存。

以下状态是长期保存 DEF 的理想环境，如果满足以下要求，DEF 至少可被保存 18 个月。

a. 储存温度在-5~25℃之间。

b. 储存在密封的容器里，避免被污染。

c. 避免直接的日光照射。

d. 环境温度每增加 5℃，降低寿命 6 个月。例如 30℃时，保质期为 12 个月；35℃时，保质期为 6 个月。

②车辆上的存放期。

a. 不推荐在车辆上储存 DEF 超过 6 个月。

b. 如果必须在车辆上长期储存 DEF，必须定期检测 DEF 浓度。

（4）DEF 的清洁问题。

①所有可能接触到 DEF 的物品必须干净，不能有污物、机油、柴油、灰尘、洗涤剂以及任何化学品。

②在储存、运输、分配 DEF 时，使用的任何容器、漏斗等，使用前必须用干净的蒸馏水洗干净，除去污物。

③不可使用自来水清洗会接触 DEF 的物品，自来水会污染 DEF。如果缺少蒸馏水使用工具加注时，可以先用自来水冲洗，然后再使用 DEF 冲洗。

（5）DEF 的处理

如果有 DEF 溢出，使用合适的容器收集，或用合适的物品吸干，然后按符合当地法规的方法进行处理。绝对不允许将 DEF 排入排水系统，也不可排入河流、湖泊、海洋等地表水，非常少量的 DEF 可以用大量水冲洗。如果让溢出的柴油机排气处理液风干或仅用布擦拭，将会留下白色残余，会导致对柴油机排气处理液喷射系统泄漏的错误诊断。

（6）DEF 使用注意事项。

①不允许使用农用尿素和水配制 DEF，农用尿素不符合规范要求，可能损坏后处理系统。

②不允许向 DEF 罐添加水或其他不符合规范的液体，否则会造成后处理系统故障。

③不允许向 DEF 中添加任何化学品和添加剂（例如试图使用添加剂降低 DEF 的冰点），否则会造成后处理系统故障。

④一定要使用车辆维修手册或说明书指定的 DEF，否则会造成车辆排放不达标或引起后处理系统故障。

二、柴油高压共轨发动机后处理系统（SCR）组成

排气净化系统由 DEF 罐、DEF 喷射单元、DEF 喷嘴、油气分离器、排气处理器总成、氮氧化合物（NO_x）传感器、排气温度传感器、DEF 加热电磁阀等组成。图 6-3 为远程安装型排气净化系统工作流程图及管路布置，图 6-4 为罐上安装型排气净化系统工作流程图及管路布置。

1. 尿素（DEF）罐

DEF 罐用于储存 DEF（尿素液），罐内装有液位传感器和温度传感器，两传感器电路如图 6-5 所示。尿素罐在加注口安装有滤清器，防止结晶的 DEF 或者杂质进入罐内，罐内吸液口也装有滤清器。该滤清器为 $35\mu m$ 的滤布，有很好的滤清效果，可以防止 DEF 结晶进入管路或喷射单元造成堵塞而引起故障。此滤清器需要定期更换。

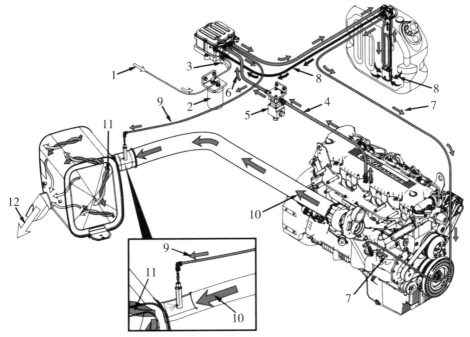

1. 压缩空气　2. 油气分离器　3. 空气切断阀　4. 发动机出水口冷却液　5. 加热电磁阀　6. 冷却液至 DEF 喷射单元进水口　7. DEF 罐至水泵进水口　8. DEF 液　9. 压缩空气和 DEF 液混合物　10. 废气　11. 废气和柴油机排气处理液混合　12. 净化后的尾气

图 6-3　远程安装型排气净化系统工作流程图及管路布置

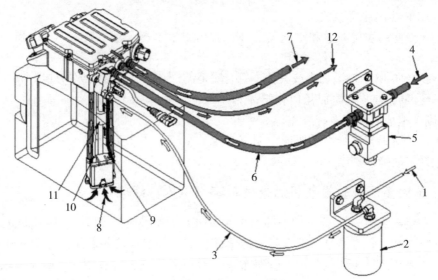

1、3. 压缩空气　2. 油气分离器　4、6. 发动机冷却液　5. 加热电磁阀　7. 冷却液回水　8. DEF 液　9. 液位温度传感器中的 DEF 液　11. 液位传感器　12. 空气和 DEF 混合物

图 6-4　罐上安装型排气净化系统工作流程图及管路布置

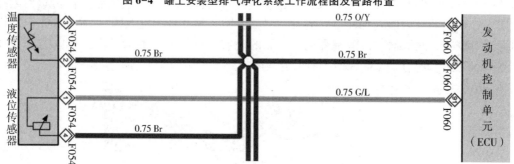

图 6-5　DEF 罐液位与温度传感器电路图

（1）DEF 液位传感器。

液位传感器用于感知罐内液体的液位，在传感器杆中有数个位置点，当磁性的浮子到达某一位置点时，传感器的电阻发生变化，从而可以判断液位高低。液位低至极限时，仪表报警灯会亮起。

（2）DEF 温度传感器。

温度传感器将信号传给电控单元（ECU），用于感知 DEF 液的温度。此传感器采用负温度系数的热敏电阻，当温度低至极限时，发动机控制单元（ECU）会控制加热系统为 DEF 液加热。传感器结构与工作原理与发动机水温传感器一致，这里不再重复。

2. DEF 喷射单元

DEF 和空气在喷射单元内混合，混合后的 DEF/空气被送至 DEF 喷嘴。喷射单元是一个执行器，而不是智能部件，由 ECU 直接接受传感器信号，并直接控制隔膜泵和计量阀等，喷射单元诊断功能集成在 ECU 内。DEF 喷射单元主要由隔膜泵、回流阀、计量阀、空气切断阀、DEF 压力传感器、DEF/空气压力传感器、温度传感器等组成。DEF 喷射单元如图 6-6 所示。

（1）隔膜泵。

即尿素泵，由一个直流电机带动泵体，受发动机控制单元（ECU）控制，抽取尿素箱内的尿素溶液，并建立一定的压力。

（2）回流阀。

回流阀主要由一个电磁阀组成，受发动机控制单元（ECU）控制，限制喷射单元内部 DEF 液最高压力，当最高压力超出上限时，喷射单元内部 DEF 液泄回至 DEF 罐，压力下降至正常值。

（3）计量阀。

计量阀是一个单独的电控模块，受发动机控制单元（ECU）控制，根据尾气当中氮氧化合物的含量控制计量阀的开闭程度，控制 DEF 液与压缩空气混合物喷入催化器的量。

（4）空气切断阀。

空气切断阀主要由一个电磁阀组成，受发动机控制单元（ECU）控制，用以调节空气压力，也作为空气路开关。空气切断阀如图 6-7 所示。

（5）DEF 液压力传感器。

DEF 液压力传感器将信号传给电控单元（ECU），用以检测 DEF 液压力，当最高压力超出上限时，喷射单元内部 DEF 液泄回至 DEF 罐，压力下降至正常值。此传感器结构与工作原理与轨压传感器和进气压力传感器基本一致，这里不再重复。

（6）DEF/空气压力传感器。

DEF/空气压力传感器将信号传给电控单元（ECU），用以检测 DEF/空气混合物的压力，电控单元根据此压力来控制计量阀的喷射量。

（7）温度传感器。

温度传感器将信号传给电控单元（ECU），当温度高至上限时，后处理系统停止工作并点亮发动机故障指示灯。

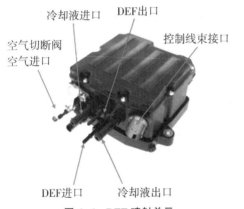

图 6-6　DEF 喷射单元

图 6-7　空气切断阀

3. 后处理 DEF 喷嘴

后处理 DEF 喷嘴由 304 号不锈钢焊接而成，喷射管焊接在喷嘴外壳上，喷嘴上加工 4 个有角度的喷射孔，实现更好的雾化效果。后处理 DEF 喷嘴将还原剂（DEF）雾化后喷入柴油机排气管中，排气中的氮氧化合物在催化剂的作用下与 DEF 液发生反应，被还原成氮气和水，减少柴油车尾气排放中的氮氧化合物。

4. 排气处理器总成

内部有多孔陶瓷，陶瓷上有特殊的金属涂层，这些金属涂层是催化剂，可以将废气当中的氮氧化合物和 DEF 进行催化转化成氮气和水。消声部分有 NO_x 传感器、排气温度传感器的安装凸台。

5. 氮氧化合物（NO_x）传感器

（1）氮氧化合物传感器作用。

氮氧化合物传感器总成是一个智能设备，安装在催化器出口，它自身工作时需要加热，将 NO_x 的含量变为模拟信号传给控制模块，模块将信号变为通信信号发到通信总线（CAN 总线）上，电控单元接收此信号来计算尾排中的氮氧化合物含量。在 NO_x 传感器总成内部有自诊断系统，监测自身的工作情况并通过通信总线和 ECU 通信。整个 NO_x 传感器总成是一个零件，不可维修，任何一个分部件都不能独立更换，传感器也不可重新编程。氮氧化合物传感器电路如图 6-8 所示。

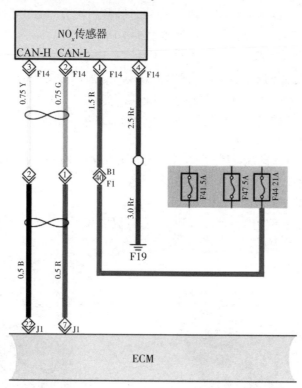

图 6-8 氮氧化合物传感器电路图

（2）氮氧化合物传感器结构与工作原理。

在一个有允许发动机排气进入的孔的金属罐内，二氧化锆室被加热到 600℃，当电流施加到室壁的两侧时，二氧化锆结晶室可将氧气泵过室壁并排出。第一个室腔用于除去发动机排气中存在的氧气，然后，除去氧气的排气进入第二个室腔，该室腔的白金涂层在 600℃ 条件下可将氮氧化合物分解成氮气和氧气，第二个室腔在泵出被分解的氧气时，对泵出的氧气量进行测量，测出的氧气量越多，说明尾气中的氮氧化合物含量就越多；如果测出的氧气量为 0，说明尾排中没有氮氧化合物。此传感器就是依据以上特性对尾排中氮氧化合物含量进行检测。传感器结构与工作过程如图 6-9 所示。

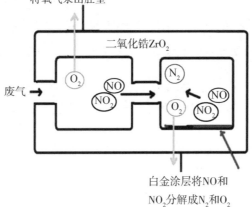

导线两端的电压使得二氧化锆结晶
将氧气泵出腔室

二氧化锆ZrO$_2$

废气

白金涂层将NO和
NO$_2$分解成N$_2$和O$_2$

图6-9　氮氧化合物传感器结构与工作过程

6. 排气温度传感器

排气处理器上安装了两个排气温度传感器，分别位于催化器前和后位置，用来监测催化器进、出口的温度，排温传感器使用不同的线束接头，可以避免接错。传感器将信号传给电控单元（ECU），当温度低于200℃时，催化器转化效果不好，电控单元控制喷射单元不进行DEF喷射。

7. DEF加热电磁阀

加热电磁阀安装在发动机出水管与喷射单元之间并在DEF罐之前的冷却管路中，由发动机控制单元（ECU）控制，当尿素罐内DEF液温度低至极限时发动机控制单元（ECU）会控制加热电磁阀工作，将发动机高温冷却液引至喷射单元与尿素罐为DEF液加热，防止DEF液结晶而导致故障。加热电磁阀的冷却水流向必须与电磁阀上标注的水流方向一致，不能装反。加热电磁阀如图6-10所示。

图6-10　DEF液加热电磁阀

图6-11　油气分离器

国四、国五柴油发动机后处理系统按机构可分为罐上安装型（喷射单元安装在DEF罐上面，无管路连接）与远程安装型（喷射单元与DEF罐单独分开安装，用管路连接），罐上安装型用发动机冷却液加热喷射单元和DEF罐，喷射单元和DEF罐共用一套加热管路进行加热；远程安装型喷射单元可采用发动机冷却液或电加热，DEF管线采用电加热，DEF罐采用发动机冷却液加热。

8. 油气分离器

油气分离器最大进口压力为 1000mPa，油气分离器可以过滤压缩空气中带有的油滴，防止其堵塞喷射管路，或造成 SCR 催化器中催化剂中毒。油气分离器如图 6-11 所示。

三、柴油高压共轨发动机后处理系统（SCR）工作过程

康明斯发动机排气净化系统正常工作情况下有 4 个工作阶段，分别是初始化阶段、预注阶段、喷射阶段、排空阶段，排气净化系统停机压力值为 101kPa。

1. 初始化阶段

发动机点火开关打开但不启动发动机，系统初始化并自检，此时，发动机控制单元（ECU）采集后处理各传感器信号，以检测传感器（喷射泵 DEF 液压力传感器、喷射泵 DEF/压缩空气混合物压力传感器、喷射泵温度传感器、排气管温度传感器、DEF 液罐温度/液位传感器、氮氧化合物传感器）及其控制线路是否正常；控制单元检测传感器完毕后控制各执行器（隔膜泵、回流阀、计量阀、空气切断阀）工作一个循环，以检测执行器及其控制线路是否正常，系统在自检过程中如果发现部件或其控制线路故障，后处理系统禁止工作，同时点亮故障指示灯，并对发动机进行限扭控制。净化系统初始化阶段如图 6-12 所示。

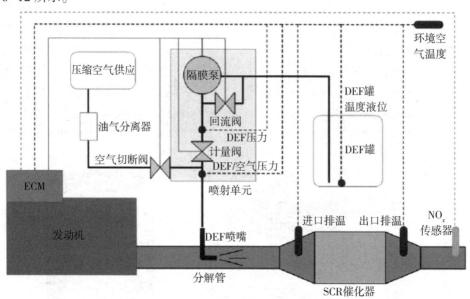

图 6-12　净化系统初始化阶段

2. 预注阶段

预注阶段必须满足发动机运转超过 120s 或催化器进口排气温度超过 150℃其中任意一个条件才能正常运行，并且同时满足 SCR 加热系统罐内温度超过-7℃与喷射单元温度超过-7℃的要求。

（1）快速排空。

在快速排空过程中，控制单元（ECU）控制空气切断阀、计量阀、回流阀通电，压缩空气经过油气分离器过滤后通过空气切断阀到混合室后分为两路进行排空，一路直接到 DEF 喷嘴进行排空；另一路通过计量阀、喷射单元滤清器、回流阀，最后到 DEF 液罐

进行排空，最终排空系统内部所有可能存在的 DEF 液，释放喷射单元内部管路的残余压力，快速排空过程大约会持续 10s 以上，快速排空后关闭空气切断阀。快速排空过程如图 6-13 所示。

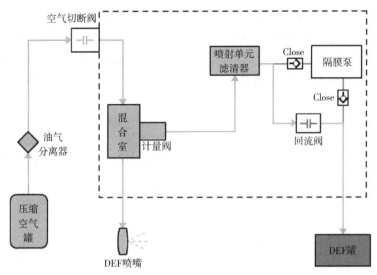

图 6-13　净化系统快速排空过程

（2）系统建压。

发动机启动后，在第一个预注过程，控制单元（ECU）控制隔膜泵通电，隔膜泵将把 DEF 液从 DEF 液罐中吸出后将压力提高至 560~570kPa，在之后的正常运转中，DEF 液的压力将保持到 550kPa，建压开始后，可以听见喷射单元内泵电机运转一段时间。如果建压成功，空气切断阀自动打开，空气将流出喷射单元。

整个预注阶段大约持续 2min，如果建压不成功，ECU 会命令系统再进行一次预注，预注重复 3 次后建压仍失败，系统将强制停泵，并且 1682 故障码出现，在停泵前系统会执行一次完整的排空阶段。系统建压过程如图 6-14 所示。

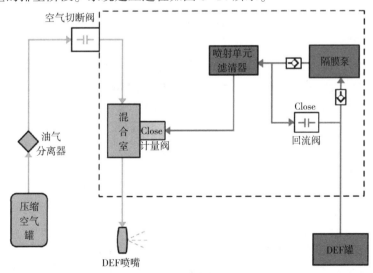

图 6-14　净化系统建压过程

3. 喷射阶段

（1）准备喷射。

在预注成功后，空气切断阀打开，隔膜泵电机进入待机状态，此时进入准备喷射阶段。准备喷射阶段，控制单元（ECU）只控制空气切断阀通电打开，空气通过混合室与喷嘴被喷入排气系统，喷射单元内隔膜泵电机停止运转并等待 ECU 给出喷射指令，计量阀、回流阀也停止工作，由于预注阶段的系统建压过程使得喷射单元内部 DEF 液已经建有一点儿压力，喷射单元等待控制单元给出喷射的指令。准备喷射过程如图 6-15 所示。

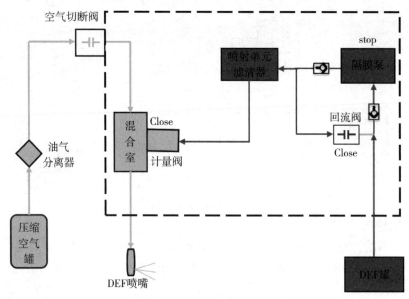

图 6-15　净化系统准备喷射过程

（2）计量喷射。

计量喷射阶段由控制单元（ECU）直接控制，是否计量喷射取决于尾排中氮氧化合物的产生量和相应的排气温度，考虑到转化效果，在催化器进口排气温度达到 210℃ 之前，喷射单元不会喷射 DEF 液到排气系统中，但是空气会一直通过喷射单元、混合室、喷嘴喷入排气系统中。在计量喷射阶段，喷嘴及喷射管路没有泄漏的情况下，空气压力被控制在 400kPa 左右，喷入空气的作用为空气将管路中的 DEF 带入排气系统、辅助雾化、防止喷嘴堵塞、冷却喷嘴等。当条件满足，计量喷射阶段由 ECU 控制计量阀开始喷射，计量阀不停地开/闭，将 DEF 液喷入混合室，DEF 液和压缩空气在混合室内混合，然后流进 DEF 液喷嘴进行喷射。隔膜泵持续运转与回流阀配合并保持 DEF 液压力，压力维持在 550kPa。计量喷射过程如图 6-16 所示。

喷射 DEF 的条件：

催化器进口排温超过 220℃，进、出口两个排温传感器的平均温度也超过 210℃；

没有现行 SCR 系统故障码；

DEF 罐液位高于 1%；

DEF/空气混合物压力高于 300kPa，DEF 压力高于 480kPa；

根据康明斯 NO_x 算法，ECU 计算出的 NO_x 产生量大于预先设定好的阈值；

系统解冻成功且环境温度高于 -7℃。

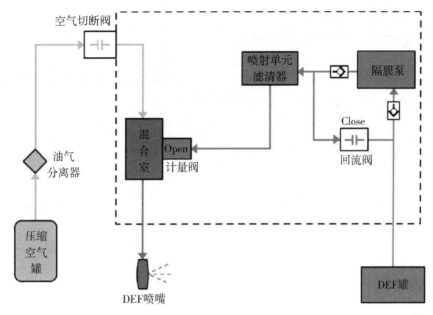

图 6-16 净化系统计量喷射过程

4. 排空阶段

当点火开关关闭，系统自动进入排空阶段，排空阶段持续 30s 后，系统停止工作。在排空阶段中，控制单元（ECU）依次控制空气切断阀、回流阀、计量阀通电，压缩空气经过油气分离器过滤后通过空气切断阀到混合室后分为两路进行排空，一路直接到 DEF喷嘴进行管路排空；同时打开回流阀，在喷射单元内部 DEF 液的压力泄回至 DEF 液罐，然后打开计量阀。另一路压缩空气通过计量阀进入泵内 DEF 通路，在空气压力下泵内残留的 DEF 液通过回流阀流回至 DEF 罐，空气带走系统内部残留的 DEF 液以避免泵内的阀体及喷嘴堵塞。排空阶段如图 6-17 所示。

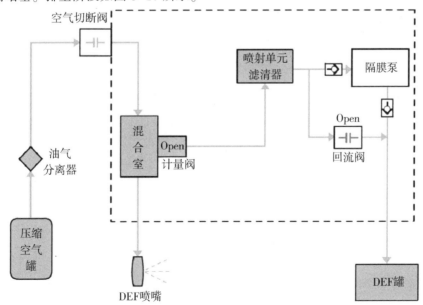

图 6-17　净化系统排空阶段

（1）正常状态的排空条件。

关闭点火开关后，系统会执行一次排空作业。

（2）非正常状态造成的排空条件。

①如果 SCR 系统出现了某些现行的故障码，ECU 将停止后处理系统的工作，但关闭后处理系统前会执行一次排空以清除内部残余的 DEF。

②对于由故障码造成的排空，排空结束后，空气切断阀仍保持打开状态，直到钥匙开关断电，才会关闭空气切断阀。

四、柴油高压共轨发动机后处理系统（SCR）控制策略

（1）各种传感器监测后处理系统信号并传递给 ECU，ECU 主要根据排温传感器信号判断系统工作条件是否满足，并且计算出尾排中氮氧化合物含量后分别控制空气切断阀、隔膜泵、回流阀、计量阀等执行器工作，精确地控制 DEF 液的喷射量。

（2）氮氧化合物（NO_x）传感器检测经净化后尾排中氮氧化合物的含量并通过 CAN 总线传递给发动机控制模块 ECM，ECM 调整 DEF 液的喷射量。

（3）隔膜泵接收 ECU 传出的指令工作，抽取 DEF 液罐内的 DEF 溶液，通过计量阀与回流阀分别控制 DEF 液的喷射和回流，始终保持 DEF 液在喷射单元内的工作压力。

（4）环境温度传感器监测空气温度，DEF 液罐温度传感器监测 DEF 液温度，并将温度信息反馈给 ECU，如果温度低于极限值，ECU 发出指令，DEF 液罐加热阀开始工作为 DEF 液加热，保证 SCR 系统正常运行。

五、国四、国五柴油高压共轨发动机后处理系统诊断测试

当柴油发动机后处理系统出现故障时，需要规范的检测方法对其进行诊断，现以国四、国五康明斯柴油高压共轨发动机后处理系统为例进行诊断测试方法的描述。国四、国五柴油高压共轨发动机后处理系统诊断测试与部件修复操作主要包括 DEF 喷射系统泄漏测试、计量泵加载试验、空气切断阀咔嗒测试、加热系统测试、催化器脱硫等项目。

在以上测试过程中需要通过操作 INSITE 来完成检测，INSITE 是用于康明斯柴油发动机检测的一种诊断软件，这里可以理解为康明斯柴油发动机专用检测仪。

1. DEF 喷射系统泄漏测试

DEF 喷射系统泄漏测试的目的是检查在装卸计量泵或更换计量泵主滤芯后，系统是否存在泄漏，主要包括内部泄漏与外部泄漏，内部泄漏通过 INSITE 监测计量泵 DEF 压力来判断是否泄漏，外部泄漏用目测检查相关部件是否泄漏。DEF 喷射系统泄漏测试 INSITE 屏幕显示如图 6-18 所示。

DEF 喷射系统泄漏测试条件与方法：

①忽略发动机后处理系统温度和发动机运转时间，直接执行预注。

②在点火开关打开时通过 INSITE 来命令计量泵工作。

③测试自动执行 20min 后自动停止或通过 INSITE 手动停止。

④泄漏测试在一次点火开关循环中最多执行 2 次。

2. 计量泵加载试验

计量泵加载试验的目的是检查计量泵与喷嘴的喷射精度是否在标定范围内，测试时需要将喷嘴从排气管中拆除，以避免 DEF 喷射到排气系统中。计量泵加载试验 INSITE 屏

幕显示如图 6-19 所示。

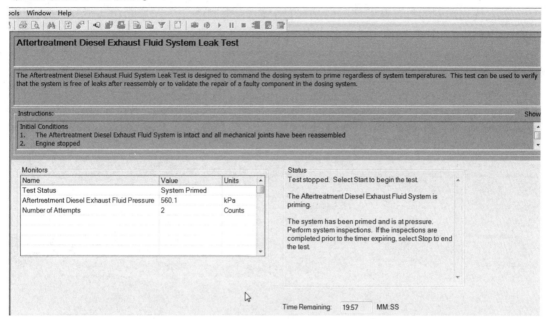

图 6-18　DEF 喷射系统泄漏测试 INSITE 屏幕显示

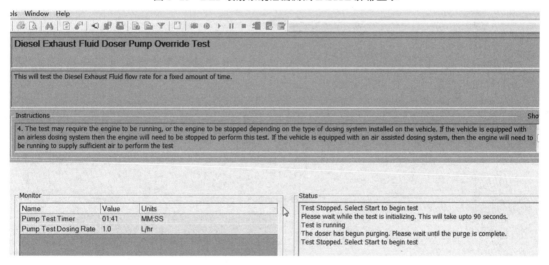

图 6-19　计量泵加载试验 INSITE 屏幕显示

计量泵加载试验测试条件与方法:

①发动机运转且空气压力满足要求。

②测试时 INSITE 命令的计量为: 0.28mL/s (1L/h)。

③测试的持续时间为 360s。

④加载试验的标准为: (100±5) mL/6min。

3. 空气切断阀咔嗒测试

空气切断阀咔嗒测试的目的是测试空气切断阀的机械响应与测试在执行时通过空气切断阀空气的流量。空气切断阀咔嗒测试 INSITE 屏幕显示如图 6-20 所示。

空气切断阀咔嗒测试条件与方法:

①发动机熄灭且点火开关打开。

②空气切断阀的打开和关闭的时间通过 INSITE 来调整。

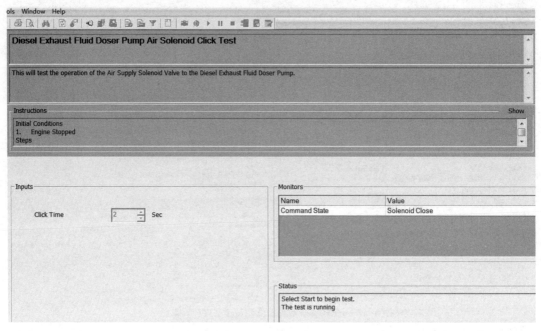

图 6-20　空气切断阀咔嗒测试 INSITE 屏幕显示

4. 加热系统测试

加热系统测试的目的是用 INSITE 控制加热执行元件动作并检查执行元件是否按照指令动作。加热系统测试 INSITE 屏幕显示如图 6-21 所示。

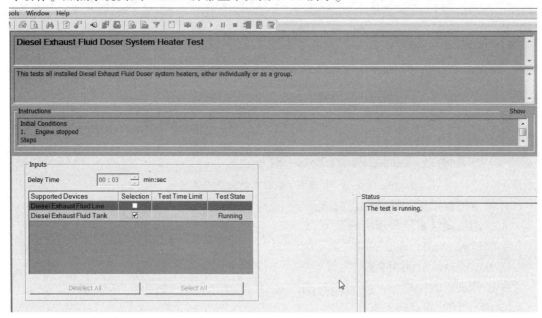

图 6-21　加热系统测试 INSITE 屏幕显示

加热系统测试条件与方法：

①后处理系统加热打开。

②控制部件线路正常。

③加热控制阀咔嗒测试在一次点火开关循环中最多做6次。

5. 催化器脱硫

当柴油中的硫含量过高时，硫化物会覆盖催化器的表面导致催化转化器转化效率下降，如果催化器硫中毒，需要对催化器执行脱硫，如果车辆运行的区域无法完全保证油品质量，对催化器脱硫的工作需要定期执行。催化器脱硫 INSITE 屏幕显示如图6-22所示。

（1）催化器脱硫工作条件和方法。

①发动机怠速，由 INSITE 控制发动机使后处理系统排气温度提高到300℃以上。

②保持发动机后处理系统高温（>300℃）并持续2h。

③脱硫时 INSITE 不需要一直连接。

④踩下加速踏板或用 INSITE 控制都可以随时停止脱硫。

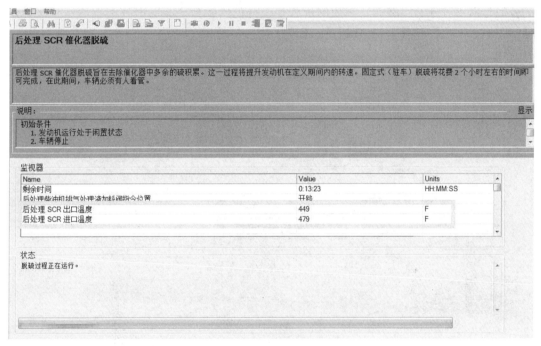

图6-22 催化器脱硫 INSITE 屏幕显示

（2）在执行催化器脱硫前必须检查的项目。

①确保车辆处于静止状态且变速器处于 P 挡或 N 挡且 PTO 没有被激活。

②确保没有踩下加速、制动及离合器踏板，确保驻车制动位置。

③如果没有安装驻车/制动踏板/离合器踏板开关，请检查 INSITE 中的特性与参数设置是否正确。

（3）下列状况出现将会导致催化器脱硫实验结束。

①点击 INISTE 中的"停止实验"按钮。

②发动机出现故障或现行故障码。

③踩下了加速、制动及离合器踏板。

④变速器挂挡或激活 PTO。

第二节 商用车国六柴油高压共轨发动机后处理系统

2019 年初，生态环境部联合多个部委联合发布了《柴油货车污染治理攻坚战行动计划》，2019 年 7 月 1 日多数地区将提前实施柴油货车国六排放标准。这一推行时间比起原先《重型柴油车污染物排放限值及测量方法（中国第六阶段）》中规定的对于城市车辆全面实施国六的节点 2020 年 7 月 1 日提前了一年。对于柴油发动机，为了实现排放达到国六标准，设计师在发动机以及后处理系统上做了很大的改进。本节将针对国六柴油高压共轨发动机后处理系统进行详细描述。

一、中国柴油发动机排放法规与技术发展进程

中国柴油发动机的排放法规也走过了 20 多年，在这期间，发动机的技术进步与法规的督促是密不可分的。然而，法规的历程是怎样的呢？与之相匹配技术发展历程又是怎样的呢？具体内容参考图 6-23 所示。

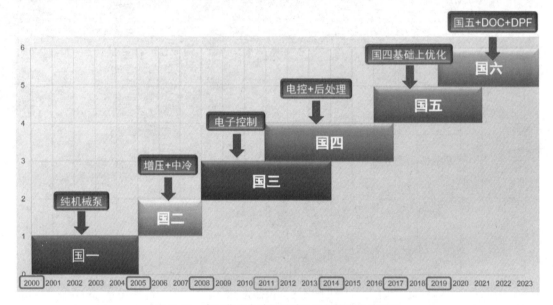

图 6-23 中国柴油发动机排放法规与技术发展进程

二、国六柴油发动机排放限值要求

随着国六排放法规的推出，对柴油发动机排放净化技术有了更高的要求，标准排放限值也更加严格。国六柴油发动机标准排放限值要求如表 6-1 所示。

表 6-1 国六柴油发动机标准排放限值要求

试验工况	CO（mg/kWh）	THC（mg/kWh）	NMHC（mg/kWh）	CH_4（mg/kWh）	NO_x（mg/kWh）	NH_3（ppm）	PM（mg/kWh）	PN（#/kWh）
WHSC（压燃）	1500	130	—	—	400	10	10	$8×10^{11}$

试验工况	CO (mg/kWh)	THC (mg/kWh)	NMHC (mg/kWh)	CH$_4$ (mg/kWh)	NO$_x$ (mg/kWh)	NH$_3$ (ppm)	PM (mg/kWh)	PN (#/kWh)
WHTC (压燃)	4000	160	—	——	460	10	10	6×10^{11}
WHTC (压燃)	4000	——	160	500	460	10	10	6×10^{11}

THC：总碳氢；NMHC：非甲烷碳酸化合物；PN：颗粒物数量。

三、柴油发动机国六与国五排放标准主要区别

（1）氮氧化合物（NO$_x$）和颗粒物（PM）排放限值和国五相比分别加严了77%和67%，并新增了颗粒物数量 PN 的限值要求。

（2）发动机测试工况从欧洲稳态循环（ESC）和欧洲瞬态循环（ETC）改为更具有代表性的世界统一稳态循环（WHSC）和世界统一瞬态循环（WHTC）。

（3）在型式检验中增加了循环外排放测试的要求，包括发动机台架的非标准循环（WNTE）和利用车载排放测试系统（PEMS）进行的实际道路排放测试，并增加了实际行驶工况有效数据点的 NO$_x$ 排放浓度要求。

（4）对燃油品质、机油品质、尿素品质、空气滤芯、进排气管路垫片等提出更高要求。

（5）更加严格了排放控制装置的耐久里程要求，并对排放相关零部件提出了排放质保期的规定。

（6）在欧六车载诊断系统（OBD）的基础之上，参考美国 OBD 法规提出了永久故障码等反作弊的要求，并首次将远程管理车载终端（远程 OBD）的要求应用到国家标准。

（7）提出了更为严格的监管要求，包括型式检验和信息公开、生产一致性检查、新生产车检查、在用车符合性检查等，并简化了达标判定方法。

（8）首次提出排放和油耗联合管控。目前，在我国机动车管理体系中，污染物排放和油耗分别由生态环境部和工信部管理，两套管理体系相对独立，测试循环和规程也有差异，两套管理体系导致了一个问题，车企在进行型式核准的时候，可以投机取巧。排放测试时，选用一辆根据排放标准标定的车（排放好，油耗差），油耗测试时，再选用另一辆根据油耗标准标定的车（油耗好，排放差），导致同一个车型有"两张皮"，看似都通过了考试，但最后卖到消费者手中的车，可能只符合排放标准或油耗标准其中之一。为了避免此情况的发生，排放和油耗将联合管控，大大提高了产品车的排放与经济性能。

（9）实际道路 PEMS 测试。

通俗来讲，以前的实验室测试就好比监管机构把一整套考题全都透露给考生，发动机怎么跑，跑多久，环境温度是多少，通通规定好了，企业只要按照这套考卷提前认真准备，考试结果通常不会太差。但是，由于实验室测试工况只是一个典型工况，无法完全反映车辆在千变万化的实际使用中的排放水平，因此，车辆在实际道路上跑的时候，排放水平可能比实验室测试要高出几十倍。更甚者，某些车企为了通过考试不惜作弊，在"失效装置"的帮助下，排放处理系统仅仅在实验室测试中发挥作用，而在路上跑的

时候就会被主动关闭，导致实际道路的污染物排放大幅升高。而实际道路PEMS测试，相当于把实验室的测试设备搬到了车上，老师只划定了考试的大致范围，但具体的行驶工况、交通状况、环境温度和海拔等都有可能根据实际情况变化，考试的难度大大增加，想通过考试就没那么容易了，这对生产企业提出了更高的要求。当然，考虑到考试难度的增加，实际道路测试的及格标准就不能跟实验室测试完全一致。例如，根据重型车国六标准的规定，车辆在一段PEMS行程内的NO_x排放只要能控制在实验室发动机测试排放限值的1.5倍以内，就算这辆车通过考试。而由于PN的控制难度比NO_x更大，实际道路的PN只要能控制在实验室限值的2倍以内就算合格。总的来说，国六标准中增加的PEMS测试要求，将大大减少机动车在实际道路上的排放，带来更好的空气质量和健康收益。

PEMS实际道路排放测试不仅应用于型式检验，还应用于新生产车和在用车符合性的监督检查。

（10）排放质保期。

和消费者购买其他产品的质保期类似，如果与车辆排放控制相关的零部件在质保期内由于其本身质量问题出现损坏，导致车辆排放控制系统失效或排放超过限值，生产企业应当承担相关的维修费用，这对消费者来说是大大的好事。如果在使用过程中车辆排放超标，并且确定是由于车辆本身质量问题造成的，那么消费者不用花钱维修，维修费用将由生产企业承担。

（11）OBD远程监控。

OBD灯是故障指示灯，OBD是安装在机动车上的排放故障监控系统，当机动车的某些部件发生异常可能导致排放超标时，这个小灯就会点亮，提醒驾驶员，你该去修车啦。从轻型车国三、重型车国四阶段开始，每一辆新车上都强制要求加装OBD系统，但是，由于排放相关的故障并不一定会影响车辆的驾驶性能，在实际生活中，大家通常不会主动去进行维修，监管部门对车辆的故障和维修情况也无从知晓，这就导致OBD的作用无从发挥，车辆的实际道路排放很难被有效控制。

为了更充分地发挥OBD的作用，重型车国六标准首次要求车辆必须装有远程排放管理车载终端（远程OBD），与普通OBD不同的是，远程OBD必须具备发送监测信息的功能。有了这一项功能，监管部门可以随时通过远终端读取车辆OBD信息，包括车速、发动机参数、后处理系统的状态，以及OBD故障码等，及时判断车辆的实际排放状况和维修情况，大大提升了在用车监管的效率，有助于减少车辆的实际道路污染物排放。

四、国六与国四/五后处理系统结构对比

康明斯柴油发动机从国四、国五升级到国六后，发动机后处理系统技术路线发生了巨大的变化，国四、国五后处理系统技术路线是以氮氧化合物催化还原器（SCR）为主，而国六后处理系统为了适应国家汽车排放法规的要求，将原始的SCR系统进行了改进，在此基础上又加装了一些控制装置，使得后处理系统更加复杂，需要将柴油氧化催化器（DOC）、柴油颗粒捕集器（DPF）、选择性催化还原器（SCR）等集成为一体来控制排放，通过将DOC/DPF/SCR组合，其被动再生和主动再生能对氧化和清洁过滤器产生更多控制，从而移除超过90%的颗粒物，经过后处理系统优化以及与发动机匹配，DOC+DFP+SCR后处理系统将颗粒物和氮氧化合物同时进行有效处理并大幅降低，进而达到满足国

六阶段排放标准。康明斯商用车国六柴油发动机采用 U 形后处理系统，集成 DOC+DPF+SCR，排放转化效率更高，SCR/DPF 转化效率可达到 96%~99%；更高的 SCR 平均温度，提升燃油经济性，同时节省尿素使用量，也提升 DPF 自动再生效率。国六与国四/五后处理系统结构与性能优势对比参考表 6-2 所示。

表 6-2　国六与国四/五后处理系统结构与性能优势对比

	国四、国五	国六	国六优势
SCR	矾基 SCR	铜基 SCR	更高的转化效率
DPF	未配备	配备	降低 PM 排放，更多的硬件与传感器
DOC	未配备	配备	
尿素喷射系统	康明斯 UA2	康明斯 UL2.2	更高精度的计量喷射
NO_x 传感器	一只，SCR 出口	两只，SCR 进出口各一只	更精确的闭环控制
排温传感器	热敏电阻式（1~2 个）	CAN 模块热电耦式（5 个）	量程更宽
尿素质量传感器	未配备	配备	法规强制要求
发动机控制	尿素喷射管理	热管理+尿素喷射管理	系统集成更复杂，故障诊断更精确
OBD 诊断	140 个故障码	400 个故障码	

五、国六排放法规实施进展

国六排放标准分为国六 a 与国六 b 两个阶段实施，国六 b 比国六 a 要求更加严格。国六 a 与国六 b 两个阶段实施进展时间如图 6-24 所示，国六 a 与国六 b 的技术要求差异如表 6-3 所示。

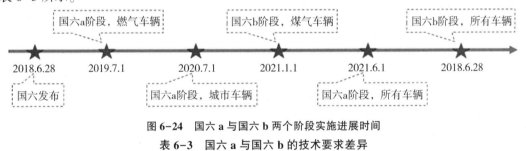

图 6-24　国六 a 与国六 b 两个阶段实施进展时间

表 6-3　国六 a 与国六 b 的技术要求差异

技术要求	国六 a 阶段	国六 b 阶段
PEMS 方法和 PN 要求	无	有
远程排放管理车载终端数据发放要求	无	有
高海拔排放要求	1700m	2400m
PEMS 测试载荷范围	50%~100%	10%~100%

六、国六柴油高压共轨发动机后处理系统组成

康明斯国六柴油高压共轨发动机后处理系统主要由排气电子节气门（ETV）、柴油氧化催化器（DOC）、颗粒捕集器（DPF）、氮氧化合物催化还原器（SCR）、氨净化催化器（ASC）、DEF 计量喷射系统、各种传感器与控制单元（ECU）等组成。系统组成如图 6-

25 所示。

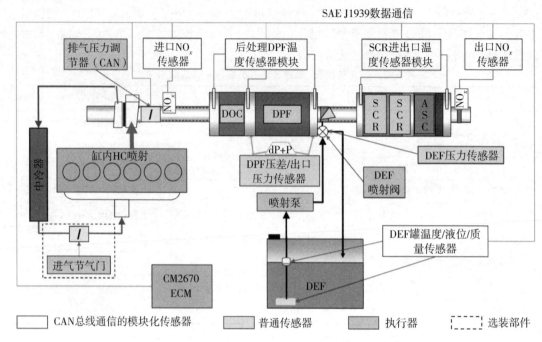

图 6-25　康明斯国六柴油高压共轨发动机后处理系统组成

1. 排气电子节气门 (ETV, Exhaust Throttle Valve)

（1）排气电子节气门作用与组成。

①作用。

国六发动机后处理系统的柴油氧化催化器（DOC）与氮氧化合物催化还原器（SCR）必须达到一定的温度才能正常工作，尾气中的有害成分转化效果才能最好。但是有些特殊工况，比如刚启动发动机在低速低负荷的时候，或者在我国东北地区冬天刚刚着车时排气系统温度会较低，需要尽快让 DOC 达到氧化催化温度，此时如果后处理系统因为温度低 SCR 也会无法正常工作，将导致发动机排放不满足要求，发动机的扭矩将被强制降低。因此，在涡轮增压器排气出口处安装了排气电子节气门（ETV），通过控制单元（ECU）对其控制，可以增大排气背压，产生泵气功，从而调节发动机在各个工况下所需的排气温度，使其达到后处理工作需要的工作温度，满足排放需求，保证发动机正常运行。

②组成。

排气电子节气门（ETV）属于模块化执行器，通过 J1939 数据通信（CAN 总线）与控制单元（ECU）进行信息交换与控制，壳体内有水腔，通过发动机冷却液来冷却。其组成与针脚定义如图 6-26 所示。

（2）排气电子节气门（ETV）工作原理。

排气电子节气门（ETV）内部有一个电机，当接收到 ECM 的指令后，电机驱动与其连接的动阀片转动到指定角度，来调节流过 ETV 的排气流量，流量越小，则其温度越高，ETV 通过精准的调节阀片转动的角度来控制不同的排气流量，就可以获得所需的排气温度。ETV 关闭会产生非常高的排气背压，高排气背压在发动机上产生泵气能提高排气温度。调节器上有一个位置传感器，可以检测阀片的实际位置是否与 ECM 的指令位置相符，排气节气门（ETV）可以和进气节气门（IAT）一起工作达到更好的排气升温效果。当发动机停机后，ETV 会连续进行（关闭—打开）5 个循环，以清理阀片和阀体之间的积炭，防止 ETV 阀片在下次工作时由于积炭的影响而卡滞。当点火开关转到 ON 位置时，ETV 开始自检，阀片位置从 0%～100%，如果 ETV 或其控制线路存在故障，自检不通过，就会触发故障码 5277，此部件不可分解维修，只可更换，安装无须重新刷写程序。排气电子节气门（ETV）电路如图 6-27 所示。

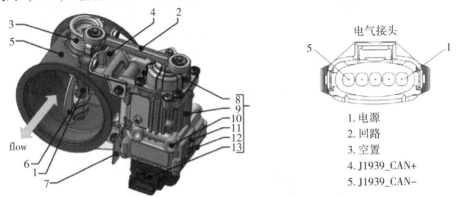

电气接头

1. 电源
2. 回路
3. 空置
4. J1939_CAN+
5. J1939_CAN−

1. 轴　2. 传动连杆　3. 回位弹簧　4. 支架　5. 阀壳体　6. 蝶片　7. 隔热板　8. 变速器　9. 换向电机　10. 冷却液端口　11. 识别铭牌　12. 位置控制器　13. 电气接口

图 6-26　排气电子节气门（ETV）组成与针脚定义

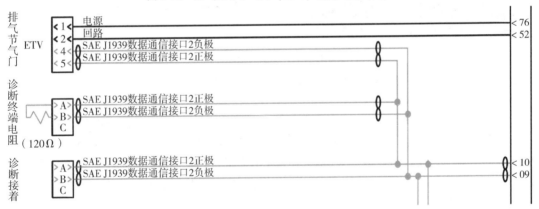

图 6-27　排气电子节气门（ETV）电路图

2. 柴油氧化催化器（DOC，Diesel Oxidation Catalyst）

（1）柴油氧化催化器（DOC）的作用。

①发动机燃烧后的尾气经过柴油氧化催化器 DOC 蜂窝状载体的时候会被载体表面涂覆的铂系金属吸附，同时铂系金属作为催化剂与吸附的氧气（O_2）一起对发动机尾气中的一氧化碳（CO）和碳氢化合物（HC）气体进行氧化燃烧，成为对环境影响不大的二氧化碳（CO_2）气体与水（H_2O）。

②DOC 大量吸附储存了发动机富氧燃烧后多余的氧气，在催化剂的作用下与发动机尾气中的一氧化碳（CO）和碳氢化合物（HC）气体进行氧化燃烧，燃烧产生的热量使排放控制系统温度升高，有利于有害气体的转化效果，同时也提升了颗粒捕集器（DPF）

的工作效率。

③碳颗粒物完全氧化燃烧需要600℃的高温，而正常运转时候DPF过滤器内的温度是350℃左右，这个温度无法使碳颗粒物进行燃烧，因此降低了DPF的工作效率。DOC可以将发动机燃烧过后产生的一氧化氮（NO，气体，属于NO_x其中的一部分）氧化为二氧化氮（NO_2），二氧化氮作为催化剂可以降低颗粒物燃烧温度，使碳颗粒物在250℃以上的相对低温下就可以进行氧化燃烧，正常运转条件下DPF过滤器的温度可以达到350℃左右。所以，完全无须从外部加热，利用二氧化氮催化剂仅用发动机废气热量即可使碳颗粒物燃烧，也就是说，DOC将来自于发动机的氮氧化物（NO_x）其中所含的一氧化氮氧化为二氧化氮。二氧化氮气体作为一种腐蚀性气体是极好的氧化剂，可以作为助燃剂与DPF配合工作，仅正常行驶即可，无须任何操作就能在低温条件下将颗粒物氧化燃烧。通过以上措施，颗粒捕捉器可再生处理发动机排出的90%以上的颗粒物。

（2）柴油氧化催化器（DOC）的结构。

DOC安装在排气管总成，位于DPF之前，其结构由蜂窝状载体组成，载体一般都是陶瓷或金属材料制成，载体表面涂覆有铂系贵金属。DOC结构外形与有害气体转化过程如图6-28所示。

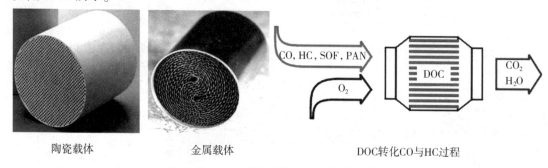

陶瓷载体　　　　　金属载体　　　　　DOC转化CO与HC过程

图6-28　DOC结构外形与有害气体转化过程

（3）DOC硫中毒机理与复活。

燃油在缸内燃烧会产生硫酸盐，覆盖到催化剂上，致使堵住微孔道引起有效工作表面积降低，造成催化剂不能充分利用，此现象称为DOC硫中毒，因此在我国使用国六排放系统的车辆一定要提升燃油与发动机润滑油的品质，以防止出现DOC硫中毒现象。当DOC的排气温度到达450℃以上时，可以将覆盖在催化剂上的硫酸盐烧掉，DOC可恢复催化能力，称为DOC硫中毒后的复活。

3. 颗粒捕集器（DPF，Diesel Particulate Filter）

（1）颗粒捕集器（DPF）作用与结构。

①作用。

颗粒捕捉器（DPF），实际上就是一个颗粒物过滤器，其主要作用是收集排气中的PM（颗粒物）。排气中的颗粒物主要是柴油燃烧产生的碳烟，除此之外，机油添加剂燃烧形成的灰分也会附着在DPF中。

②结构。

颗粒捕捉器（DPF）为壁流式结构，将流经的PM过滤在DPF内部。颗粒捕集器（DPF）内部结构如图6-29所示。

DPF结构外形 DPF壁流式结构

图6-29 颗粒捕集器（DPF）内部结构

（2）颗粒捕集器（DPF）的再生与清理。

柴油机国六排放标准对于PM（颗粒物）的限值相对于国五严格了不少，通过优化标定、进排气相位等手段已经无法让原机PM排放在满足动力性的同时还满足法规要求，因此只能通过后处理来解决。颗粒捕集器（DPF）是国六发动机的一个重要保养件，它实际上就是一个颗粒物过滤器。既然是一个过滤器，那么随着使用时间的增加，就不可避免地会有堵塞的情况。其实DPF和柴油滤清器、机油滤清器一样都是保养件，不同之处在于柴滤、机滤到了保养里程之后是直接更换，而DPF可以进行一些再生处理和保养操作而不是直接更换（当然，灰分累积到了一定程度或保养一定次数之后DPF也必须更换）。目前有两种方式来让DPF恢复性能，那就是DPF再生和DPF清灰。当颗粒物累积到一定程度时，可以通过DPF再生来把碳烟颗粒物烧掉；当灰分累积到一定程度时，可以通过DPF清灰来恢复DPF的部分性能。当然，性能恢复程度取决于DPF的材料以及清灰设备的效率，据悉康明斯的清灰设备的清灰效率相对来说非常高。

DPF再生是指在高温条件下（即排气加热的方式）将碳烟氧化燃烧成灰分的过程，而再生只能处理碳烟，不能处理灰分。DPF再生分为3种形式，分别为被动再生、主动再生和静止再生（一种特殊的主动再生）。控制单元（ECU）通过DPF压差传感器监测到的DPF进出口压差来判定DPF的堵塞程度以及对排气背压的影响，通过识别DOC进口、出口温度传感器监测到的排气温度来进行热管理控制排气温度，提高排气温度至DPF再生所要求的温度。

①被动再生。

利用催化剂来降低微粒的着火温度，使微粒能在正常的柴油发动机排气温度下着火燃烧，详细内容参考柴油氧化催化器（DOC）作用相关描述。被动再生在正常行车时进行，不需要相关人员进行任何操作和干预，此时仪表上也不会有指示灯，被动再生的温度在250~450℃，此时碳烟累计较少，DPF堵塞程度较轻，对于排气背压影响较小。被动再生过程如图6-30所示。

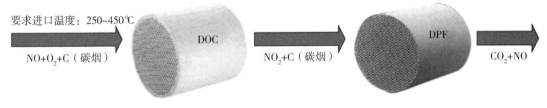

要求进口温度：250~450℃

$NO+O_2+C$（碳烟）　　NO_2+C（碳烟）　　CO_2+NO

DOC　　DPF

图6-30 被动再生过程

②主动再生。

当碳烟累积到一定程度，DPF堵塞程度对排气背压影响较大，将降低动力与排放性能，这种情况下被动再生无法有效控制碳烟的排量，此时将进行主动再生。

康明斯采用缸内燃油后喷射的方式来继续提高排气管温度，利用高压共轨燃油系统的喷油器多次喷射来完成主动再生。康明斯国六发动机喷油器共有 3 次后喷射，从主喷射往后数分别为后喷射 1、后喷射 2、后喷射 3，后喷射步骤如图 6-31 所示。其中后喷射 1（压缩行程上止点后）是缸内净化喷射，它是把主喷射燃烧后的剩余可燃气体再次点燃，让缸内废气燃烧得更干净、残留更少，所以叫"缸内净化"。位于后喷射 1 之后很晚的后喷射 2（做功行程下止点前）的燃油喷射只有少部分可以进行做功燃烧，其余部分则变成碳氢气体（HC）在柴油氧化催化器（DOC）中氧化燃烧放热点燃 DPF 积存的碳颗粒物。这部分热量是主动再生热量的主要来源，主动再生的温度是 300~500℃，最高温度限值是 500℃（行车的时候排气管温度太高不安全），500℃ 就可以解决绝大部分碳烟颗粒物的氧化燃烧问题。主动再生过程如图 6-32 所示。

主动再生是由电脑根据"碳载量"数值自动介入的，如果看到主动黄色再生指示灯点亮的话，我们应该加大或保持油门以利于行车主动再生的尽早完成，否则主动再生长期无法解决就会提前进入静止再生（驻车再生）状态，耗油又费车，这时要求驾驶员在短时间内完成主动再生，主动再生时间的长短因气温、发动机工况、碳烟颗粒物累积程度影响而异，主动再生结束，DPF 灯会熄灭。后喷射 2 也可以给后喷射 3 工作的时候提供热量，让 DOC 快速升温，加快放热速度。

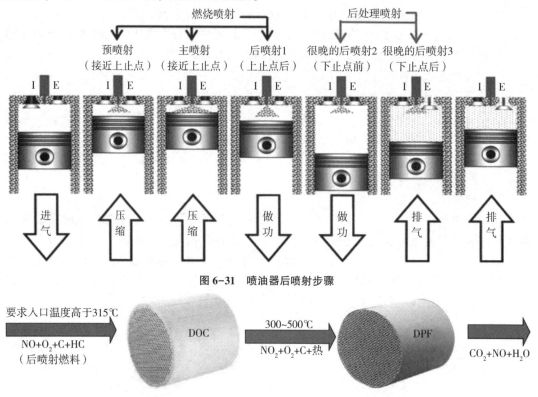

图 6-31　喷油器后喷射步骤

图 6-32　主动再生过程

③静止再生（驻车再生）。

当 DPF 碳颗粒累积太多，但由于车辆运行工况限制（比如城市工况走走停停），主动再生无法完全处理碳烟时或者无法做到充分主动再生的情况下黄色再生指示灯会闪亮，同时会报出故障码，这时就需要进行静止再生了。此时车辆静止，发动机怠速运行，相关人员通过再生开关或发动机故障诊断仪（Insite）进行操作，静止再生由后喷射2、后喷射3一起完成。后喷射3（排气行程下止点后）时缸内压力温度大大降低，基本上不会燃烧做功，燃油随排气流到达DOC，由DOC氧化放热使碳烟颗粒在DPF内燃烧。静止再生过程如图6-33所示。

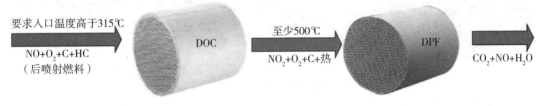

要求入口温度高于315℃

$NO+O_2+C+HC$
（后喷射燃料）

至少500℃

NO_2+O_2+C+热

CO_2+NO+H_2O

图6-33 静止再生过程

静止再生温度可以达到至少500℃，静止再生的时候必须注意周围环境没有易燃物品，如果静止再生无法让故障灯熄灭、故障码消失或者在车辆的行驶中发现黄色与红色发动机故障灯一起点亮或故障码出现就需要去服务站解决问题了。

④关于GPF再生过程中可能涉及的问题。

a. 发动机持续在轻载工况下运行，会导致DPF的积炭量持续上升，被动再生效果也差，主动再生也无法有效地完成，导致DPF中的颗粒不能有效清除，此时如果车速切换至较高车速循环就可以执行主动再生，或者手动执行静止再生。

b. DPF灯开始闪烁后，若主动再生仍旧无法完成，随着车辆运行DPF颗粒持续增长，发动机控制模块（ECU）会通过逐渐降低功率方式来执行保护措施，直至强制发动机熄火，强制驾驶员去服务站排除故障。此时去服务站只能拆解DPF，使用DPF专用清洁设备清理DPF中的颗粒，然后重新装到车上，启动发动机，按下再生开关。做完主动再生以后当前故障码会变成历史故障。

c. 排气管如果漏气，比如涡轮增压器至颗粒捕集器（DPF）的连接处垫片漏气的情况下，DPF吸附碳颗粒后背压升高，此时DPF会进行被动再生和主动再生。但是因为排气管漏气，被动再生基本上不会起任何作用，主动再生因发动机会喷射额外燃油进行燃烧，但因漏气会导致热量漏失造成温度不够，喷射燃油碳颗粒全部吸附在颗粒捕集器（DPF）表层，进一步加剧了漏气（排气管压力升高，漏气处就会加大漏气量）和颗粒捕集器堵塞，此时也需要先拆解DPF，使用DPF专用清洁设备清理碳颗粒以后，装回DPF，按下再生开关执行原地再生。

⑤DPF灰分清理。

a. 灰分产生机理与DPF的正确使用。

DPF中的灰分主要来源于机油添加剂燃烧的产物与被动及主动再生将碳烟氧化燃烧成的灰分，来自DPF中累积的机油添加剂的燃烧产物如图6-34所示。DPF的使用寿命也取决于用户所使用的燃油质量与燃油油耗、机油质量与机油油耗以及车辆的使用情况。所以国六柴油车对于用户来说，在使用与维护上也提出了更高的要求，按汽车生产厂商规定正确使用车辆，DPF不会轻易过早出现故障或更换，所以用户也不要过多担心DPF。

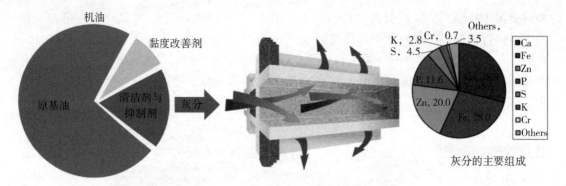

图 6-34　来自 DPF 中累积的机油添加剂的燃烧产物

b. DPF 清洁方案。

如果灰分不能通过被动和主动再生清除掉，当灰分累积到一定程度导致 DPF 堵塞严重对车辆动力性能影响较大时，则建议使用汽车厂商指定的专用清洗设备来将 DPF 中累积的灰分清除掉。清灰里程和运行工况、操作习惯会有很大的关系，当原地再生进行了很多次，再生指示灯频繁亮起的时候，就要考虑是不是需要进行 DPF 清灰了，进行了一定次数的清灰后就需要进行 DPF 更换了。DPF 清洗方案参考表 6-4 所示，康明斯 DPF 清理灰分设备如图 6-35 所示。

表 6-4　DPF 清洗方案

清理方式	清洗效果	费用
空气反吹	低	低
液体清洗	中	中
更换新件	高	高

图 6-35　康明斯 DPF 清洗机

4. 氮氧化合物催化还原器 SCR（Selective Catalytic Reduction 选择性催化还原）、ASC

（1）氮氧化合物催化还原器（SCR、ASC）的作用。

SCR 系统将发动机排气中的氮氧化合物（NO_x）转化为氮气（N_2）和水（H_2O），这个反应需要向排气中喷入柴油机排气处理液 DEF（一种易于分解为氨的化合物），氨（NH_3）与氮氧化合物（NO_x）在 SCR 催化器里发生反应，产生无害的氮气（N_2）和水（H_2O）；ASC 催化器又称氨气氧化催化器，其作用是将 DEF 与氮氧化合物（NO_x）转化为氮气（N_2）和水（H_2O）后剩余微量氨气（NH_3）氧化成氮气（N_2）和水（H_2O）。国六柴油发动机 SCR 后处理系统控制转化过程如图 6-36 所示。

DEF 由计量喷射系统精确地喷射到 SCR 催化器上游的排气中，喷射 DEF 数量由发动机控制单元（ECU）进行控制。

（2）氮氧化合物催化还原器（SCR、ASC）结构。

氮氧化合物催化还原器（SCR、ASC）由 SCR 催化器与 ASC 催化器组成，氮氧化合物催化还原器（SCR、ASC）结构如图 6-37 所示。

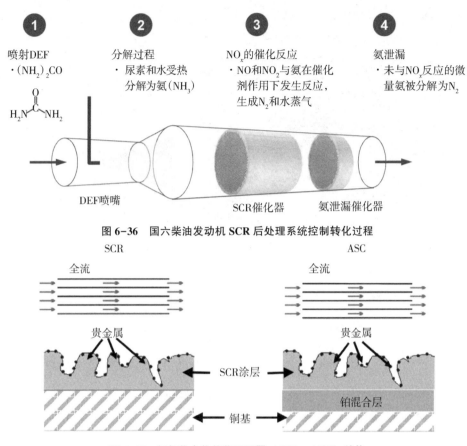

图 6-36 国六柴油发动机 SCR 后处理系统控制转化过程

图 6-37 氮氧化合物催化还原器（SCR、ASC）结构

铜基基体的催化器比钒基催化器在低温和高温条件下的氮氧化合物（NO_x）的转化效率都要高，对硫化物的敏感度也高。

劣质柴油、机油会导致 DOC、DPF、SCR 中毒/堵塞；劣质尿素会产生结晶，导致尿素泵、喷射阀等部件损坏，增加了较高的维修成本，所以国六柴油发动机务必使用优质并满足国六排放要求的燃油、发动机润滑油与尿素。

5. 康明斯国六后处理系统传感器

（1）DPF 压差及出口压力传感器。

国六排放法规要求排放中颗粒物（PM）的总量必须有大幅下降，这就导致必须使用 DPF 颗粒捕捉器，为了检测 DPF 工作效率与状态，在 DPF 颗粒捕捉器加装有压差传感器，传感器中有两个压力传感器，分别读取 DPF 进口压力与出口压力并计算出两者压力差后转换成电信号传送给发动机控制单元（ECU），ECU 根据此信号判断颗粒捕集器（DPF）的工作效率与堵塞情况，为 DPF 再生与 OBD 诊断提供数据。压差传感器安装位置与外形如图 6-38 所示，压差传感器控制电路如图 6-39 所示。

（2）排气温度传感器。

在国六后处理系统中，采用的是热电偶式排气温度传感器。热电偶是常用的测温元件，用两个不同材质的导体两端接合成回路，当两接合点热电偶温度不同时，就会在回路中产生热电流，这种现象被称为"热电效应"。如果热电偶的工作端与参比端存在温差时，测试设备将会指示出热电偶产生的热电势所对应的温度值。热电偶的热电势将随着测量端温度的升高而增长，热电势的大小只与热电偶的材料与两端的温度有关，与热电极的长度与直径无关。热电偶式温度传感器工作原理如图6-40所示。

图6-38　压差传感器安装位置与外形

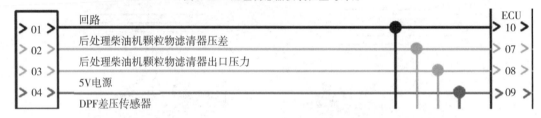

图6-39　压差传感器控制电路图

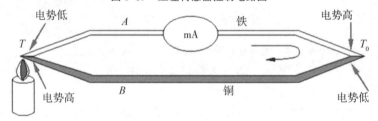

图6-40　热电耦式温度传感器工作原理

在国六后处理系统中需要的温度传感器较多，为了方便布局和信号传输，康明斯发动机将若干个温度传感器的信号集成在CAN网络控制模块内，然后将此若干个温度传感器的温度物理值通过CAN信号发给ECU，后处理系统配备2个通过CAN通信的温度传感器模块，其安装位置如图6-41所示，电气原理如图6-42所示。

康明斯国五后处理温度传感器为热敏电阻式，根据产品不同只有1个或2个。而国六产品的温度传感器分为两个模块，T1、T2、T3集成一个模块，监测DOC、DPF进口温度与DPF出口温度，为再生及OBD提供工作温度参数；T4、T5是一个模块，监测SCR系统进出口温度，为尿素喷射系统提供工作温度参数。

（3）氮氧化合物（NO_x）传感器。

①传感器安装位置与作用。

康明斯国六发动机后处理系统有两个氮氧化合物（NO_x）传感器，分别安装在涡轮增压器排气出口与SCR催化器出口，采用进口/出口两个氮氧化合物传感器方案，可以实时计算SCR催化器对氮氧化合物（NO_x）的转化效率；ECM根据氮氧化合物浓度信号与氮氧化合物的转化效率，可以计算出是否需要控制调整发动机原排，以及何时喷射尿素，实现了更精确的闭环控制逻辑。康明斯国四、国五后处理氮氧化合物传感器只有 1 个，在 SCR 出口端，而国六产品在 SCR 进口和出口各有 1 个氮氧化合物传感器，当氮氧化合物排放超过一定限值，立即激活报警系统，并限制发动机扭矩的输出。

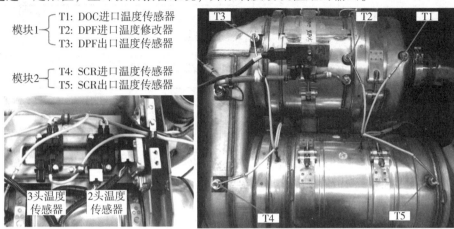

图 6-41　康明斯国六后处理系统温度传感器安装位置

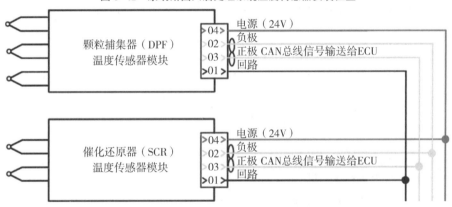

图 6-42　康明斯国六后处理系统温度传感器电气原理图

　　两个氮氧化合物传感器接头不一样，防止错误装配。氮氧化合物传感器是一个智能设备，将 NO_x 的含量变为模拟信号传给控制模块，模块将信号变为通信信号发到通信总线（CAN 总线）上，电控单元接收此信号来计算尾排中的氮氧化合物含量。在 NO_x 传感器总成内部有自诊断系统，监测自身的工作情况并通过通信总线和 ECU 通信。氮氧化物（NO_x）传感器组成与安装位置如图 6-43 所示，电气原理如图 6-44 所示。

图 6-43　氮氧化合物（NO_x）传感器组成与安装位置

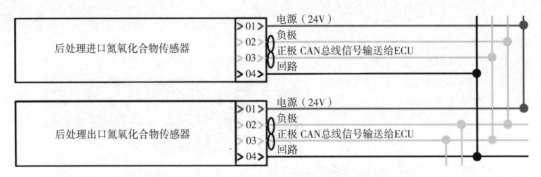

图6-44 氮氧化合物（NO$_x$）传感器电气原理图

②工作过程。

a. 当接通点火开关时，氮氧化合物（NO$_x$）传感器将加热到100℃，之后等待ECU发出一个露点温度信号。

露点温度是指达到在这个温度后排气系统内将不会有能损坏氮氧化合物（NO$_x$）传感器的湿气存在，目前露点温度被设定为140℃，温度值是参考后处理系统出口温度传感器测出的数值。

b. 当传感器接收到ECU发来的露点温度信号后，传感器将自行加热到一定温度（最高可达800℃）。

c. 传感器加热到工作温度后，开始自检工作，检测传感器工作是否正常。

d. 自检通过后，传感器将检测到的氮氧化合物值发送到CAN总线上，ECU根据这个信息对氮氧化合物的排放进行监测。

七、后处理指示灯及再生操作

后处理系统需要再生控制或正在进行再生控制时，发动机控制单元（ECU）会点亮相应的指示灯，当驾驶员看到某个后处理再生指示灯亮起时，一定要进行相应的操作对再生进行控制或者采取相应的措施。国六后处理相关指示灯与开关如图6-45所示。

（a）再生指示灯　（b）OBD指示灯　（c）高温指示灯　（d）再生禁止开关　（e）再生开关

图6-45 国六后处理相关指示灯与开关

1. DPF原地（静止）再生指示灯亮起时的操作

当DPF原地再生指示灯［图6-45（a）］点亮或闪烁时，OBD指示灯［图6-45（b）］也会亮起，在安全前提下请务必就近停车，拉起驻车制动，保持发动机怠速后按下原地再生开关［图6-45（e）］，执行发动机原地再生，此操作需要30min左右。在执行原地再生时，发动机转速有明显升高（1500r/min左右），待发动机自动回复至怠速后，踩加速踏板到底高怠速运行5min后，DPF原地再生指示灯［图6-45（a）］熄灭，此时如果OBD指示灯未熄灭，可关闭发动机等待5min后，连续3次启动发动机，每次启动间隔2min，即可熄灭OBD故障指示灯，此时车辆便可以正常行驶。

在整个原地再生过程中不允许对发动机有任何操作，如果按下再生开关后无反应，请检查离合器是否被踩下、制动踏板是否被踩下、加速踏板是否被踩下、巡航和动力输出（PTO）开关是否按下、空调开关是否按下、禁止再生开关［图6-45（d）］是否按下等操作项目。

由于再生操作过程中排气管温度较高，为了安全无事故发生，首先确认车辆周围有无易燃物，是否处于易燃的环境中。

2. 主动再生（高温）指示灯亮起时的操作

当主动再生指示灯［图6-45（c）］点亮或闪烁时，发动机会自动启动主动再生控制策略，驾驶员无须特殊操作，只要加大或保持油门以利于行车主动再生的尽早完成即可。

发动机控制单元（ECU）监测到当前DPF需要执行主动再生时，由于禁止再生功能被激活而不能执行主动再生，如果该故障持续超过1h，发动机熄火再次启动后，ECU会进入车辆限扭与限速功能，造成此故障的原因可能是长时间启用禁止再生开关或者禁止再生开关控制线路故障。

3. 驾驶员报警灯亮起时的操作

当车辆驾驶员报警灯亮起时，说明后处理系统工作异常，主要的原因有尿素液位低、尿素质量不达标、尿素消耗异常、尿素喷射中断，或者存在后处理系统A类故障，遇到此类情况需要查看剩余尿素量或更换质量达标的尿素，如果问题得不到解决，必须到服务站进行检查维修处理。

车辆驾驶员报警系统检测到NO_x控制故障时，如果不及时纠正处理会激活驾驶性能限制系统，驾驶员报警系统将采用可视报警通知驾驶员。驾驶员报警系统由指示灯符号和车辆仪表上的信息显示组成，用于向驾驶员警示与NO_x排放相关的维护保养项目。主机厂可以选择在车辆仪表上显示额外的驾驶员报警系统信息，信息内容如下。

①在激活初级或严重驾驶性能限制前剩余的距离。

②在激活初级或严重驾驶性能限制前剩余的时间。

③扭矩降低水平。

④显示故障原因和解决方案，例如，尿素液位低、检测到不合格尿素、后处理设备性能恶化。

当出现能够激发驾驶员报警系统相关发动机后处理故障时，驾驶员报警系统被触发，会导致以下后果。

①驾驶员报警系统点亮指示灯，警告提示驾驶员相关信息。

②初级驾驶性能限制：在检测到并确认驾驶性能限制故障后，待车辆静止（车速为零）时，才允许初级驾驶性能限制激活发动机降功率运行状态（扭矩降低25%）。

③严重驾驶性能限制：通过将车速限制在20km/h，使车辆处于"跛行模式"来有效地控制车辆，当满足"重启后限制（发动机停机）"与"限时限制（运行8小时后车辆首次静止）"两个条件之一，严重驾驶性能限制才能被激活。

4. 禁止再生开关的操作

车辆驶入易燃易爆危险区域时需要按下禁止再生开关，以避免车辆处于危险区域时自动进行再生处理而产生高温，当车辆离开危险区域时应及时关闭禁止再生开关功能，如果忘记关闭此开关，发动机控制单元（ECU）将不再控制再生，最终导致车辆的限扭、限速，颗粒捕集器（DPF）也会过早损坏。

八、康明斯国六柴油发动机后处理 UL2.2 计量喷射系统部件结构

康明斯国六后处理 UL2.2 计量喷射系统与传统国四、国五后处理系统最大的区别在于混合室内喷射 DEF 液状态不同，传统的是将 DEF 液与空气混合后喷射到混合室内，而国六后处理 UL2.2 计量喷射系统是将 DEF 液直接雾化并喷射到混合室。两者在结构上也有很大的区别，UL2.2 计量喷射系统主要由尿素（DEF）罐、尿素泵、喷射阀、加热电磁阀、管路加热器与各种传感器等组成。康明斯国六后处理 UL2.2 计量喷射系统结构如图6-46 所示。

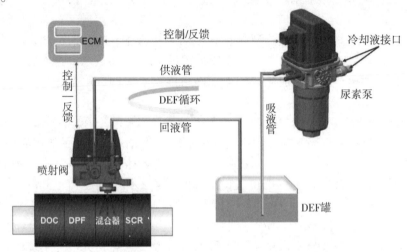

图 6-46　康明斯国六后处理 UL2.2 计量喷射系统结构

1. 尿素（DEF）罐

尿素罐用于储存 DEF 液，内部安装了尿素罐内温度传感器、DEF 液位传感器、DEF 质量传感器、罐内吸入侧滤芯。UL2.2 系统尿素罐内温度传感器、DEF 液位传感器与DEF 质量传感器实现了模块化控制，将 3 个传感器集成在一起，利用总线技术向发动机控制单元（ECU）传输信号。基于法规的要求，在所有的国六系统中，都需要对尿素质量进行检测，所以尿素质量传感器成为国六系统中的标配，尿素质量传感器检测浓度的原理为超声波在不同介质、不同的液体浓度下具有不同的传播速度，以标准国六尿素32.5%浓度液体下超声波表现为基准，识别并将其他浓度尿素液体特性与之对比，根据尿素质量传感器信号可判断尿素纯度。尿素罐内传感器模块电路如图 6-47 所示，尿素罐结构如图 6-48 所示。

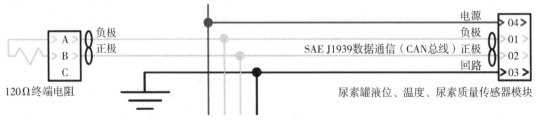

图 6-47　尿素罐传感器模块电路图

158

UL2.2 尿素罐

UL2.2 尿素罐内传感器与滤芯

图 6-48　UL2.2 尿素罐结构

2. 尿素泵

（1）作用。

根据发动机控制单元（ECU）的指令将 DEF 液从尿素罐吸出并为喷射阀提供相应的喷射压力，泵内安装 DEF 液滤清器，过滤 DEF 液杂质。

（2）组成。

尿素泵采用容积式液泵设计，隔膜将流体与电机分开，泵电机集成在 PCB（印刷电路板）板上，调速电机转速控制在 800~3500r/min，泵进出口采用簧片阀结构形式，尿素泵输出最大极限压力使用 ePRV（电控压力调节阀）来控制（不采用机械减压阀），ePRV 功能由 PCB 板实现，当泵关闭时，泵内压力会自然衰减（约 15min）。尿素泵自身也有强大的解冻能力，在低温情况下，来自发动机升温后的冷却液直接通过金属结构的热传导特性在尿素泵内循环使之解冻，主滤芯也不会因冻结而损坏，尿素泵能够承受尿素冷冻后膨胀的体积。尿素泵结构如图 6-49 所示。

（3）控制策略

尿素泵的工作直接由发动机控制单元（ECU）控制，ECU 根据发动机工作状态（着车运转）、各种传感器（尿素罐内传感器、排气温度传感器等）检测结果与系统解冻完成状况来判断是否为尿素泵输出控制信号，当尿素泵工作后将其转速信号反馈给 ECU，实时检测尿素泵电机的转速，形成了对尿素泵转速的闭环控制。尿素泵控制电路如图 6-50 所示。

3. 喷射阀

（1）作用。

将带有一定压力的尿素液经过滤芯过滤后雾化喷入混合器，在关机时使系统减压。

（2）组成。

喷射阀是具有脉宽调制功能的电磁阀，喷射阀内集成压力传感器，实时监测当前的尿素压力，与泵电机形成尿素压力的闭环控制，在进液口安装滤网过滤尿素液杂质，采用液/电分离设计能够保护电子元件。在低温情况下，排气高温直接通过金属结构的热传导特性为喷射阀加热使之解冻，当尿素系统解冻完成时，尿素循环对喷嘴进行冷却确保喷射阀不被烧毁，优化的防冻胶套有更好的防冰冻膨胀能力。喷射阀结构与插脚定义如图 6-51 所示。

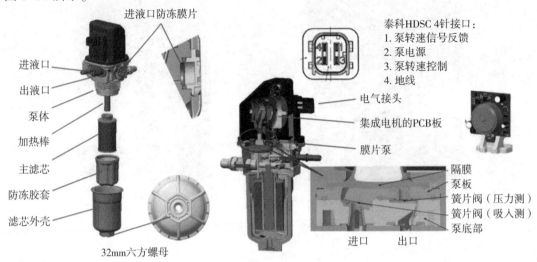

图 6-49　尿素泵结构

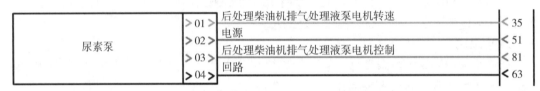

图 6-50　尿素泵控制电路图

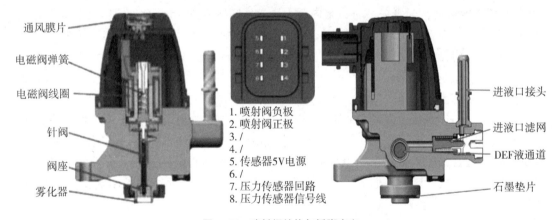

图 6-51　喷射阀结构与插脚定义

（3）控制策略。

喷射阀的工作直接由发动机控制单元（ECU）控制，ECU 根据发动机排放情况（氮氧化合物含量）、计量喷射系统 DEF 液压力数据、排气温度传感器检测结果来判断是否为喷射阀输出控制信号，当喷射阀工作后将 DEF 液压力信号反馈给 ECU，实时检测计量喷射系统内 DEF 液压力，与喷射泵电机转速信号一起形成了喷射阀喷射量的闭环控制。喷射阀控制电路如图 6-52 所示。

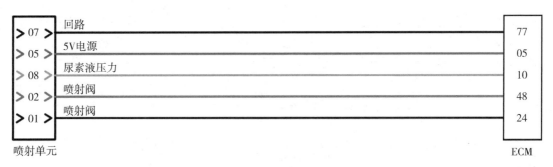

喷射单元		ECM
07	回路	77
05	5V电源	05
08	尿素液压力	10
02	喷射阀	48
01	喷射阀	24

图 6-52　喷射阀控制电路图

九、康明斯国六柴油发动机后处理 UL2.2 计量喷射系统工作原理（流程）

康明斯国六后处理 UL2.2 计量喷射系统工作流程分为 5 个阶段，分别是待机准备阶段、预注建压阶段、喷射阶段、关闭阶段、延迟阶段，ECU 根据发动机与后处理系统状况分别对这 5 个阶段进行控制。

1. 待机准备阶段

打开点火开关，系统进行自检，待机阶段持续 1s，当满足以下条件时，系统会收到预注建压命令。

（1）发动机处于运转状态。

（2）尿素罐温度高于-4℃。

（3）无后处理相关故障（尿素罐/尿素泵/喷射阀等相关故障）。

（4）系统（尿素罐/泵，喷射阀，尿素管线）解冻完成。

解冻是指为了保证后处理系统可以正常工作，当尿素液温度过低时，UL2.2 后处理系统加热装置为尿素液管路与尿素罐和尿素泵加热。加热装置包括 3 个加热器，1 个加热控制电磁阀（水阀）。3 个加热器分别为尿素罐与尿素泵之间管路加热、尿素泵与喷射阀之间管路加热、喷射阀与尿素罐之间回流管路加热；1 个加热控制电磁阀（水阀）控制打开或关闭尿素罐和尿素泵与发动机冷却系统之间的通路。UL2.2 后处理系统加热控制电路如图 6-53 所示，后处理 DEF 管路加热器加热位置与加热控制电磁阀控制加热位置如图 6-54 所示。

解冻说明：

①尿素液（DEF）在低于-11℃时会被冻结。

②如果环境温度低于-4℃，ECU 将会给后处理 UL2.2 计量喷射系统发出解冻指令。

③进行尿素喷射的最低尿素罐温度是-5℃。

④实际尿素罐与尿素泵加热控制电磁阀开启温度为 35℃（期望初始冷却液温度在达到标定解冻值之前开启）。

⑤冷却液温度低于 30℃时，停止为尿素罐循环加热。

2. 预注建压阶段

满足预注建压条件后，系统接收到来自 ECU 的预注命令，控制尿素泵电机通电，开始以 90%的占空比运转并建立起尿素液压力，进入尿素泵电机转速的开环控制模式。当尿素液压力达到预设 600kPa 限值时，尿素泵电机转速进入闭环控制模式，此时尿素泵电机转速传感器与喷射阀压力传感器信号实时地传给 ECU，ECU 根据这两个信号来调整泵电机的转速，将尿素液压力建立到目标压力 850kPa 左右。预注建压成功后，不管喷射阀是否开启喷射，喷射单元（尿素泵）都将继续运转以保持喷射系统尿素液压力，同时冷却喷射阀。预注建压阶段工作过程如图 6-55 所示。

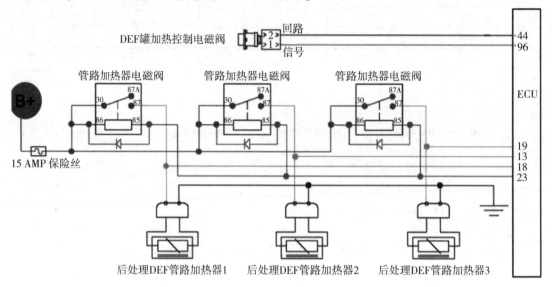

图 6-53　UL2.2 后处理系统加热控制电路图

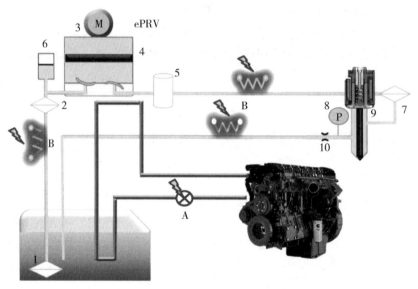

1. 储液罐吸入滤芯　2. 尿素泵进口滤网　3. 电机　4. DEF 泵　5. 喷射单元主滤芯　6. 冰冻防护装置　7. 喷射阀进口滤网　8. 压力传感器　9. 喷射阀控制阀　10. 回流节流孔　A. DEF 罐和喷射单元冷却液加热电磁阀　B. 管路加热器

图 6-54　后处理 DEF 管路加热器加热位置与加热控制电磁阀控制加热位置

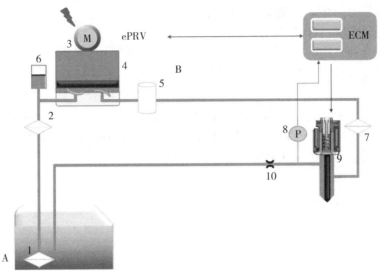

1. 储液罐吸入滤芯　2. 尿素泵进口滤网　3. 电机　4. DEF 泵　5. 喷射单元主滤芯　6. 冰冻防护装置　7. 喷射阀进口滤网　8. 压力传感器　9. 喷射阀控制阀　10. 回流节流孔　A. 储液罐　B. 喷射泵　C. 喷射阀

图 6-55　预注建压阶段工作过程

3. 喷射阶段

发动机控制单元（ECU）根据发动机与后处理系统工作状态（发动机负荷、发动机油耗、排气温度、NO_x 含量等）计算出喷射量，控制喷射阀喷射尿素液到混合器，ECU 按照占空比的方式控制喷射阀将尿素液雾化后喷射到排气流，并且将多余的尿素液流回尿素罐，即使计算的喷射量为 0，尿素泵电机依旧运转以维持系统内尿素液压力和冷却喷射阀。喷射阶段工作过程如图 6-56 所示。

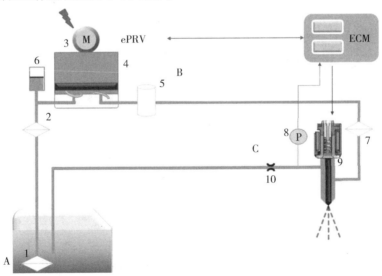

1. 储液罐吸入滤芯　2. 尿素泵进口滤网　3. 电机　4. DEF 泵　5. 喷射单元主滤芯　6. 冰冻防护装置　7. 喷射阀进口滤网　8. 压力传感器　9. 喷射阀控制阀　10. 回流节流孔　A. 储液罐　B. 喷射泵　C. 喷射阀

图 6-56　喷射阶段工作过程

在喷射阶段，系统为闭环控制状态，电机持续工作保持尿素液压力在 750～950kPa。以下为喷射阀喷射条件。

①尿素液压力为750~950kPa。

②后处理系统进出口温度超过200℃。

③没有后处理系统的现行故障码。

④满足发动机负荷要求（排气中氮氧化合物含量超过一定值）。

4. 关闭阶段

系统关闭后尿素液会从高压力流向低压力，部分尿素液会通过溢流孔流回尿素罐，系统管路会残留100kPa压力的尿素液，UL2.2系统不会因残留的尿素液而冻坏，当满足以下任意条件时，系统可收到关闭指令。关闭阶段工作过程如图6-57所示。

①发动机处于熄火状态。

②喷射时，尿素罐冻结。

③系统低于-11℃时。

④供电系统故障。

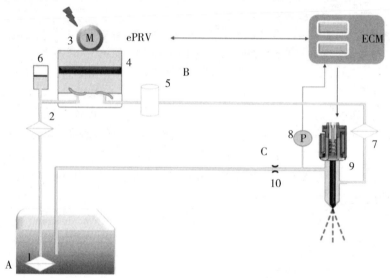

1. 储液罐吸入滤芯　2. 尿素泵进口滤网　3. 电机　4. DEF泵　5. 喷射单元主滤芯　6. 冰冻防护装置　7. 喷射阀进口滤网　8. 压力传感器　9. 喷射阀控制阀　10. 回流节流孔　A. 储液罐　B. 喷射泵　C. 喷射阀

图6-57　关闭阶段工作过程

5. 延迟阶段

系统收到关闭指令后，当满足以下任意条件即可触发延迟10min来冷却喷射阀，延迟完成后电机停止工作。延迟阶段工作过程如图6-58所示。

①发动机停机时SCR入口温度高于450℃。

②环境温度高于30℃。

6. ePRV阀工作原理

当喷射阀压力传感器监测不到压力或压力过低的情况下，ECU会发出提高尿素泵电机转速指令，以提高喷射压力，此时，ePRV阀会通过泵的转速和电流来计算喷射压力，如果压力超过限制，ePRV控制尿素泵电机停止工作。示例压力侧（尿素泵与喷射阀之间管路）管路发生堵塞如图6-59所示。

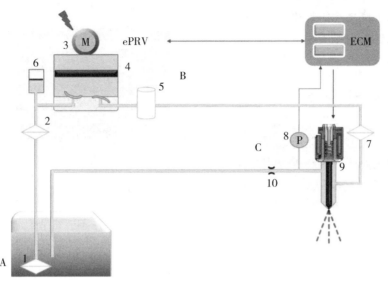

1. 储液罐吸入滤芯　2. 尿素泵进口滤网　3. 电机　4. DEF 泵　5. 喷射单元主滤芯　6. 冰冻防护装置　7. 喷射阀进口滤网　8. 压力传感器　9. 喷射阀控制阀　10. 回流节流孔　A. 储液罐　B. 喷射泵　C. 喷射阀

图 6-58　延迟阶段工作过程

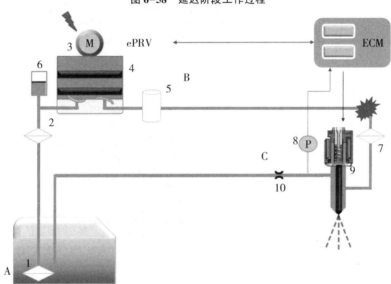

1. 储液罐吸入滤芯　2. 尿素泵进口滤网　3. 电机　4. DEF 泵　5. 喷射单元主滤芯　6. 冰冻防护装置　7. 喷射阀进口滤网　8. 压力传感器　9. 喷射阀控制阀　10. 回流节流孔　A. 储液罐　B. 喷射泵　C. 喷射阀

图 6-59　压力侧（尿素泵与喷射阀之间管路）管路发生堵塞示意图

十、康明斯国六发动机后处理 UL2.2 计量喷射系统诊断测试

康明斯国六柴油发动机后处理 UL2.2 计量喷射系统诊断测试包括 INSITE（用于康明斯柴油发动机检测的一种诊断软件，这里可以理解为康明斯柴油发动机专用检测仪）诊断测试与系统测试。

1．INSITE 诊断测试

包括：

（1）DEF 喷射系统超越测试。

（2）DEF 喷射系统加热测试。

（3）DEF 喷射系统泄漏测试。

2. 系统测试

包括：

（1）尿素泵吸力测试。

（2）尿素泵吸液管路阻力测试。

（3）尿素泵喷射管路压力测试。

（4）喷射阀回液管路压力测试。

3. UL2.2 计量喷射系统测试工具（如图 6-60 所示）

（1）零件号 5299132：目前用不到。

（2）零件号 5394564：测试喷射阀回液管出口至尿素罐压力。

（3）零件号 5394565：测试尿素泵喷射管至喷射阀压力。

（4）零件号 5298833：测试尿素泵吸液管阻力。

（5）零件号 3400162：万用表。

（6）零件号 3164491：压力模块。

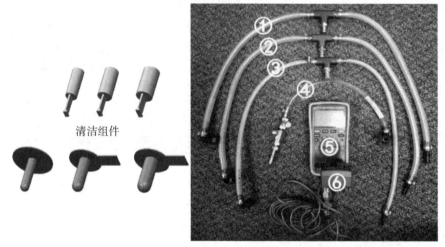

清洁组件

1. 零件号 5299132　2. 零件号 5394564　3. 零件号 5394565　4. 零件号 5298833　5. 零件号 3400162　6. 零件号 3164491

图 6-60　UL2.2 计量喷射系统测试工具

4. INSITE 诊断测试——DEF 喷射系统超越测试

此测试的作用是测量 DEF 喷射系统喷射量，利用 INSITE 使喷射系统标定好喷射量与喷射时间，标准为（300±45）mL/200s（1.5mL/s）。DEF 喷射系统超越测试示意图与 INSITE 超越测试操作界面如图 6-61 所示。初始测试条件如下。

（1）喷射阀已经从排气管上拆下并放入适合的容器或瓶内（这样可以防止系统部件损坏）。

（2）DEF 罐中有足够的处理液可以完成测试。

（3）准备好测试尿素液喷射量的量杯。

5. INSITE 诊断测试——DEF 喷射系统加热测试

喷射系统安装的加热器都有相应的加热测试，此测试可以开启任意管路的加热器、冷却水阀，还有其他安装在车上的喷射系统加热器。INSITE 加热测试操作界面如图 6-62 所示。

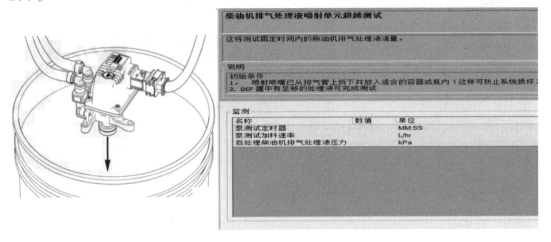

图 6-61　DEF 喷射系统超越测试示意图与 INSITE 超越测试操作界面

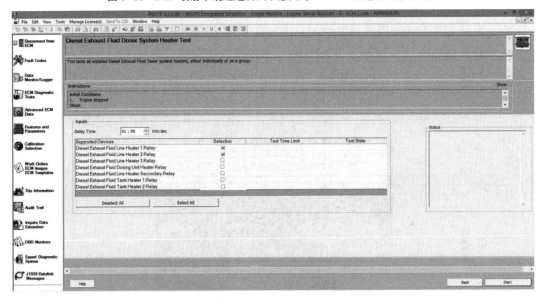

图 6-62　INSITE 加热测试操作界面

6. INSITE 诊断测试——DEF 喷射系统泄漏测试

测试时尿素泵从尿素罐吸入尿素给喷射管加压，测试期间尿素泵会一直工作保持压力，压力值为 750~950kPa 之间，额外的尿素会流回到尿素罐内，在测试过程中检查 DEF 系统泄漏情况，另外还要注意在测试期间泵的工作噪声是否正常。泄漏测试具体操作步骤按照 INSITE 提示进行，INSITE 泄漏测试界面如图 6-63 所示。初始测试条件如下。

（1）后处理柴油机排气处理液系统完整无缺，所有机械接头都已重新组装完毕。

（2）发动机停机。

（3）无现行后处理故障码。

（4）DEF 罐中有足够的处理液可完成测试。

（5）DEF 罐处于工作温度，温度应高于 0℃，但低于 52℃。

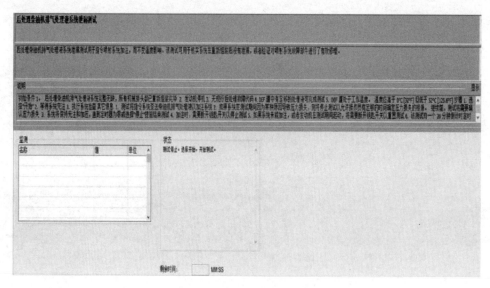

图 6-63　INSITE 泄漏测试界面

7. 系统测试——尿素泵吸力测试

首先断开尿素泵吸液管，将测试工具 5298833 的接口连接尿素泵的进液口，5298833 的另一端连接压力模块传感器，压力模块传感器线束端连接到万用表，调整万用表挡位至直流 mV 挡，压力模块调至 psi 挡，并将其旋钮调到零挡。尿素泵吸力测试部件连接如图 6-64 所示。

开关关闭　　　泵进液口

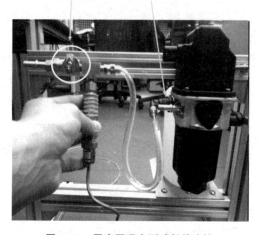

图 6-64　尿素泵吸力测试部件连接

打开点火开关，利用 INSITE 进行泄漏测试，系统建压预注后等待 10s 待数据稳定，此时读取万用表数值，标准值为 -3.93psi，读数小于 -3.93psi 表明吸力正常（万用表 1mV =压力模块传感器 1psi；泄漏测试次数不能超过 3 次；测试如果超过 5min 将激活故障码 1682）。

注：1psi = 6.895kPa。

8. 系统测试——尿素泵吸液管路阻力测试

首先断开尿素泵吸液管，将测试工具 5298833 串联在喷射管路中，5298833 的另一端连接压力模块传感器，压力模块传感器线束端连接到万用表，调整万用表挡位至直流 mV

挡，压力模块调至 psi 挡，并将其旋钮调到零挡。尿素泵吸液管路阻力测试部件连接如图 6-65 所示。

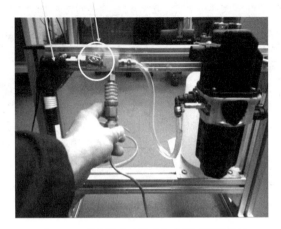

图 6-65 尿素泵吸液管路阻力测试部件连接

打开点火开关，利用 INSITE 进行泄漏测试，系统建压过程中会排除诊断工具中一些空气，持续时间大约 30s，此时读取万用表数值，标准值为 -4.91psi，读数大于 -4.91psi 表明阻力正常。

9. 系统测试——尿素泵喷射管路压力测试

首先断开尿素泵喷射管，将测试工具 5394565 串联在喷射管路中，5394565 的另一端连接压力模块传感器，压力模块传感器线束端连接到万用表，调整万用表挡位至直流 mV 挡，压力模块调至 psi 挡，并将其旋钮调到零挡。尿素泵喷射管路压力测试部件连接如图 6-66 所示。

打开点火开关，利用 INSITE 进行泄漏测试，此时读取万用表数值，标准值为 108 ~ 137psi（泄漏测试次数不能超过 3 次）。

10. 系统测试——喷射阀回液管路压力测试

首先断开喷射阀回液管，将测试工具 5394564 串联在喷射阀回液管路中，5394564 的另一端连接压力模块传感器，压力模块传感器线束端连接到万用表，调整万用表挡位至直流 mV 挡，压力模块调至 psi 挡，并将其旋钮调到零挡。尿素泵喷射管路压力测试部件连接如图 6-67 所示。

打开点火开关，利用 INSITE 进行泄漏测试，等待数值稳定后读取万用表数值，标准值为小于 10psi（泄漏测试次数不能超过 3 次）。

十一、潍柴发动机国六后处理系统简介

1. 潍柴发动机国六后处理系统技术路线

潍柴跟康明斯后处理系统工作原理大体相似，后处理系统结构主要区别为潍柴节流阀装在进气管上，康明斯 ETV 装在排气管上控制涡轮转速，从而控制进气量以提升排气温度；潍柴在排气管上装有喷油器，可向排气管内喷入柴油，康明斯在排气行程向缸内喷入柴油，从而提升后处理系统再生温度；潍柴 9L 以下带 EGR，9L 以上不带 EGR。潍柴发动机国六后处理系统技术路线参考表 6-5 所示，潍柴发动机国六后处理系统相关部

件布局与安装位置如图 6-68 所示。

图 6-66　尿素泵喷射管路压力测试

图 6-67　尿素泵喷射管路压力测试

表 6-5　潍柴发动机国六后处理系统技术路线

发动机排量	2~8L	9~13L
技术路线	EGR+DOC/DPF/SCR	DOC/DPF/Hi-SCR
后处理系统简图		

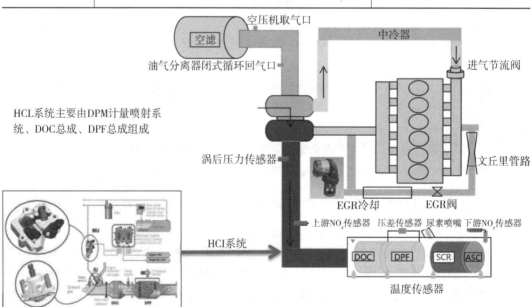

HCL系统主要由DPM计量喷射系统、DOC总成、DPF总成组成

图 6-68　潍柴发动机国六后处理系统相关部件布局与安装位置

国六后处理体积明显增大，重量是国五同排量发动机后处理的3倍；国六后处理开发及制造技术难度大，重金属含量高，所以成本以数万元计算。

2. 进气节流阀

（1）作为热管理部件，进气节流阀主要作用为控制空燃比、增加节流损失、提高排气温度，通过法兰安装在中冷器之后的进气接管上。安装位置如图6-68所示，进气节流阀外形与控制电路如图6-69所示。

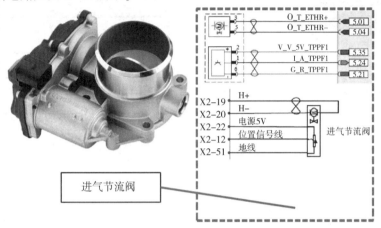

图6-69　进气节流阀外形与控制电路

（2）技术参数。

①壳体为铸铝件，电气外壳为塑料件。

②采用 Continental M34 DC steppingmotor，适用于24V。

③位置传感器为非接触式，采用ECU5V供电。

④驱动方式为H桥驱动；断电自学习，保证全开/全关位置的准确性。

⑤应用环境温度条件：-40~140℃。

⑥响应时间：阀门打开<120ms；阀门关闭<100ms。

⑦阀门默认位置：全开。

⑧可承受的压力范围：-800~3500hPa。

（3）运行工况。

①SCR加热模式。

②再生模式。

（4）失效表现。

①动力不足。

②排放超标。

3. EGR 阀

EGR阀的作用是根据发动机工作状况将一定量废气引入气缸中以降低燃烧峰值温度、降低氧的浓度，最终抑制NO_x的生成。安装位置如图6-68所示，EGR阀外形与控制电路如图6-70所示。

（1）技术参数。

①排放控制，应用EGR回路上，热端阀在EGR冷却器之前，冷端阀在EGR冷却器之后。

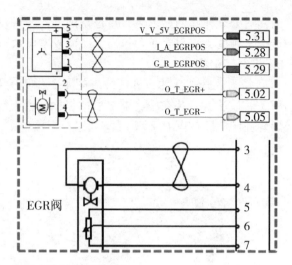

图 6-70　EGR 阀外形与控制电路

②EGR 阀主体为不锈钢件，阀座铸铝，电气外壳为塑料件。

③采用无刷扭矩直流电机，适用于 24V。

④位置传感器为非接触式，采用 ECU5V 供电。

⑤驱动方式为 H 桥驱动，断电进行自学习，保证全开/全关位置的准确性。

⑥应用环境温度条件：-40~140℃。

⑦响应时间：阀开启<100ms；阀关闭<100ms。

（2）运行工况。

①启动、暖机、怠速、低负荷工况下 EGR 阀不动作。

②中等负荷下，EGR 阀动作。

③加速工况下，EGR 阀不动作。

（3）失效表现。

①动力不足。

②排放超标。

4. 文丘里管路

废气流经文丘里管的喉口时，会在喉口前后产生压差，废气流量越大，产生的压差越大。文丘里压差传感器可以精确测量压差，并反馈给 ECU，ECU 根据 EGR 冷却后温度传感器、进气压力传感器、文丘里压差传感器等信号计算出 EGR 阀引入气缸内的废气量。文丘里压差传感器安装在文丘里流量计上，发动机出厂时已安装完成，文丘里流量计安装在 EGR 单向阀之后的进气管路上。文丘里管路安装位置如图 6-68 所示，文丘里管路外形与相关部件布局与位置如图 6-71 所示。

5. DPM 计量喷射单元

DPM 计量喷射单元的作用是在发动机再生模式下，MU 单元接收 ECU 控制信号，打开 DV 阀与 SV 阀，将燃油喷入排气管中，使其在 DOC 内氧化放热，进一步提高 DOC、DPF 内温度，促使碳颗粒与 O_2 反应，减少碳颗粒的排放。DPM 计量喷射单元相关部件、油路走向与控制电气原理如图 6-72 所示。

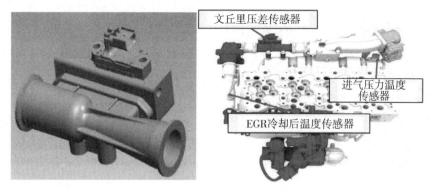

图 6-71 文丘里管路外形与相关部件布局与位置

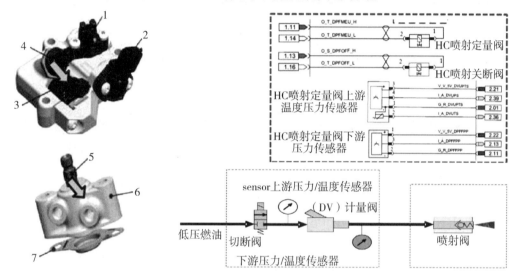

1. SV 阀（关断阀）　2. 上游压力温度传感器　3. DV 阀（喷射阀）　4. 下游压力传感器　5. 燃油进油管接头
6. 阀体　7. 衬垫

图 6-72 DPM 计量喷射单元相关部件、油路走向与控制电气原理图

（1）运行工况。

①行车再生。

②驻车再生。

（2）失效表现。

①无法再生。

②燃油泄漏。

6. 潍柴发动机国六后处理系统对使用保养的影响

潍柴发动机国六后处理系统新增 DOC、DPF、EGR 等装置，包括围绕其增加的 DPM、各类传感器、执行器等，以及 ECU 系统升级、法规对 OBD 要求升级，包括气体机 TWC，因此对使用保养产生较大影响，其主要影响如下。

①对燃油品质、机油品质、尿素品质、空气滤芯、进排气管路垫片等提出更高要求。

②对服务技术能力的挑战。

③对客户的使用、保养、维护的影响。

④国六关键零部件质保期的要求。

十二、OBD 系统对国六后处理系统的监测

OBD 系统是政府强制执行的标准，国六 OBD 系统能够主动监控几乎所有与排放相关部件的控制系统，以发现对排放产生不利影响的故障。如果检测到使排放变差的故障，系统点亮车辆仪表板上特定的报警指示灯并储存故障码，一些故障可能还会造成进入"降功率"（限扭）运行状态，一些更严重的故障还会造成"限车速"（爬行）运行状态。

OBD 系统依据发动机排放后处理系统配置，按照 DOC、DPF、SCR 的监测要求实时监测排放后处理净化性能，在车辆全寿命内若排放后处理系统出现故障而导致排放超过 OBD 限值，OBD 系统将激活驾驶员报警系统，并提示驾驶员尽快维修。

1. 国六 OBD 报警系统和驾驶员报警系统的关系

驾驶员报警系统的一些监测内容与 OBD 报警系统的相交，因此一些故障可能会同时点亮驾驶员报警系统报警灯（DWL）以及 OBD 报警灯。两种报警灯具体监测内容如图 6-73 所示。

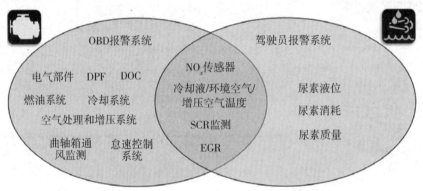

图 6-73 OBD 报警系统和驾驶员报警系统监测内容

2. 柴油氧化催化器 DOC 与颗粒捕集器 DPF 的监测

国六 OBD 系统要监测 DPF 系统的相关部件的工作状况和性能参数，当 DPF 系统出现故障时，OBD 系统会报出相应的故障码并做出相应的处理。

（1）DOC 性能监测。

监测 DOC 的 HC 转化效率，当 OBD 系统监测到转化效率降低时会报出相应的故障码，此项属于严重功能性故障监测（1691）。

（2）DPF 性能检测。

OBD 系统应在 DPF 堵塞（2639、1921、1922）或 DPF 不能捕集颗粒时（指 DPF 载体完全损坏、移除、丢失或颗粒捕集器被一个消音器或直管所取代）检测出故障，以上两项都属于严重功能性故障监测。

OBD 系统监测 DPF 的过滤和再生过程，在 DPF 性能下降并导致颗粒排放超过 OBD 限值时，OBD 系统应检测出故障，此项属于排放限值监测（3168）。

OBD 系统监测 DPF 再生的频次，OBD 系统能够检测出再生次数频繁的故障，此项属于功能监测（3375）。

3. 氮氧化合物催化还原器（SCR）的监测

OBD 系统要监测发动机上 SCR 系统，主要包括：DEF 喷射系统监测（监测喷射系统正常调节 DEF 喷射量的能力），此项属于功能监测；DEF 可用性和正常消耗量监测，此项属于功能监测（3867、4658）；SCR 催化器转化 NO_x 效率监测，此项属于排放限值监测（5655）；SCR 后处理器的温度监测，此项属于功能监测（3231、3229、3235、3165）；SCR 催化器丢失监测，此项属于严重功能性故障监测（3151）。

第七章　商用车柴油高压共轨系统故障检修方法

第一节　商用车柴油高压共轨系统故障检修相关注意事项

一、柴油高压共轨系统油路检修注意事项

（1）使用压缩空气时，戴上合适的护目镜和防护面罩，因为飞扬的碎末和脏物可能会造成人身伤害。

（2）使用蒸汽清洁器时，戴上护目镜或防护面罩，并穿上防护服，因为蒸汽可能会造成严重的人身伤害。

（3）进行油路拆解前务必清洁所有的管接头，因为污垢或污染物可能会损坏燃油系统部件。

（4）在维修任何燃油系统部件（如燃油管、燃油泵、喷油器等）之前，由于维修时燃油系统或发动机内部部件在解体前可能会受到潜在污染，因此应清洁管接头、安装件以及要拆卸部件的周边区域。

（5）为了防止碎末或污染物导致的发动机损坏，在维修燃油系统时应尽快蒙住、盖上或者塞住所有的开口。

（6）检查和维修燃油系统之前，断开蓄电池负极电缆。

（7）燃油是易燃物，是否安全取决于所在的环境，当进行燃油系统相关操作时，务必使香烟、明火、指示灯、电弧设备以及开关远离工作区，并且在工作区配备通风设备，以避免发生人身伤害甚至死亡。

（8）为了避免人身伤害，切勿在发动机运转时松开任何燃油管接头。

（9）使燃油远离橡胶或皮革部件，以免发生火灾。

（10）柴油喷射设备按非常精确的公差和间隙制造，因此，对燃油系统进行操作时，绝对清洁的工作环境是非常重要的，必须用专用的堵盖把所有开口做封闭处理。

（11）断开燃油系统管路之前需要检查并确认燃油管接头周围无污染或杂质，如果有，则将其清理干净，因为污染或杂质可能会损坏燃油系统或发动机。

（12）不要用力弯曲或扭曲燃油系统油管。

（13）当使用溶剂、酸或碱性材料清洗时，请遵循制造商的使用建议，戴上护目镜并穿上防护服，以避免人身伤害。

（14）使用不对铝产生危害的清洗溶剂或清洗剂。

（15）不要使清洁剂进入燃油管接头，污垢和碎末可能会损坏燃油系统部件。

（16）不要在热的发动机上对燃油系统进行排气，可能使燃料溅到高温排气歧管上并引发火灾。

（17）在连接燃油系统各管路之前，确保各油管接头没有被损坏，如果被发现损坏或

裂纹，应更换油管总成，确保油管连接表面没有污垢。

（18）在柴油发动机运转时，切勿对燃油系统中任何部件进行维修，因为柴油在极高的高压下通过高压油管从高压泵流向喷油器，此时高压燃油可达到 200MPa，故在柴油机运转期间切勿松动任何高压部件。

（19）在检查柴油发动机油路泄漏时应特别小心，燃油在高压下能注入皮肤并导致人身伤害或死亡，所以必须避免与燃油喷雾产生任何接触，如果有高压燃油泄漏可以使用遮护板遮挡检查泄漏状态。

二、柴油高压共轨电控系统检修注意事项

（1）维修发动机电控系统时（包括插拔任何线束接头时），必须切断蓄电池电源，不要带电插拔发动机电控系统部件插头。

（2）原厂发动机线束由车辆制造商提供并安装，如果进行更换，请遵循车辆制造商（原厂维修手册）的操作步骤。

（3）在发动机高温或冷却液加压时，不得打开冷却系统的加注盖，防止高温冷却液泄出造成人身伤害。

（4）发动机启动前应确保变速机构操纵杆位于"空挡"位置。

（5）不得随意调整 ECU 数据，应按照车辆厂商的指导与规定进行操作。

（6）注意保持发动机电控系统各电器部件接口干净、干燥且安装到位。

（7）拆装发动机电控系统电器部件时不能用力过大以损坏相关部件。

（8）为防止损坏 ECU 接头后盖，抬起杆之前先按下锁片，否则会导致 ECM 接头后盖损坏。

（9）不要使用压缩空气吹发动机电控系统电器部件端口或接头，特别是 ECU，由于冷凝作用，压缩空气可能含有湿气。

（10）当测量气缸压力时，应该拆下燃油喷射系统的继电器或保险丝，目的是防止测量时发动机着车。

（11）用万用表进行发动机电控系统检测时，应该使用 10kΩ 以上的数字万用表，以防止损坏发动机控制单元（ECU）或相关电器部件。

（12）相关零件更换或维修后，需要通过车辆厂商指定的专用诊断仪进行匹配设置。

（13）发动机电器部件有插拔次数限制，不要频繁插拔。

第二节　商用车柴油高压共轨系统故障码检修

一、商用车康明斯柴油发动机（BOSCH 系统）故障码定义与解决措施

以福田欧曼商用车康明斯柴油发动机（福康 ISGe）为例，当发动机控制系统出现故障时，车辆仪表会有相应的提示，汽车厂商专用检测仪（FT700、INSITE）也会报出相对应的故障码。故障码相关信息如表 7-1 至表 7-140 所示，其中 DTC 为检测仪显示故障码，SPN 与 FMI 为仪表显示故障信息。

1. 故障码：111（表7-1）

表7-1

序号	DTC	SPN	FMI	故障灯颜色
1	111	629	12	红色

（1）故障码含义。

发动机控制模块严重内部故障（智能装置或部件失效），存储器硬件故障或ECM内部电源电路故障相关的发动机控制模块（ECM）内部错误。

（2）故障现象。

车辆每次需经过3次以上才能启动或根本无法启动，同时组合仪表上发动机停机指示灯长亮。

（3）故障风险。

发动机可能熄火无法启动，把车辆停在安全的地方（停车区或服务区）。

（4）可能故障原因与解决措施。

①ECM软件版本问题，需刷写ECM。

②ECM内部存在严重故障，需更换ECM。

2. 故障码：115（表7-2）

表7-2

序号	DTC	SPN	FMI	故障灯颜色
2	115	612	2	红色

（1）故障码含义。

发动机磁性转速/位置丢失两个信号（数据不稳定、间断或不正确），ECM检测到主转速传感器和备用转速传感器的信号接反。

（2）故障现象。

启动机工作，但发动机无法启动，同时组合仪表上的发动机停机指示灯长亮。

（3）故障风险。

发动机可能无法启动，把车辆停在安全的地方（停车区或服务区）。

（4）可能故障原因与解决措施。

①曲轴位置传感器与凸轮轴位置传感器线束接插件对插错误，需正确连接曲轴位置传感器与凸轮轴位置传感器线束接插件。

②ECM软件版本错误，需刷写ECM。

3. 故障码：122（表7-3）

表7-3

序号	DTC	SPN	FMI	故障灯颜色
3	122	102	3	黄色

（1）故障码含义。

进气歧管1压力传感器电路（电压高于正常值或对高压电源短路），检测到进气歧管压力电路中信号电压偏高。

（2）故障现象。

组合仪表上发动机故障指示灯长亮，同时车辆额定载荷下，加速性能差。

（3）故障风险。

50h后发动机功率下降40%，尽快将车辆开到福田戴姆勒授权服务站。

（4）可能故障原因与解决措施。

①进气歧管温度压力传感器故障，需修理或更换进气温度压力传感器。

②进气温度信号触针对其他触针短路，需修理或更换发动机线束。

③ECM输出进气歧管压力温度传感器电源电压异常，需修理或更换ECM。

④进气歧管压力温度传感器回路线束断路，需修理或更换发动机线束。

⑤ECM软件版本错误，需刷写ECM；ECM响应异常，需修理或更换ECM。

4. 故障码：123（表7-4）

表7-4

序号	DTC	SPN	FMI	故障灯颜色
4	123	102	4	黄色

（1）故障码含义。

进气歧管1压力传感器电路（电压低于正常值或对低压电源短路）。在进气歧管压力电路中检测到低信号电压或断路。

（2）故障现象。

组合仪表上发动机故障指示灯长亮，同时车辆额定载荷下，加速性能差。

（3）故障风险。

50小时后发动机功率下降40%，尽快将车辆开到福田戴姆勒授权服务站。

（4）可能故障原因与解决措施。

①进气歧管压力温度传感器损坏，需修理或更换进气温度压力传感器。

②ECM输出进气压力温度传感器电源电压异常，需修理或更换ECM。

③进气歧管温度压力传感器电源线束断路故障，需修理或更换发动机线束。

④进气歧管压力温度传感器信号线束断路或对其他线束短路，需修理或更换发动机线束。

⑤ECM软件版本错误，需刷写ECM；ECM响应异常，需修理或更换ECM。

5. 故障码：131（表7-5）

表7-5

序号	DTC	SPN	FMI	故障灯颜色
5	131	91	3	红色

（1）故障码含义。

加速踏板或操纵杆位置传感器1电路（电压高于正常值或对高压电源短路）。

（2）故障现象。

车辆行驶过程中，始终以低于1500r/min转速运行，同时组合仪表上发动机停机指示灯长亮。

（3）故障风险。

发动机将以坡行回家模式运转，马上停机，把车辆停在安全的地方（停车区或服务区）。

（4）可能故障原因与解决措施。

①电子加速踏板故障，需更换电子加速踏板。

②电子加速踏板传感器1回路线路断路，需排查线束，修理或更换车身线束/修理或更换前车架线束。

③电子加速踏板1信号线路对其他触针短路，需排查线束，修理或更换车身线束/修理或更换前车架线束。

④ECM软件版本错误，需刷写ECM。

⑤ECM内部故障，需更换ECM。

6. 故障码：132（表7-6）

表7-6

序号	DTC	SPN	FMI	故障灯颜色
6	132	91	4	红色

（1）故障码含义。

加速踏板或操纵杆位置传感器1电路（电压低于正常值或对低压电源短路）。加速踏板位置1信号电路检测到低电压。

（2）故障现象。

车辆行驶过程中，始终以低于1500r/min转速运行，同时组合仪表上发动机停机指示灯长亮。

（3）故障风险。

发动机将以坡行回家模式运转，马上停机，把车辆停在安全的地方（停车区或服务区）。

（4）可能故障原因与解决措施。

①电子加速踏板损坏，需更换电子加速踏板。

②电子加速踏板传感器1电源线路断路，需排查线束，修理或更换车身线束/修理或更换车架线束。

③电子加速踏板1信号线路对其他触针短路，需排查线束，修理或更换车身线束/修理或更换车架线束。

④电子加速踏板传感器1信号导线的触针对地短路，需排查线束，修理或更换车身线束/修理或更换车架线束。

⑤ECM软件版本问题，需刷写ECM。

⑥ECM内部故障，需修理或更换ECM。

7. 故障码：141（表7-7）

表7-7

序号	DTC	SPN	FMI	故障灯颜色
7	141	100	4	黄色

（1）故障码含义。

发动机机油油道压力1传感器电路（电压低于正常值或对低压电源短路）。在发动机机油压力电路中检测到低信号电压或断路。

（2）故障现象。

组合仪表上发动机故障指示灯长亮。

（3）故障风险。

发动机机油压力信号异常，尽快将车辆开到福田戴姆勒授权服务站。

（4）可能故障原因与解决措施。

①机油压力传感器故障，需更换机油压力传感器。

②ECM 输出传感器电源电压故障，需修理或更换 ECM。

③机油压力传感器电源电路断路或短路，需维修或更换发动机线束。

④机油压力传感器信号导线断路或对其他触针短路，需修理或更换发动机线束。

⑤ECM 响应异常，需修理或更换 ECM。

8. 故障码：135（表7-8）

表7-8

序号	DTC	SPN	FMI	故障灯颜色
8	135	100	3	黄色

（1）故障码含义。

发动机机油油道压力1传感器电路（电压高于正常值或对高压电源短路），检测到发动机机油压力电路中电压偏高。

（2）故障现象。

组合仪表上发动机故障指示灯长亮。

（3）故障风险。

发动机机油压力信号异常，尽快将车辆开到福田戴姆勒授权服务站。

（4）可能故障原因与解决措施。

①机油压力传感器故障，需修理或更换机油压力传感器。

②机油压力传感器信号导线触针对其他触针短路故障，需修理或更换发动机线束。

③ECM 输出传感器 5V 电源异常，需修理或更换 ECM。

④机油压力传感器回路电路断路，需修理或更换发动机线束。

⑤ECM 响应异常，需修理或更换 ECM。

9. 故障码：143（表7-9）

表7-9

序号	DTC	SPN	FMI	故障灯颜色
9	143	100	18	黄色

（1）故障码含义。

发动机机油油道压力数据有效但低于正常工作范围（中等严重级别），发动机机油压力信号指示发动机机油压力低于发动机保护报警极限。

（2）故障现象。

组合仪表上机油压力低报警灯及发动机故障指示灯长亮。

（3）故障风险。

发动机性能变差，运转无力或运转粗暴，尽快将车辆开到福田戴姆勒授权服务站。

（4）可能故障原因与解决措施。

①机油滤清器堵塞，需更换机油和滤清器。

②集滤器堵塞，需更换集滤器。

③机油泵高压减压阀弹簧失去弹力，处于常泄压状态，需更换机油泵。

④机油油道压力调节器弹簧疲劳，处于常泄压状态，需更换机油压力调节阀。

10. 故障码：144（表7-10）

表7-10

序号	DTC	SPN	FMI	故障灯颜色
10	144	110	3	黄色

（1）故障码含义。

发动机冷却液温度1传感器电路（电压高于正常值或对高压电源短路），检测到发动机冷却液温度电路中信号电压偏高或断路。

（2）故障现象。

组合仪表上发动机故障指示灯长亮，同时车辆额定在载荷下，加速性能差。

（3）故障风险。

50h后发动机功率下降40%，尽快将车辆开到福田戴姆勒授权服务站。

（4）可能故障原因与解决措施。

①发动机冷却液温度传感器故障，需更换发动机冷却液温度传感器。

②ECM响应异常，需修理或更换ECM。

③冷却液温度传感器与ECM之间的线束断路故障，需修理或更换发动机线束。

④冷却液温度信号触针对其他触针短路，需修理或更换发动机线束。

⑤ECM软件版本错误，需刷写ECM。

11. 故障码：145（表7-11）

表7-11

序号	DTC	SPN	FMI	故障灯颜色
11	145	110	4	黄色

（1）故障码含义。

发动机冷却液温度1传感器电路（电压低于正常值或对低压电源短路）。检测到发动机冷却液温度电路中信号电压偏低。

（2）故障现象。

组合仪表上发动机故障指示灯长亮，同时车辆额定在载荷下，加速性能差。

（3）故障风险。

50h后发动机功率下降40%，尽快将车辆开到福田戴姆勒授权服务站。

（4）可能故障原因与解决措施。

①发动机冷却液温度传感器故障，需更换发动机冷却液温度传感器。

②冷却液温度信号触针对其他触针短路，需修理或更换发动机线束。

③冷却液温度信号线束对地短路，需修理或更换发动机线束。

④ECM软件版本错误，需刷写ECM。

⑤ECM响应异常，需修理或更换ECM。

12. 故障码: 146 (表7-12)

表7-12

表7-12

序号	DTC	SPN	FMI	故障灯颜色
12	146	110	16	黄色

(1) 故障码含义。

发动机冷却液温度数据有效但高于正常工作范围 (中等严重级别)。发动机冷却液温度高于发动机保护警告极限。

(2) 故障现象。

组合仪表上发动机故障指示灯及冷却液温度高报警灯长亮, 同时发动机转速下降的速度急剧增加或发动机在红色停机指示灯开始闪亮30s后停止运行。

(3) 故障风险。

发动机温度超过保护极限, 可能造成发动机严重故障, 尽快将车辆停到安全区域检查。

(4) 可能故障原因与解决措施。

①冷却液温度传感器故障, 需更换冷却液温度传感器。

②副水箱水管破损, 接头松动, 冷却液泄漏, 需更换副水箱水管。

③冷却系统软管破损, 冷却液泄漏, 需更换冷却系统软管。

④散热器破损, 冷却液泄漏, 需更换散热器。

⑤暖风水管破损, 冷却液泄漏, 需更换暖风水管。

⑥节温器盖垫片破损, 密封不严, 冷却液泄漏, 需更换节温器盖垫片。

⑦水泵垫片破损、密封不严, 冷却液泄漏, 需更换水泵垫片。

⑧机油冷却器垫片破损, 密封不严, 冷却液泄漏, 需更换机油冷却器垫片。

⑨后处理部分冷却管路及部件破损或密封不严, 冷却液泄漏, 需修理或更换相关零部件。

⑩风扇驱动皮带断开, 需更换风扇驱动皮带。

⑪硅油风扇离合器内部结构损坏, 结合功能失效, 需更换硅油风扇离合器。

13. 故障码: 151 (表7-13)

表7-13

序号	DTC	SPN	FMI	故障灯颜色
13	151	110	0	红色

(1) 故障码含义。

发动机冷却液温度数据有效但高于正常工作范围 (最高严重级别)。发动机冷却液温度信号指示发动机冷却液温度高于发动机保护临界极限。

(2) 故障现象。

组合仪表上发动机停机指示灯及冷却液温度高报警灯长亮, 同时发动机转速逐渐下降的速度急剧增加, 加速性能差, 发动机在红色停机指示灯开始闪亮后停止运行。

(3) 故障风险。

发动机停机或动力严重不足, 马上停机, 把车辆停在安全的地方 (停车区或服务区)。

（4）可能故障原因与解决措施。

①冷却液温度传感器故障，需更换冷却液温度传感器。

②副水箱水管破损，接头松动，冷却液泄漏，需更换副水箱水管。

③冷却系统软管破损，冷却液泄漏，需更换冷却系统软管。

④散热器破损，冷却液泄漏，需更换散热器。

⑤暖风水管破损，冷却液泄漏，需更换暖风水管。

⑥节温器盖垫片破损，密封不严，冷却液泄漏，需更换节温器盖垫片。

⑦水泵垫片破损、密封不严，冷却液泄漏，需更换水泵垫片。

⑧机油冷却器垫片破损、密封不严，冷却液泄漏，需更换机油冷却器垫片。

⑨后处理部分冷却管路及部件破损或密封不严，冷却液泄漏，需修理或更换相关零部件。

⑩风扇驱动皮带断开，需更换风扇驱动皮带。

⑪硅油风扇离合器内部结构损坏，结合功能失效，需更换硅油风扇离合器。

⑫节温器在规定值未开启，节温器损坏，需更换节温器。

⑬水泵叶轮有杂物或叶轮破损，需更换水泵。

⑭ECM 软件版本错误，需刷写 ECM。

14. 故障码：153（表7-14）

表 7-14

序号	DTC	SPN	FMI	故障灯颜色
14	153	105	3	红色

（1）故障码含义。

进气歧管 1 温度传感器电路（电压高于正常值或对高压电源短路）。检测到进气歧管空气温度电路中信号电压偏高。

（2）故障现象。

组合仪表上发动机故障指示灯长亮，同时车辆在额定载荷下，加速性能差。

（3）故障风险。

50h 后发动机功率下降 40%，尽快将车辆开到福田戴姆勒授权服务站。

（4）可能故障原因与解决措施。

①进气歧管温度压力传感器故障，需更换进气歧管空气温度传感器。

②进气温度传感器与 ECM 之间的线束断路故障，需修理或更换发动机线束。

③进气温度信号触针对其他触针短路，需修理或更换发动机线束。

④ECM 软件版本错误，需刷写 ECM。

⑤ECM 响应异常，需修理或更换 ECM。

15. 故障码：154（表7-15）

表 7-15

序号	DTC	SPN	FMI	故障灯颜色
15	154	105	4	黄色

（1）故障码含义。

进气歧管 1 温度传感器电路（电压低于正常值或对低压电源短路）。检测到进气歧管空气温度电路中信号电压偏低。

（2）故障现象。

组合仪表上发动机故障指示灯长亮，同时车辆在额定载荷下，加速性能差。

（3）故障风险。

50h后发动机功率下降40%，尽快将车辆开到福田戴姆勒授权服务站。

（4）可能故障原因与解决措施。

①进气歧管空气温度传感器损坏，需更换进气歧管空气温度传感器。

②进气温度信号触针对其他触针短路，需修理或更换发动机线束。

③进气温度信号触针对地短路，需修理或更换发动机线束。

④ECM软件版本问题，需刷写ECM。

⑤ECM响应异常，需修理或更换ECM。

16. 故障码：155（表7-16）

表7-16

序号	DTC	SPN	FMI	故障灯颜色
16	155	105	0	红色

（1）故障码含义。

进气歧管1温度（数据有效但高于正常工作范围），最高严重级别。进气歧管空气温度信号指示进气歧管空气温度超出发动机保护临界极限。

（2）故障现象。

组合仪表上发动机停机指示灯长亮，同时车辆在额定载荷下，加速性能差。

（3）故障风险。

50h后发动机功率下降40%，尽快将车辆开到福田戴姆勒授权服务站。

（4）可能故障原因与解决措施。

①进气温度传感器内部故障，需修理或更换进气歧管压力温度传感器。

②ECM软件版本错误，需刷写ECM。

③中冷器散热片堵塞或变形，需修理或更换中冷器。

17. 故障码：187（表7-17）

表7-17

序号	DTC	SPN	FMI	故障灯颜色
17	187	3510	4	黄色

（1）故障码含义。

传感器电源2电路（电压低于正常值或对低压电源短路）。检测到传感器电源2电路中电压偏低。

（2）故障现象。

组合仪表上发动机故障指示灯长亮，同时车辆额定载荷下，加速性能差。

（3）故障风险。

50h后发动机功率下降40%，尽快将车辆开到福田戴姆勒授权服务站。

（4）可能故障原因与解决措施。

①凸轮轴位置传感器损坏，需更换凸轮轴位置传感器。

②进气歧管压力温度传感器损坏，需更换进气歧管压力温度传感器。

③机油压力传感器损坏，需更换机油压力传感器。

④燃油油轨压力传感器损坏，需更换燃油油轨压力传感器。

⑤传感器电源2电源线束对地短路故障，需维修或更换发动机线束。

⑥ECM 软件版本错误，需刷写 ECM。

⑦ECM 响应异常，需更换 ECM。

18. 故障码：195（表7-18）

表 7-18

序号	DTC	SPN	FMI	故障灯颜色
18	195	111	3	黄色

（1）故障码含义。

冷却液液位传感器1电路（电压高于正常值或对高压电源短路）。检测到发动机冷却液液位电路中信号电压偏高。

（2）故障现象。

组合仪表上发动机故障指示灯长亮。

（3）故障风险。

冷却液液位缺失无法检测，尽快将车辆开到福田戴姆勒授权服务站。

（4）可能故障原因与解决措施。

①发动机冷却液液位传感器损坏，需更换冷却液液位传感器。

②冷却液液位传感器回路电路断路，需修理或更换车架线束。

③冷却液液位信号导线的触针对其他触针短路，需修理或更换车架线束。

④ECM 软件版本错误，需刷写 ECM。

19. 故障码：196（表7-19）

表 7-19

序号	DTC	SPN	FMI	故障灯颜色
19	196	111	4	黄色

（1）故障码含义。

冷却液液位传感器1电路（电压低于正常值或对低压电源短路）。发动机冷却液液位电路中检测到低信号电压。

（2）故障现象。

组合仪表上发动机故障指示灯长亮。

（3）故障风险。

冷却液液位缺失无法检测，尽快将车辆开到福田戴姆勒授权服务站。

（4）可能故障原因与解决措施。

①发动机冷却液液位传感器损坏，需更换冷却液液位传感器。

②冷却液液位传感器电源导线断路，需维修或更换发动机线束。

③冷却液液位传感器信号电路断路，需维修或更换发动机线束。

④冷却液液位传感器信号导线的触针之间短路，需维修或更换发动机线束。

⑤冷却液液位传感器信号导线的触针对地短路，需维修或更换发动机线束。

⑥ECM 软件版本问题，需刷写 ECM。

20. 故障码：197（表 7-20）

表 7-20

序号	DTC	SPN	FMI	故障灯颜色
20	197	111	1/18	黄色

（1）故障码含义。

冷却液液位（数据有效但低于正常工作范围），中等严重级别。检测到发动机冷却液液位低。

（2）故障现象。

组合仪表上冷却液液位不足报警灯长亮，同时发动机故障指示灯长亮。

（3）故障风险。

发动机冷却液缺失，可能造成发动机严重故障，尽快将车辆开到福田戴姆勒授权服务站。

（4）可能故障原因与解决措施。

①冷却液液位传感器故障，需更换冷却液液位传感器。

②散热器进出水管路破裂或连接不牢，需更换或紧固相关故障零部件。

③副水箱进出水管路破裂或连接不牢，需更换或紧固相关故障零部件。

④暖风水管破裂漏水，需更换暖风水管。

⑤空压机冷却液管破裂漏水，需更换空压机冷却液管。

⑥后处理系统冷却管路破裂或连接不牢，需更换或紧固相关故障零部件。

⑦散热器盖损坏或承压等级低，需更换散热器压力盖。

⑧散热器破裂漏水，需更换散热器。

⑨节温器盖破裂漏水，需更换节温器盖。

⑩水泵垫片破损，冷却液泄漏，需更换水泵垫片。

⑪水泵穴蚀，需更换水泵。

⑫机油冷却器垫片破损，需更换机油冷却器垫片。

21. 故障码：221（表 7-21）

表 7-21

序号	DTC	SPN	FMI	故障灯颜色
21	221	108	3	黄色

（1）故障码含义。

大气压力传感器电路（电压高于正常值或对高压电源短路）。检测到大气压力电路中信号电压偏高。

（2）故障现象。

组合仪表上发动机故障指示灯长亮，在额定载荷下，车辆加速性能差。

（3）故障风险。

50h 后发动机功率下降 40%，尽快将车辆开到福田戴姆勒授权服务站。

（4）可能故障原因与解决措施。

①大气压力传感器损坏，需更换 ECM。

②ECM 软件版本错误，需刷写 ECM。

22．故障码：222（表7-22）

表7-22

序号	DTC	SPN	FMI	故障灯颜色
22	222	108	4	黄色

（1）故障码含义。

大气压力传感器电路（电压低于正常值或对低压电源短路）。检测到大气压力电路中信号电压偏低。

（2）故障现象。

组合仪表上发动机故障指示灯长亮，在额定载荷下，车辆加速性能差。

（3）故障风险。

50h 后发动机功率下降40%，尽快将车辆开到福田戴姆勒授权服务站。

（4）可能故障原因与解决措施。

①大气压力传感器损坏，需更换 ECM。

②ECM 软件版本错误，需刷写 ECM。

23．故障码：227（表7-23）

表7-23

序号	DTC	SPN	FMI	故障灯颜色
23	227	3510	3	黄色

（1）故障码含义。

传感器电源2电路（电压高于正常值或对高压电源短路），检测到传感器电源2电路中电压偏高。

（2）故障现象。

组合仪表上发动机故障指示灯长亮，同时车辆额定载荷下，加速性能差。

（3）故障风险。

50h 后发动机功率下降40%，尽快将车辆开到福田戴姆勒授权服务站。

（4）可能故障原因与解决措施。

①传感器电源2电源线束对电源短路，需修理或更换发动机线束。

②ECM 软件版本错误，需刷写 ECM。

③ECM 故障，需修理或更换 ECM。

24．故障码：234（表7-24）

表7-24

序号	DTC	SPN	FMI	故障灯颜色
24	234	190	0	红色

（1）故障码含义。

发动机曲轴转速/位置（数据有效但高于正常工作范围最高严重级别），发动机转速信号指示发动机转速超出发动机保护极限。

（2）故障现象。

组合仪表上发动机停机指示灯长亮，同时在额定载荷下，车辆加速性能差。

（3）故障风险。

发动机可能无法启动，马上停机，把车辆停在安全的地方（停车区或服务区）。

（4）可能故障原因与解决措施。

①发动机空转下坡导致发动机超速，需改正不良驾驶习惯。

②发动机运行环境有代用燃料源，需消除代用燃料源。

③发动机转速信号错误，需更换发动机转速传感器。

④ECM 软件版本错误，需刷写 ECM。

⑤ECM 内部故障，需修理或更换 ECM

25. 故障码：235（表 7-25）

表 7-25

序号	DTC	SPN	FMI	故障灯颜色
25	235	190	0	红色

（1）故障码含义。

冷却液液位（数据有效但低于正常工作范围最高严重级别），发动机冷却液液位极低。

（2）故障现象。

发动机在红色停机指示灯开始闪亮后停止运行，或车辆加速性差，同时组合仪表上发动机停机指示灯及冷却液不足报警灯长亮。

（3）故障风险。

发动机冷却液液位不足，可能造成发动机严重故障，马上停机，把车辆停在安全的地方（停车区或服务区）。

（4）可能故障原因与解决措施。

①冷却液液位传感器故障，需更换冷却液液位传感器。

②散热器进出水管路破裂或连接不牢，需更换或紧固相关故障零部件。

③副水箱进出水管路破裂或连接不牢，需更换或紧固相关故障零部件。

④暖风水管破裂漏水，需更换暖风水管。

⑤空压机冷却水管破裂漏水，需更换空压机冷却水管。

⑥后处理系统冷却管路破裂或连接不牢，需更换或紧固相关故障零部件。

⑦散热器盖损坏或承压等级低，需更换散热器压力盖。

⑧散热器破裂漏水，需更换散热器。

⑨节温器盖破裂漏水，需更换节温器盖。

⑩水泵垫片破损，冷却液泄漏，需更换水泵垫片。

⑪水泵穴蚀，需更换水泵。

⑫机油冷却器垫片破损，需更换机油冷却器垫片。

⑬气缸套封水圈锈蚀，冷却液泄漏，需更换气缸套封水圈。

⑭ECM 软件版本问题，需刷写 ECM。

26. 故障码：238（表7-26）

表7-26

序号	DTC	SPN	FMI	故障灯颜色
26	238	3511	4	黄色

（1）故障码含义。

传感器电源3电路（电压低于正常值或对低压电源短路），检测到5V传感器电源电路到发动机转速传感器的低电压。

（2）故障现象。

每次需经过3次以上才能启动发动机或根本无法启动或发动机运转不平稳，同时组合仪表上发动机故障指示灯长亮。

（3）故障风险。

发动机性能变差，运转粗暴，动力不足，启动困难或无法启动，尽快将车辆开到福田戴姆勒授权服务站。

（4）可能故障原因与解决措施。

①曲轴位置传感器故障，需更换曲轴位置传感器。

②传感器电源3线束对地短路，需修理或更换发动机线束。

③ECM软件版本错误，需刷写ECM。

④ECM内部故障，需修理或更换ECM。

27. 故障码：239（表7-27）

表7-27

序号	DTC	SPN	FMI	故障灯颜色
27	239	3511	3	黄色

（1）故障码含义。

传感器电源3电路（电压高于正常值或对高压电源短路），检测到5V传感器电源电路到发动机转速传感器的高电压。

（2）故障现象。

每次需经过3次以上才能启动发动机或根本无法启动或发动机运转不平稳，同时组合仪表上发动机故障指示灯长亮。

（3）故障风险。

发动机性能变差，运转粗暴，动力不足，启动困难或无法启动，尽快将车辆开到福田戴姆勒授权服务站。

（4）可能故障原因与解决措施。

①传感器电源3电源线束对电源短路，需修理或更换发动机线束。

②ECM软件版本错误，需刷写ECM。

③ECM内部故障，需修理或更换ECM。

28. 故障码：249（表7-28）

（1）故障码含义。

大气温度传感器1电路（电压高于正常值或对高压电源短路），检测到大气温度电路中信号电压偏高。

表 7-28

序号	DTC	SPN	FMI	故障灯颜色
28	249	171	3	黄色

（2）故障现象。

组合仪表上发动机指示灯长亮，同时车辆在额定载荷下加速性能差。

（3）故障风险。

50h 后发动机功率下降 40%，尽快将车辆开到福田戴姆勒授权服务站。

（4）可能故障原因与解决措施。

①环境温度传感器损坏，需更换环境温度传感器。

②环境温度传感器与 ECM 之间的线束断路，需修理或更换车架线束。

③环境温度传感器信号线束对其他线束短路，需修理或更换车架线束。

④ECM 软件版本错误，需刷写 ECM。

29. 故障码：256（表 7-29）

表 7-29

序号	DTC	SPN	FMI	故障灯颜色
29	256	171	4	黄色

（1）故障码含义。

大气温度传感器 1 电路（电压低于正常值或对低压电源短路），大气温度电路中检测到低电压。

（2）故障现象。

组合仪表上发动机指示灯长亮，同时车辆在额定载荷下加速性能差。

（3）故障风险。

50h 后发动机功率下降 40%，尽快将车辆开到福田戴姆勒授权服务站。

（4）可能故障原因与解决措施。

①环境温度传感器损坏，需更换环境温度传感器。

②环境温度传感器信号触针对其他触针短路，需修理或更换前车架线束。

③环境温度信号触针对地短路，需修理或更换前车架线束。

④ECM 软件版本错误，需刷写 ECM。

30. 故障码：269（表 7-30）

表 7-30

序号	DTC	SPN	FMI	故障灯颜色
30	269	1195	2	红色

（1）故障码含义。

防盗密码有效指示器（数据不稳定、间断或不正确）。在未通过发动机锁止防盗设备验证的情况下试图使发动机点火。

（2）故障现象。

组合仪表上发动机防盗指示灯及故障指示灯长亮，同时点火开关置于 START 挡，发动机无法启动。

（3）故障风险。

发动机可能无法启动，马上停机，把车辆停在安全的地方（停车区或服务区）。

（4）可能故障原因与解决措施。

①防盗控制器电源线路断路故障，需修理或更换车身线束。

②防盗控制器接地线路断路故障，需修理或更换车身线束。

③电子防盗线圈故障，需更换电子防盗线圈。

④防盗线圈信号线路断路故障，需修理或更换车身线束。

⑤发动机防盗控制器故障，需更换发动机防盗控制器。

⑥ECM 软件版本故障，需刷写 ECM。

31. 故障码：271（表 7-31）

表 7-31

序号	DTC	SPN	FMI	故障灯颜色
31	271	1347	4	黄色

（1）故障码含义。

发动机燃油泵增压总成 1 电路（电压低于正常值或对低压电源短路），在燃油泵执行器电路中检测到信号电压低。

（2）故障现象。

组合仪表上发动机故障指示灯长亮。

（3）故障风险。

发动机性能变差，运转粗暴，动力不足，尽快将车辆开到福田戴姆勒授权服务站。

（4）可能故障原因与解决措施。

①燃油泵执行器损坏，需更换燃油泵执行器。

②燃油泵执行器信号触针对其他触针短路，需修理或更换发动机线束。

③燃油泵执行器信号触针对地短路，需修理或更换发动机线束。

④ECM 软件版本错误，需刷写 ECM。

⑤ECM 响应异常，需更换 ECM。

32. 故障码：272（表 7-32）

表 7-32

序号	DTC	SPN	FMI	故障灯颜色
32	272	1347	3	黄色

（1）故障码含义。

发动机燃油泵增压总成 1 电路（电压高于正常值或对高压电源短路），在燃油泵执行器电路中检测到信号电压高或断路。

（2）故障现象。

点火开关置于 START 挡，启动机运转但发动机无法启动，同时组合仪表上发动机故障指示灯长亮。

（3）故障风险。

发动机性能变差，运转粗暴，动力不足，尽快将车辆开到福田戴姆勒授权服务站。

（4）可能故障原因与解决措施。

①燃油泵执行器内部断路，需修理或更换燃油泵执行器。

②燃油泵执行器回路线束断路，需修理或更换发动机线束。

③ECM 输出燃油泵执行器工作电压异常，需更换 ECM。

④燃油泵执行器信号线束断路，需修理或更换发动机线束。

⑤燃油泵执行器信号触针与其他触针短路故障，需修理或更换发动机线束。

⑥ECM 软件版本错误，需刷写 ECM。

33. 故障码：322（表7-33）

表 7-33

序号	DTC	SPN	FMI	故障灯颜色
33	322	651	5	黄色

（1）故障码含义。

1 缸喷油器电磁阀驱动电路-电流低于正常值或断路。切断电压后，在 1 号喷油器处检测到电流。

（2）故障现象。

组合仪表上发动机故障指示灯长亮，同时车辆静止时发动机抖动，加速性能差。

（3）故障风险。

发动机抖动，运转粗暴，动力不足，尽快将车辆开到福田戴姆勒授权服务站。

（4）可能故障原因与解决措施。

①1 缸喷油器驱动线束对地短路，需排查线束，修理或更换喷油器线束/修理或更换发动机线束。

②喷油器电磁阀内部对地短路，需修理或更换喷油器。

③ECM 线束接插件中 1 缸喷油器触针对其他触针短路，需排查线束，修理或更换喷油器线束/修理或更换发动机线束。

④1 缸喷油内部断路，需修理或更换喷油器。

⑤喷油器电磁阀内部短路，需修理或更换喷油器。

⑥ECM 软件版本错误，需刷写 ECM。

⑦ECM 内部故障，需修理或更换 ECM。

34. 故障码：323（表7-34）

表 7-34

序号	DTC	SPN	FMI	故障灯颜色
34	323	655	5	黄色

（1）故障码含义。

5 缸喷油器电磁阀驱动电路（电流低于正常值或断路），切断电压后，在 5 号喷油器处检测到电流。

（2）故障现象。

组合仪表上发动机故障指示灯长亮，同时车辆静止时发动机抖动，加速性能差。

（3）故障风险。

发动机抖动，运转粗暴，动力不足，尽快将车辆开到福田戴姆勒授权服务站。

（4）可能故障原因与解决措施。

①5缸喷油器驱动线束对地短路，需排查线束，修理或更换喷油器线束/修理或更换发动机线束。

②喷油器电磁阀内部对地短路，需修理或更换喷油器。

③ECM线束接插件中5缸喷油器触针对其他触针短路，需排查线束，修理或更换喷油器线束/修理或更换发动机线束。

④5缸喷油内部断路，需修理或更换喷油器。

⑤喷油器电磁阀内部短路，需修理或更换喷油器。

⑥ECM软件版本错误，需刷写ECM。

⑦ECM内部故障，需修理或更换ECM。

35. 故障码：324（表7-35）

表7-35

序号	DTC	SPN	FMI	故障灯颜色
35	324	653	5	黄色

（1）故障码含义。

3缸喷油器电磁阀驱动电路（电流低于正常值或断路），切断电压后，在3号喷油器处检测到电流。

（2）故障现象。

组合仪表上发动机故障指示灯长亮，同时车辆静止时发动机抖动，加速性能差。

（3）故障风险。

发动机抖动，运转粗暴，动力不足，尽快将车辆开到福田戴姆勒授权服务站。

（4）可能故障原因与解决措施。

①3缸喷油器驱动线束对地短路，需排查线束，修理或更换喷油器线束/修理或更换发动机线束。

②喷油器电磁阀内部对地短路，需修理或更换喷油器。

③ECM线束接插件中3缸喷油器触针对其他触针短路，需排查线束，修理或更换喷油器线束/修理或更换发动机线束。

④3缸喷油器内部断路，需修理或更换喷油器。

⑤喷油器电磁阀内部短路，需修理或更换喷油器。

⑥ECM软件版本错误，需刷写ECM。

⑦ECM内部故障，需修理或更换ECM。

36. 故障码：325（表7-36）

表7-36

序号	DTC	SPN	FMI	故障灯颜色
36	325	656	5	黄色

（1）故障码含义。

6缸喷油器电磁阀驱动电路（电流低于正常值或断路），切断电压后，在6号喷油器处检测到电流。

（2）故障现象。

组合仪表上发动机故障指示灯长亮，同时车辆静止时发动机抖动，加速性能差。

（3）故障风险。

发动机抖动，运转粗暴，动力不足，尽快将车辆开到福田戴姆勒授权服务站。

（4）可能故障原因与解决措施。

①6缸喷油器驱动线束对地短路，需排查线束，修理或更换喷油器线束/修理或更换发动机线束。

②喷油器电磁阀内部对地短路，需修理或更换喷油器。

③ECM线束接插件中3缸喷油器触针对其他触针短路，需排查线束，修理或更换喷油器线束/修理或更换发动机线束。

④6缸喷油内部断路，需修理或更换喷油器。

⑤喷油器电磁阀内部短路，需修理或更换喷油器。

⑥ECM软件版本错误，需刷写ECM。

⑦ECM内部故障，需修理或更换ECM。

37．故障码：331（表7-37）

表7-37

序号	DTC	SPN	FMI	故障灯颜色
37	331	652	5	黄色

（1）故障码含义。

2缸喷油器电磁阀驱动电路（电流低于正常值或断路），切断电压后，在2号喷油器处检测到电流。

（2）故障现象。

组合仪表上发动机故障指示灯长亮，同时车辆静止时发动机抖动，加速性能差。

（3）故障风险。

发动机抖动，运转粗暴，动力不足，尽快将车辆开到福田戴姆勒授权服务站。

（4）可能故障原因与解决措施。

①2缸喷油器驱动线束对地短路，需排查线束，修理或更换喷油器线束/修理或更换发动机线束。

②喷油器电磁阀内部对地短路，需修理或更换喷油器。

③ECM线束接插件中3缸喷油器触针对其他触针短路，需排查线束，修理或更换喷油器线束/修理或更换发动机线束。

④2缸喷油内部断路，需修理或更换喷油器。

⑤喷油器电磁阀内部短路，需修理或更换喷油器。

⑥ECM软件版本错误，需刷写ECM。

⑦ECM内部故障，需修理或更换ECM。

38．故障码：332（表7-38）

表7-38

序号	DTC	SPN	FMI	故障灯颜色
38	332	654	5	黄色

（1）故障码含义。

4缸喷油器电磁阀驱动电路（电流低于正常值或断路），切断电压后，在4号喷油器处检测到电流。

（2）故障现象。

组合仪表上发动机故障指示灯长亮，同时车辆静止时发动机抖动，加速性能差。

（3）故障风险。

发动机抖动，运转粗暴，动力不足，尽快将车辆开到福田戴姆勒授权服务站。

（4）可能故障原因与解决措施。

①4缸喷油器驱动线束对地短路，需排查线束，修理或更换喷油器线束/修理或更换发动机线束。

②喷油器电磁阀内部对地短路，需修理或更换喷油器。

③ECM线束接插件中3缸喷油器触针对其他触针短路，需排查线束，修理或更换喷油器线束/修理或更换发动机线束。

④4缸喷油内部断路，需修理或更换喷油器。

⑤喷油器电磁阀内部短路，需修理或更换喷油器。

⑥ECM软件版本错误，需刷写ECM。

⑦ECM内部故障，需修理或更换ECM。

39. 故障码：343（表7-39）

表7-39

序号	DTC	SPN	FMI	故障灯颜色
39	343	629	12	黄色

（1）故障码含义。

发动机控制模块警告内部硬件故障（智能装置或部件失效），检测到ECM电源故障。

（2）故障现象。

车辆运行过程中发动机熄火，或每次需经过3次以上才能启动或根本不能启动，同时组合仪表上发动机故障指示灯长亮。

（3）故障风险。

发动机熄火或启动困难、无法启动，马上停机，把车辆停在安全的地方（停车区或服务区）。

（4）可能故障原因与解决措施。

①蓄电池欠压，需蓄电池补充电。

②蓄电池老化，需更换蓄电池。

③ECM电源线束对地短路，需修理或更换车架线束。

④ECM电源线路断路故障，需排查线束，修理或更换车身线束/修理或更换车架线束。

⑤ECM接地线束断路，需修理或更换车架线束。

⑥ECM点火开关IG电源线路断路故障，需排查线束，修理或更换车身线束/修理或更换车架线束。

⑦ECM软件版本错误，需刷写ECM。

40. 故障码：351（表7-40）

（1）故障码含义。

表 7-40

序号	DTC	SPN	FMI	故障灯颜色
40	351	627	12	黄色

喷油器电源（智能装置或部件失效），ECM 测得的喷油器增压电压低。

（2）故障现象。

点火开关置于 START 挡，启动机工作但发动机无法启动，同时组合仪表上发动机故障指示灯长亮。

（3）故障风险。

发动机可能无法启动，动力不足，尽快将车辆开到福田戴姆勒授权服务站。

（4）可能故障原因与解决措施。

①ECM 内部故障，需修理或更换 ECM。

②ECM 电源线束断路故障，需排查线束，修理或更换车架线束/修理或更换车身线束。

③ECM 接地线束断路故障，需排查线束，修理或更换车架线束。

④蓄电池电量不足，需蓄电池补充充电。

⑤ECM 软件版本错误，需刷写 ECM。

⑥ECM 故障，需更换 ECM。

41. 故障码：415（表 7-41）

表 7-41

序号	DTC	SPN	FMI	故障灯颜色
41	415	100	1	红色

（1）故障码含义。

发动机机油油道压力数据有效但低于正常工作范围（最高严重级别），机油压力信号指示机油压力低于发动机保护最低临界值。

（2）故障现象。

组合仪表上发动机停机指示灯长亮，同时在额定载荷下车辆加速性能差。

（3）故障风险。

发动机机油不足，可能造成发动机严重故障，马上停机，把车辆停在安全的地方（停车区或服务区）。

（4）可能故障原因与解决措施。

①机油滤清器堵塞，需更换机油和滤清器。

②集滤器堵塞，需更换集滤器。

③机油泵高压减压阀弹簧失去弹力，处于常泄压状态，需更换机油泵。

④机油油道压力调节器弹簧疲劳，处于常泄压状态，需更换机油压力调节阀。

⑤ECM 软件版本错误，需刷写 ECM。

42. 故障码：418（表 7-42）

（1）故障码含义。

燃油含水指示灯数据有效但高于正常工作范围（最低严重级别），检测到燃油滤清器中有水。

表 7-42

序号	DTC	SPN	FMI	故障灯颜色
42	418	97	0/75	维护保养

（2）故障现象。

组合仪表上发动机故障指示灯闪烁，同时车辆每次需经过 3 次以上才能启动或无法启动，车辆在额定载荷下，加速性能差。

（3）故障风险。

动力不足，启动困难，将车辆停放在安全的地方，进行燃油粗滤器排水。

（4）可能故障原因与解决措施。

①燃油滤清器中水位过高，需燃油滤清器排水。

②ECM 软件版本错误，需刷写 ECM。

43. 故障码：428（表 7-43）

表 7-43

序号	DTC	SPN	FMI	故障灯颜色
43	428	97	3	黄色

（1）故障码含义。

燃油含水指示灯传感器电路（电压高于正常值或对高压电源短路），燃油含水电路检测到高电压。

（2）故障现象。

组合仪表上发动机故障指示灯长亮。

（3）故障风险。

燃油滤清性能下降，发动机启动困难，动力不足，尽快将车辆开到福田戴姆勒授权服务站。

（4）可能故障原因与解决措施。

①燃油含水传感器故障，需更换燃油含水传感器。

②燃油含水传感器与 ECM 之间的线束断路故障，需修理或更换车架线束。

③燃油含水传感器信号触针对其他触针短路，需修理或更换车架线束。

④ECM 软件版本错误，需刷写 ECM。

44. 故障码：429（表 7-44）

表 7-44

序号	DTC	SPN	FMI	故障灯颜色
44	429	97	4	黄色

（1）故障码含义。

燃油含水指示灯传感器电路（电压低于正常值或对低压电源短路），燃油含水电路检测到低电压。

（2）故障现象。

组合仪表上发动机停机指示灯长亮。

（3）故障风险。

燃油滤清性能下降，发动机启动困难，动力不足，尽快将车辆开到福田戴姆勒授权服务站。

（4）可能故障原因与解决措施。

①燃油含水传感器故障，需更换燃油含水传感器。

②燃油含水传感器信号触针对其他触针短路，需修理或更换车架线束。

③ECM 软件版本错误，需刷写 ECM。

④ECM 响应异常，需修理或更换 ECM。

45. 故障码：441（表7-45）

表 7-45

序号	DTC	SPN	FMI	故障灯颜色
45	441	168	1/18	黄色

（1）故障码含义。

蓄电池 1 电压数据有效但低于正常工作范围（中等严重级别），ECM 电源电压低于系统最低电压水平。

（2）故障现象。

点火开关置于 START 挡，启动机运转但发动机无法启动，同时组合仪表上发动机故障指示灯长亮。

（3）故障风险。

发动机启动困难，运转粗暴，动力不足，尽快将车辆开到福田戴姆勒授权服务站。

（4）可能故障原因与解决措施。

①蓄电池连接松动或端子腐蚀，需拧紧松动的连接并清洁端子。

②蓄电池电量不足，需蓄电池补充充电。

③蓄电池老化，需更换蓄电池。

④ECM 电源回路相关接插件连接故障，需确认故障部位，修理或更换 ECM/修理或更换发动机线束。

⑤ECM 蓄电池电源线束断路，需排查线束，修理或更换车身线束/修理或更换车架线束。

⑥ECM 接地线束断路，需修理或更换车架线束。

⑦ECM 电源线束对接地线束短路，需排查线束，修理或更换车身线束/修理或更换车架线束。

⑧ECM 电源线束对地短路，需排查线束，修理或更换车身线束/修理或更换车架线束。

⑨ECM 电源线束对其他线束短路，需排查线束，修理或更换车身线束/修理或更换车架线束。

⑩蓄电池正极端子附近导线破损或安装错误，需修理或更换车架线束。

⑪ECM 软件版本错误，需刷写 ECM。

46. 故障码：442（表7-46）

（1）故障码含义。

蓄电池 1 电压数据有效但高于正常工作范围（中等严重级别），ECM 电源电压高于系统最高电压水平。

表 7-46

序号	DTC	SPN	FMI	故障灯颜色
46	442	168	0/16	黄色

（2）故障现象。

组合仪表上发动机故障指示灯长亮。

（3）故障风险。

发动机启动困难，运转粗暴，动力不足，尽快将车辆开到福田戴姆勒授权服务站。

（4）可能故障原因与解决措施。

①蓄电池型号错误，需更换蓄电池。

②发电机充电电压过高，需修理或更换充电机。

③ECM 软件版本错误，需刷写 ECM。

47. 故障码：451（表 7-47）

表 7-47

序号	DTC	SPN	FMI	故障灯颜色
47	451	157	3	黄色

（1）故障码含义。

喷油器计量油轨 1 压力传感器电路（电压高于正常值或对高压电源短路），在燃油油轨压力传感器电路中检测到高信号电压。

（2）故障现象。

组合仪表上发动机故障指示灯长亮，同时车辆在额定载荷下加速性能差。

（3）故障风险。

发动机启动困难，运转粗暴，动力不足，尽快将车辆开到福田戴姆勒授权服务站。

（4）可能故障原因与解决措施。

①燃油油轨压力传感器故障，需更换燃油油轨压力传感器。

②燃油油轨压力信号线束对其他线束短路，需修理或更换发动机线束。

③ECM 输出燃油油轨压力传感器电源电压异常，需修理或更换 ECM。

④燃油油轨压力传感器回路线束断路，需修理或更换发动机线束。

⑤ECM 软件版本错误，需刷写 ECM。

48. 故障码：452（表 7-48）

表 7-48

序号	DTC	SPN	FMI	故障灯颜色
48	452	157	5	黄色

（1）故障码含义。

喷油器计量油轨 1 压力传感器电路（电压低于正常值或对低压电源短路），在燃油油轨压力传感器电路上检测到低信号电压。

（2）故障现象。

组合仪表上发动机故障指示灯长亮，同时在额定载荷下车辆加速性能差。

（3）故障风险。

发动机启动困难，运转粗暴，动力不足，尽快将车辆开到福田戴姆勒授权服务站。

（4）可能故障原因与解决措施。

①燃油油轨压力传感器故障，需更换燃油油轨压力传感器。

②ECM 输出燃油油轨压力传感器电源电压故障，需修理或更换 ECM。

③燃油油轨压力传感器电源线束断路或短路，需修理或更换发动机线束。

④ECM 响应异常，需修理或更换 ECM。

49. 故障码：553（表 7-49）

表 7-49

序号	DTC	SPN	FMI	故障灯颜色
49	553	157	16	黄色

（1）故障码含义。

喷油器计量油轨 1 压力数据有效但高于正常工作范围（中等严重级别），发动机控制模块（ECM）检测到燃油压力高于指令压力。

（2）故障现象。

组合仪表上发动机故障指示灯长亮。

（3）故障风险。

运转粗暴，动力不足，尽快将车辆开到福田戴姆勒授权服务站。

（4）可能故障原因与解决措施。

①回油管尺寸错误，需更换燃油回油管。

②燃油回油管泄漏、弯曲或堵塞，需修理或更换燃油回油管。

③燃油箱排气管堵塞或弯曲，需修理或更换燃油箱排气管。

④燃油泵执行器密封圈损坏，需更换燃油泵执行器。

⑤燃油油轨压力传感器型号错误，需更换燃油油轨压力传感器。

⑥燃油油轨压力传感器精度差，需更换燃油油轨压力传感器。

⑦燃油泵执行器内部故障，需修理或更换燃油泵执行器。

⑧ECM 软件版本问题，需刷写 ECM。

50. 故障码：559（表 7-50）

表 7-50

序号	DTC	SPN	FMI	故障灯颜色
50	559	157	1/18	黄色

（1）故障码含义。

喷油器计量油轨 1 压力数据有效但低于正常工作范围（中等严重级别），ECM 检测到燃油压力低于指令压力。

（2）故障现象。

经过 3 次以上发动机才能启动或根本就无法启动；同时组合仪表上发动机故障指示灯长亮。

（3）故障风险。

发动机启动困难，运转粗暴，动力不足，尽快将车辆开到福田戴姆勒授权服务站。

（4）可能故障原因与解决措施。

①供油系统有泄漏，需修理或更换相关故障零件。

②喷油器针阀卡滞，需修理或更换喷油器。

③燃油箱中吸油管滤网堵塞或通气孔堵塞，需清理燃油传感器上的通气孔或滤网。

④燃油滤清器堵塞，需更换燃油滤清器。

⑤高压油泵柱塞过度磨损，无法建立正常轨压，需更换高压油泵。

⑥ECM 软件版本错误，需刷写 ECM。

51. 故障码：596（表 7-51）

表 7-51

序号	DTC	SPN	FMI	故障灯颜色
51	596	167	16	黄色

（1）故障码含义。

电气充电系统电压数据有效但高于正常工作范围（中等严重级别），蓄电池电压监测特性检测到蓄电池电压偏高。

（2）故障现象。

组合仪表上发动机故障指示灯长亮。

（3）故障风险。

运转粗暴，动力不足，电器部件烧坏，尽快将车辆开到福田戴姆勒授权服务站。

（4）可能故障原因与解决措施。

①蓄电池型号错误，需更换蓄电池。

②发电机充电电压过高，需修理或更换充电机。

③ECM 软件版本错误，需刷写 ECM。

52. 故障码：597（表 7-52）

表 7-52

序号	DTC	SPN	FMI	故障灯颜色
52	597	167	18	黄色

（1）故障码含义。

电气充电系统电压数据有效但低于正常工作范围（中等严重级别），蓄电池电压监测特性检测到蓄电池电压低。

（2）故障现象。

组合仪表上发动机故障指示灯长亮。

（3）故障风险。

运转粗暴，动力不足，尽快将车辆开到福田戴姆勒授权服务站。

（4）可能故障原因与解决措施。

①蓄电池连接松动或端子腐蚀，需修理或更换车架线束。

②蓄电池欠压，需蓄电池补充电。

③蓄电池老化，需更换蓄电池。

④发电机故障，需更换发电机。

⑤ECM 电源线束断路故障，需排查线束，修理或更换车身线束/修理或更换前车架

线束。

⑥ECM 电源线束对地短路，需排查线束，修理或更换车身线束/修理或更换前车架线束。

⑦ECM 电源触针对其他触针短路，需排查线束，修理或更换车身线束/修理或更换前车架线束。

⑧ECM 软件版本错误，需刷写 ECM。

53. 故障码：598（表 7-53）

表 7-53

序号	DTC	SPN	FMI	故障灯颜色
53	598	167	1	红色

（1）故障码含义。

电气充电系统电压数据有效但低于正常工作范围（最高严重级别），蓄电池电压监测特性检测到蓄电池电压偏低。

（2）故障现象。

红色停机指示灯亮 30s 后，发动机停机。

（3）故障风险。

发动机可能熄火或无法启动，马上停机，把车辆停在安全的地方（停车区或服务区）。

（4）可能故障原因与解决措施。

①蓄电池连接松动或端子腐蚀，需修理或更换车架线束。

②蓄电池欠压，需蓄电池补充电。

③蓄电池老化，需更换蓄电池。

④发电机故障，需更换发电机。

⑤ECM 电源线束断路故障，需排查线束，修理或更换车身线束/修理或更换前车架线束。

⑥ECM 电源线束对地短路，需排查线束，修理或更换车身线束/修理或更换前车架线束。

⑦ECM 电源触针对其他触针短路，需排查线束，修理或更换车身线束/修理或更换前车架线束。

⑧ECM 软件版本错误，需刷写 ECM。

54. 故障码：649（表 7-54）

表 7-54

序号	DTC	SPN	FMI	故障灯颜色
54	649	1378	31	维护保养

（1）故障码含义。

发动机机油更换间隔（状况存在），更换发动机机油和滤清器。

（2）故障现象。

组合仪表上发动机故障指示灯长亮。

（3）故障风险。

未及时保养，尽快将车辆开到福田戴姆勒授权服务站。

（4）可能故障原因与解决措施。

①维护保养监测器未复位，需使用诊断仪复位维护保养监测器。

②ECM 软件版本错误，需刷写 ECM。

55. 故障码：689（表 7-55）

表 7-55

序号	DTC	SPN	FMI	故障灯颜色
55	689	190	2	黄色

（1）故障码含义。

发动机曲轴转速/位置（数据不稳定、间断或不正确），ECM 检测到发动机转速信号有问题。

（2）故障现象。

组合仪表上发动机故障指示灯长亮，同时车辆在额定载荷下，加速性能差。

（3）故障风险。

发动机启动困难，运转粗暴，动力不足，尽快将车辆开到福田戴姆勒授权服务站。

（4）可能故障原因与解决措施。

①曲轴位置转速信号线束断路，需修理或更换发动机线束。

②曲轴位置信号触针对其他触针短路，需修理或更换发动机线束。

③ECM 输出曲轴位置传感器电源电压异常，需修理或更换 ECM。

④ECM 内部故障，需修理或更换 ECM。

⑤曲轴位置传感器故障，需更换曲轴位置传感器。

⑥曲轴位置传感器损坏或机械损坏，需更换曲轴位置传感器。

⑦曲轴位置传感器安装间隙过大，需调整曲轴位置传感器安装间隙。

56. 故障码：731（表 7-56）

表 7-56

序号	DTC	SPN	FMI	故障灯颜色
56	731	723	7	黄色

（1）故障码含义。

发动机转速/位置传感器凸轮轴和曲轴未对准（机械系统不响应或失调），曲轴位置传感器与凸轮轴位置传感器的发动机位置信号不匹配。

（2）故障现象。

组合仪表上发动机故障指示灯长亮，同时车辆在额定载荷下加速性能差。

（3）故障风险。

发动机启动困难，运转粗暴，动力不足，尽快将车辆开到福田戴姆勒授权服务站。

（4）可能故障原因与解决措施。

①曲轴位置传感器有缺口、有裂纹、挤压变形或其他损坏，需修理或更换转速或位置传感器。

②凸轮轴位置传感器有缺口、有裂纹、挤压变形或其他损坏，需修理或更换凸轮轴位置传感器。

③曲轴转速信号轮破损，需更换曲轴转速信号轮。

④凸轮轴转速信号轮破损，需更换凸轮轴转速信号轮。

⑤发动机静态正时安装错误，需调整发动机静态正时。

⑥发动机齿轮系部件损坏，需更换修理损坏的齿轮系部件。

⑦发动机线束接地不良，需修理车辆接地不良部位。

⑧ECM 软件版本错误，需刷写 ECM。

57. 故障码：778（表7-57）

表 7-57

序号	DTC	SPN	FMI	故障灯颜色
57	778	723	2	黄色

（1）故障码含义。

发动机凸轮轴转速/位置传感器（数据不稳定、间断或不正确），ECM 检测到来自凸轮轴位置传感器的信号损失。

（2）故障现象。

组合仪表上发动机故障指示灯长亮，同时车辆在额定载荷下加速性能差。

（3）故障风险。

发动机启动困难，运转粗暴，动力不足，尽快将车辆开到福田戴姆勒授权服务站。

（4）可能故障原因与解决措施。

①凸轮轴位置信号线束断路，需修理或更换发动机线束。

②凸轮轴位置信号触针对其他触针短路，需修理或更换发动机线束。

③凸轮轴位置传感器线束接插件连接故障，需重新正确连接凸轮轴位置传感器线束接插件。

④凸轮轴位置传感器故障，需修理或更换凸轮轴位置传感器。

⑤凸轮轴位置传感器电源、回路线束断路，需修理或更换发动机线束。

⑥凸轮轴位置传感器线束接插件连接故障，需重新正确连接凸轮轴位置传感器线束接插件。

⑦ECM 内部故障，需修理或更换 ECM。

⑧凸轮轴位置传感器损坏，需更换凸轮轴位置传感器。

⑨凸轮轴发动机位置传感器故障，需更换凸轮轴发动机位置传感器。

58. 故障码：1117（表7-58）

表 7-58

序号	DTC	SPN	FMI	故障灯颜色
58	1117	627	2	黄色

（1）故障码含义。

点火时断电（数据不稳定、间断或不正确），向 ECM 供电的电源电压瞬时低于标定值，或不允许 ECM 正确断电。

（2）故障现象。

车辆额定载荷下，加速性能差。

（3）故障风险。

发动机启动困难，运转粗暴，动力不足，尽快将车辆开到福田戴姆勒授权服务站。

（4）可能故障原因与解决措施。

①蓄电池柱头连接故障，需拧紧松动的柱头并清洁柱头。

②蓄电池电量不足，需蓄电池补充电。

③蓄电池老化，需更换蓄电池。

④ECM 电源线束短路故障，需修理或更换车架线束。

⑤ECM 电源线束断路故障，需修理或更换车架线束。

⑥ECM 钥匙开关的输入导线断路故障，需排查线束，修理或更换车架线束/修理或更换车身线束。

⑦ECM 软件版本故障，需刷写 ECM。

59. 故障码：1239（表7-59）

表 7-59

序号	DTC	SPN	FMI	故障灯颜色
59	1239	2623	3	黄色

（1）故障码含义。

加速踏板或操纵杆位置传感器 2 电路（电压高于正常值或对高压电源短路），检测到加速踏板位置 2 信号电路上电压偏高。

（2）故障现象。

车辆行驶过程中，始终以低于 1500r/min 转速运行，同时组合仪表上发动机停机指示灯长亮。

（3）故障风险。

发动机只能怠速低功率运转，尽快将车辆开到福田戴姆勒授权服务站。

（4）可能故障原因与解决措施。

①电子加速踏板传感器故障，需更换电子加速踏板传感器。

②加速踏板传感器 2 回路线束断路，需排查线束，修理或更换车架线束/修理或更换车身线束。

③加速踏板传感器 2 信号触针对其他触针短路，需排查线束，修理或更换车架线束/修理或更换车身线束。

④ECM 软件版本错误，需刷写 ECM。

60. 故障码：1241（表7-60）

表 7-60

序号	DTC	SPN	FMI	故障灯颜色
60	1241	2623	4	黄色

（1）故障码含义。

加速踏板或操纵杆位置传感器 2 电路（电压低于正常值或对低压电源短路），加速踏板位置 2 信号电路检测到电压偏低。

（2）故障现象。

车辆行驶过程中，始终以低于 1500r/min 转速运行，同时组合仪表上发动机停机指示灯长亮。

（3）故障风险。

发动机只能怠速低功率运转，尽快将车辆开到福田戴姆勒授权服务站。

（4）可能故障原因与解决措施。

①电子加速踏板传感器故障，需更换电子加速踏板传感器。

②加速踏板传感器2的电源线束断路故障，需排查线束，修理或更换车架线束/修理或更换车身线束。

③加速踏板传感器2信号触针对地短路，需排查线束，修理或更换车架线束/修理或更换车身线束。

④加速踏板传感器2信号触针对其他触针短路，需排查线束，修理或更换车架线束/修理或更换车身线束。

⑤ECM软件版本错误，需刷写ECM。

61. 故障码：1242（表7-61）

表7-61

序号	DTC	SPN	FMI	故障灯颜色
61	1242	91	2	红色

（1）故障码含义。

加速踏板或操纵杆位置传感器1和2数据不稳定、间断或不正确，1号和2号加速踏板位置传感器读数不同。

（2）故障现象。

车辆行驶过程中，始终以低于1500r/min转速运行，同时组合仪表上发动机停机指示灯长亮。

（3）故障风险。

发动机只能怠速低功率运转，马上停机，把车辆停放在安全区域（停车区或服务区）。

（4）可能故障原因与解决措施。

①电子加速踏板损坏，需更换电子加速踏板。

②电子加速踏板传感器1电源线路断路，需排查线束，修理或更换车身线束/修理或更换车身线束。

③电子加速踏板传感器1信号线路断路，需排查线束，修理或更换车身线束/修理或更换前车架线束。

④电子加速踏板1信号线路对其他触针短路，需排查线束，修理或更换车身线束/修理或更换前车架线束。

⑤电子加速踏板传感器1信号导线的触针对地短路，需排查线束，修理或更换车身线束/修理或更换前车架线束。

⑥ECM内部故障，需修理或更换ECM。

⑦加速踏板传感器2的电源线束断路故障，需排查线束，修理或更换车架线束/修理或更换车身线束。

⑦加速踏板传感器2信号触针对地短路，需排查线束，修理或更换车架线束/修理或更换车身线束。

⑧加速踏板传感器 2 信号触针对其他触针短路，需排查线束，修理或更换车架线束/修理或更换车身线束。

⑨ECM 软件版本错误，需刷写 ECM

62. 故障码：1668（表7-62）

表 7-62

序号	DTC	SPN	FMI	故障灯颜色
62	1668	1761	4	黄色

（1）故障码含义。

后处理柴油机排气处理液罐液位传感器电路电压低于正常值或对低压电源短路。在后处理柴油机排气处理液罐液位传感器电路上检测到低信号电压。

（2）故障现象。

组合仪表上发动机停机指示灯长亮，同时车辆在额定载荷下，加速性能差。

（3）故障风险。

50h 后发动机功率下降40%，尽快将车辆开到福田戴姆勒授权服务站。

（4）可能故障原因与解决措施。

①催化剂罐液位传感器损坏，需更换催化剂罐液位传感器。

②ECM 输出催化剂罐液位传感器电源电压异常，需更换 ECM。

③催化剂罐液位传感器电源线束断路或短路，需修理或更换车架线束。

④催化剂罐液位传感器信号线束断路或短路，需修理或更换车架线束。

⑤ECM 内部故障，需更换 ECM。

63. 故障码：1669（表7-63）

表 7-63

序号	DTC	SPN	FMI	故障灯颜色
63	1669	1761	3	黄色

（1）故障码含义。

后处理柴油机排气处理液罐液位传感器电路（电压高于正常值或对高压电源短路），催化剂罐液位传感器电路中检测到高信号电压。

（2）故障现象。

组合仪表上发动机停机指示灯长亮，同时车辆在额定载荷下，加速性能差。

（3）故障风险。

50h 后发动机功率下降40%，尽快将车辆开到福田戴姆勒授权服务站。

（4）可能故障原因与解决措施。

①后处理柴油机排气处理液罐液位传感器故障，需修理或更换后处理柴油机排气处理液罐液位传感器。

②ECM 输出催化剂罐液位传感器电源电压异常，需修理或更换 ECM。

③催化剂罐液位传感器回路线束断路，需修理或更换车架线束。

64. 故障码：1673（表7-64）

（1）故障码含义。

后处理柴油机排气处理液罐液位（数据有效但低于正常工作范围最高严重级别），后处理柴油机排气处理液罐液位已降至临界警告液位以下。

表 7-64

序号	DTC	SPN	FMI	故障灯颜色
64	1673	1761	1	黄色

（2）故障现象。

组合仪表上发动机故障指示灯长亮，同时车辆在额定载荷下加速性能差。

（3）故障风险。

50h 后发动机功率下降 40%，尽快将车辆开到福田戴姆勒授权服务站。

（4）可能故障原因与解决措施。

①催化剂液不足，需添加催化剂液。

②ECM 软件版本错误，需刷写 ECM。

65. 故障码：1677（表 7-65）

表 7-65

序号	DTC	SPN	FMI	故障灯颜色
65	1677	3031	1	黄色

（1）故障码含义。

后处理柴油机排气处理液罐温度传感器（电压低于正常值或对低压电源短路），在柴油机排气处理液罐温度传感器电路上检测到低信号电压。

（2）故障现象。

组合仪表上发动机停机指示灯长亮，同时车辆在额定载荷下加速性能差。

（3）故障风险。

50h 后发动机功率下降 40%，尽快将车辆开到福田戴姆勒授权服务站。

（4）可能故障原因与解决措施。

①后处理 DEF 罐温度传感器故障，需更换后处理 DEF 罐温度传感器。

②DEF 罐温度信号触针对其他触针短路，需修理或更换车架线束。

③DEF 罐温度信号线束对地短路，需修理或更换车架线束。

④ECM 软件版本错误，需刷写 ECM。

66. 故障码：1678（表 7-66）

表 7-66

序号	DTC	SPN	FMI	故障灯颜色
66	1678	3031	3	黄色

（1）故障码含义。

后处理柴油机排气处理液罐温度传感器（电压高于正常值或对高压电源短路），在柴油机排气处理液罐温度传感器电路中检测到高信号电压或断路。

（2）故障现象。

组合仪表上发动机停机指示灯长亮，同时车辆在额定载荷下加速性能差。

（3）故障风险。

50h 后发动机功率下降 40%，尽快将车辆开到福田戴姆勒授权服务站。

（4）可能故障原因与解决措施。

①后处理 DEF 罐温度传感器内阻异常，需更换后处理 DEF 罐温度传感器。

②DEF 罐温度传感器回路线束断路，需修理或更换车架线束。

③DEF 罐温度传感器信号线束断路，需修理或更换车架线束。

④DEF 罐温度传感器信号线束对地短路，需修理或更换车架线束。

⑤ECM 软件版本错误，需刷写 ECM。

⑥ECM 内部故障，需更换 ECM。

67．故障码：1682（表 7-67）

表 7-67

序号	DTC	SPN	FMI	故障灯颜色
67	1682	3062	11/31	黄色

（1）故障码含义。

后处理柴油机排气处理液喷射单元输入管（状况存在），后处理柴油机排气处理液喷射单元不能充注。

（2）故障现象。

组合仪表上发动机故障指示灯长亮，同时车辆额定在载荷下加速性能差。

（3）故障风险。

50h 后发动机功率下降 40%，尽快将车辆开到福田戴姆勒授权服务站。

（4）可能故障原因与解决措施。

①柴油机排气处理液罐液位偏低，需加注柴油机排气处理液。

②DEF 供应管连接有误，需修理 DEF 供应管和连接。

③柴油机排气处理液罐滤清器堵塞，需清洁或更换后处理柴油机排气处理液罐。

④电气系统电压参数不符合发动机 CPL，需使用诊断仪配置电气系统电压，以符合发动机 CPL。

⑤后处理柴油机排气处理液喷射单元的电压与应用不相符，需更换后处理柴油机排气处理液喷射单元。

⑥处理柴油机排气处理液喷射单元电机信号导线断路故障，需修理或更换车架线束。

⑦后处理柴油机排气处理喷射单元电源导线断路故障，需修理或更换车架线束。

⑧后处理排气处理喷射单元信号触针对其他触针短路，需修理或更换车架线束。

⑨后处理柴油机排气处理液喷射单元滤清器和减震器磨损，需更换后处理柴油机排气处理液喷射单元。

⑩ECM 软件版本错误，需刷写 ECM。

68．故障码：1683（表 7-68）

表 7-68

序号	DTC	SPN	FMI	故障灯颜色
68	1683	3363	3	黄色

（1）故障码含义。

后处理柴油机排气处理液罐加热器（电压高于正常值或对高压电源短路），在后处理柴油机排气处理液罐加热器电路中检测到高信号电压。

（2）故障现象。

组合仪表上发动机故障指示灯长亮。

（3）故障风险。

50h后发动机功率下降40%，尽快将车辆开到福田戴姆勒授权服务站。

（4）可能故障原因与解决措施。

①DEF罐加热阀故障，需更换DEF罐加热阀。

②后处理DEF罐加热器控制阀电源断路故障，需修理或更换车架线束。

③后处理DEF罐加热器控制阀回路线束断路故障，需修理或更换车架线束。

④后处理DEF罐加热器控制阀信号触针对其他触针短路故障，需修理或更换车架线束。

⑤ECM软件版本错误，需刷写ECM。

69. 故障码：1684（表7-69）

表7-69

序号	DTC	SPN	FMI	故障灯颜色
69	1684	3363	4	黄色

（1）故障码含义。

后处理柴油机排气处理液罐加热器（电压低于正常值或对低压电源短路），在后处理柴油机排气处理液罐加热器电路中检测到低信号电压。

（2）故障现象。

组合仪表上发动机故障指示灯长亮。

（3）故障风险。

50h后发动机功率下降40%，尽快将车辆开到福田戴姆勒授权服务站。

（4）可能故障原因与解决措施。

①DEF罐加热阀故障，需更换DEF罐加热阀。

②后处理DEF罐加热器控制阀电源触针对地短路故障，需修理或更换车架线束。

③后处理DEF罐加热器控制阀信号触针对其他触针短路故障，需修理或更换车架线束。

④ECM软件版本错误，需刷写ECM。

70. 故障码：1694（表7-70）

表7-70

序号	DTC	SPN	FMI	故障灯颜色
70	1694	3226	2	黄色

（1）故障码含义。

后处理出口氮氧化合物传感器数据不稳定、间断或不正确。后处理出口氮氧化合物传感器检测到氮氧化合物传感器读数不正确。

（2）故障现象。

组合仪表上发动机停机指示灯长亮，同时额定载荷下加速性能差。

（3）故障风险。

50h后发动机功率下降40%，尽快将车辆开到福田戴姆勒授权服务站。

（4）可能故障原因与解决措施。

①氮氧化合物传感器安装错误，导致排气系统泄漏，需正确安装氮氧化合物传感器。

②催化器 SCR 喷射控制单元损坏，需更换 SCR 催化器喷射控制单元。

③氮氧化合物传感器损坏，需更换氮氧化合物传感器。

④ECM 软件版本错误，需刷写 ECM

71. 故障码：1695（表 7-71）

表 7-71

序号	DTC	SPN	FMI	故障灯颜色
71	1695	3513	3	黄色

（1）故障码含义。

传感器电源 5（电压高于正常值或对高压电源短路），检测到 OEM 线束中传感器电源 5 电路电压偏高。

（2）故障现象。

组合仪表上发动机故障指示灯长亮，加速踏板失效，发动机功率和/或转速无法随加速踏板位置变化而变化。

（3）故障风险。

发动机只能怠速低功率运转，马上停机，尽快将车辆开到福田戴姆勒授权服务站。

（4）可能故障原因与解决措施。

①加速踏板位置 5V 电源触针与蓄电池短路故障，需排查线束修理或更换车身线束/修理或更换车架线束。

②加速踏板位置 5V 电源触针对其他触针短路故障，需排查线束，修理或更换车身线束/修理或更换车架线束。

③ECM 软件版本问题，需刷写 ECM。

72. 故障码：1696（表 7-72）

表 7-72

序号	DTC	SPN	FMI	故障灯颜色
72	1696	3513	4	黄色

（1）故障码含义。

传感器电源 5（电压低于正常值或对低压电源短路），检测到 OEM 线束中传感器电源 5 电路电压偏低。

（2）故障现象。

发动机运行过程中，操作加速踏板发动机无响应，同时组合仪表上发动机故障指示灯长亮。

（3）故障风险。

发动机只能怠速低功率运转，马上停机，尽快将车辆开到福田戴姆勒授权服务站。

（4）可能故障原因与解决措施。

①电子加速踏板故障，需更换电子加速踏板。

②冷却液液位传感器损坏，需更换冷却液液位传感器。

③后处理柴油机排气处理液喷射单元损坏，需更换后处理柴油机排气处理液喷射

单元。

④电子加速踏板传感器 2 的 5V 电源触针对其他触针短路，需排查线束，修理或更换车身线束/修理或更换车架线束。

⑤电子加速踏板传感器 2 的 5V 电源触针对缸体接地短路，需排查线束，修理或更换车身线束/修理或更换车架线束。

⑥ECM 软件版本错误，需刷写 ECM。

73．故障码：1713（表 7-73）

表 7-73

序号	DTC	SPN	FMI	故障灯颜色
73	1713	3363	16	黄色

（1）故障码含义。

后处理柴油机排气处理液罐加热器数据有效但高于正常工作范围，中等严重级别。柴油机排气处理液罐加热器持续处于接通位置。

（2）故障现象。

组合仪表上发动机故障指示灯长亮，同时车辆在额定载荷下加速性能差。

（3）故障风险。

50h 后发动机功率下降 40%，尽快将车辆开到福田戴姆勒授权服务站。

（4）可能故障原因与解决措施。

①温度传感器故障，需更换柴油机排气处理液罐温度传感器。

②后处理柴油机排气处理液罐加热器控制阀安装错误，需拆下柴油机排气处理液罐加热器控制阀，并将其安装到正确位置。

③尿素罐加热控制阀卡滞，需更换尿素罐加热控制阀。

④尿素加热器冷却液回流管扭结、受阻或堵塞，需修理或更换尿素加热器冷却液回流管。

⑤ECM 软件版本错误，需刷写 ECM。

74．故障码：1887（表 7-74）

表 7-74

序号	DTC	SPN	FMI	故障灯颜色
74	1887	3226	4	黄色

（1）故障码含义。

后处理出口氮氧化物传感器电路（电压低于正常值或对低压电源短路），后处理出口氮氧化合物传感器已经检测到一个内部电路故障。

（2）故障现象。

组合仪表上发动机故障指示灯长亮，同时车辆在额定载荷下加速性能差。

（3）故障风险。

50h 后发动机功率下降 40%，尽快将车辆开到福田戴姆勒授权服务站。

（4）可能故障原因与解决措施。

①氮氧化合物电源线束断路，需排查线束，修理或更换车身线束/修理或更换车架线束。

②氮氧化合物传感器接地线束断路，需修理或更换车架线束。

③后处理出口氮氧化合物传感器故障，需更换后处理出口氮氧化合物传感器。

④ECM 软件版本错误，需刷写 ECM。

75. 故障码：1943（表 7-75）

表 7-75

序号	DTC	SPN	FMI	故障灯颜色
75	1943	3555	1/17	无

（1）故障码含义。

环境空气密度数据有效但低于正常工作范围（最低严重级别），由于车辆在高海拔条件下工作，因此降低发动机扭矩。

（2）故障现象。

车辆额定载荷下，在高海拔环境下发动机加速性能差。

（3）故障风险。

高海拔环境下，车辆动力不足，尽快将车辆开到福田戴姆勒授权服务站。

（4）可能故障原因与解决措施。

①大气压力传感器损坏，需修理或更换 ECM。

②涡轮增压器气体泄漏，需修理或更换涡轮增压器。

③ECM 软件版本错误，需刷写 ECM。

76. 故障码：2182（表 7-76）

表 7-76

序号	DTC	SPN	FMI	故障灯颜色
76	2182	1072	3	黄色

（1）故障码含义。

发动机制动执行器驱动 1 电路（电压高于正常值或对高压电源短路），检测到发动机制动 1 号电磁阀信号电路断路或高电压。

（2）故障现象。

组合仪表上发动机故障指示灯长亮，同时车辆长下坡时，打开发动机制动开关，发动机制动效果差。

（3）故障风险。

发动机制动效果差，尽快将车辆开到福田戴姆勒授权服务站。

（4）可能故障原因与解决措施。

①发动机制动电磁阀损坏，需更换发动机制动电磁阀。

②1 号发动机制动电磁阀与 ECM 之间的线束断路故障，需排查线束，修理或更换发动机制动线束/修理或更换发动机线束。

③1 号发动机制动电磁阀信号触针对其他触针短路，需排查线束，修理或更换发动机制动线束/修理或更换发动机线束。

④ECM 软件版本错误，需刷写 ECM。

⑤ECM 损坏，需更换 ECM。

77. 故障码：2183（表7-77）

表7-77

序号	DTC	SPN	FMI	故障灯颜色
77	2183	1072	4	黄色

（1）故障码含义。

发动机制动执行器驱动1电路（电压低于正常值或对低压电源短路），在发动机制动1号电磁阀信号电路中检测到低电压。

（2）故障现象。

组合仪表上发动机故障指示灯长亮，同时车辆长下坡时，打开发动机制动开关，发动机制动效果不明显。

（3）故障风险。

发动机制动效果差，尽快将车辆开到福田戴姆勒授权服务站。

（4）可能故障原因与解决措施。

①发动机制动1号电磁阀内部短路到地，需更换发动机制动电磁阀。

②发动机制动1号电磁阀电源线束对地短路，需修理或更换发动机制动线束。

③发动机制动1号电磁阀电源触针对其他触针短路，需修理或更换发动机制动线束。

④ECM软件版本错误，需刷写ECM。

⑤ECM损坏，需修理或更换ECM。

78. 故障码：2185（表7-78）

表7-78

序号	DTC	SPN	FMI	故障灯颜色
78	2185	3512	3	黄色

（1）故障码含义。

传感器电源4电路（电压高于正常值或对高压电源短路），检测到向加速踏板位置传感器供电的5VDC传感器电源电路中电压偏高。

（2）故障现象。

组合仪表上发动机故障指示灯长亮，同时操作电子加速踏板，发动机无响应。

（3）故障风险。

发动机只能怠速低功率运转，马上停机，尽快将车辆开到福田戴姆勒授权服务站。

（4）可能故障原因与解决措施。

①电子加速踏板传感器1电源触针对蓄电池电源短路，需排查线束，修理或更换车身线束/修理或更换车架线束。

②电子加速踏板传感器1电源触针对钥匙开关电源短路，需排查线束，修理或更换车身线束/修理或更换车架线束。

③ECM软件版本错误，需刷写ECM。

79. 故障码：2186（表7-79）

（1）故障码含义。

传感器电源4电路（电压低于正常值或对低压电源短路），在加速踏板位置传感器的5VDC传感器电源电路上检测到低电压。

表 7-79

序号	DTC	SPN	FMI	故障灯颜色
79	2186	3512	4	黄色

（2）故障现象。

组合仪表上发动机故障指示灯长亮，加速踏板失效，发动机功率和/或转速无法随加速踏板位置变化而变化。

（3）故障风险。

发动机只能怠速低功率运转，马上停机，尽快将车辆开到福田戴姆勒授权服务站。

（4）可能故障原因与解决措施。

①电子加速踏板故障，需更换电子加速踏板。

②电子加速踏板位置传感器 1 的 5V 电源触针对其他触针短路，需排查线束，修理或更换车身线束/修理或更换车架线束。

③电子加速踏板位置传感器 1 的 5V 电源触针对缸体接地短路，需排查线束，修理或更换车身线束/修理或更换车架线束。

④ECM 软件版本错误，需刷写 ECM。

80. 故障码：2311（表 7-80）

表 7-80

序号	DTC	SPN	FMI	故障灯颜色
80	2311	633	11/31	黄色

（1）故障码含义。

电子燃油喷射控制阀电路（状况存在），燃油泵执行器电路电阻过高或过低，或检测到间歇性连接。

（2）故障现象。

组合仪表上发动机故障指示灯长亮。

（3）故障风险。

发动机只能怠速低功率运转，马上停机，尽快将车辆开到福田戴姆勒授权服务站。

（4）可能故障原因与解决措施。

①燃油泵执行器内阻异常故障，需更换燃油泵执行器。

②燃油泵执行器信号线束对地短路，需修理或更换发动机线束。

③燃油泵执行器与 ECM 之间的线束断路，需修理或更换发动机线束。

④燃油泵执行器信号线束对其他线束或缸体接地短路，需修理或更换发动机线束。

⑤ECM 软件版本错误，需刷写 ECM。

81. 故障码：2321（表 7-81）

表 7-81

序号	DTC	SPN	FMI	故障灯颜色
81	2321	190	2	黄色

（1）故障码含义。

发动机曲轴转速/位置（数据不稳定、间断或不正确），曲轴发动机转速传感器间歇性同步。

（2）故障现象。

发动机每次需经过 3 次以上才能启动，且运转不平稳，同时组合仪表上发动机故障指示灯长亮。

（3）故障风险。

发动机运转粗暴或启动困难，动力不足，尽快将车辆开到福田戴姆勒授权服务站。

（4）可能故障原因与解决措施。

①发动机线束绝缘皮破损，需修理或更换发动机线束。

②发动机线束中间歇性连接故障，需修理或更换发动机线束。

③曲轴位置传感器损坏或安装错误，需修理或更换曲轴位置传感器。

④ECM 软件版本错误，需刷写 ECM。

82. 故障码：2322（表 7-82）

表 7-82

序号	DTC	SPN	FMI	故障灯颜色
82	2322	723	2	黄色

（1）故障码含义。

发动机凸轮轴转速/位置传感器数据不稳定、间断或不正确，凸轮轴发动机转速传感器间歇性同步。

（2）故障现象。

发动机每次需经过 3 次以上才能启动，且运转不平稳，同时组合仪表上发动机故障指示灯长亮。

（3）故障风险。

发动机运转粗暴或启动困难，动力不足，尽快将车辆开到福田戴姆勒授权服务站。

（4）可能故障原因与解决措施。

①发动机线束绝缘皮破损，需修理或更换发动机线束。

②发动机线束中间歇性连接故障，需修理或更换发动机线束。

③凸轮轴位置传感器损坏或安装错误，需更换传感器或给传感器加垫片。

④ECM 软件版本错误，需刷写 ECM。

83. 故障码：2363（表 7-83）

表 7-83

序号	DTC	SPN	FMI	故障灯颜色
83	2363	1073	4	黄色

（1）故障码含义。

发动机制动执行器驱动器输出 2 电路（电压低于正常值或对低压电源短路），在发动机制动 2 号电磁阀信号电路中检测到低电压。

（2）故障现象。

组合仪表上发动机故障指示灯长亮，同时车辆长下坡时，打开发动机制动开关，发动机制动效果不明显。

（3）故障风险。

制动效果差，尽快将车辆开到福田戴姆勒授权服务站。

（4）可能故障原因与解决措施。

①发动机制动线束绝缘层破损，需修理或更换发动机制动线束。

②发动机制动2号电磁阀内部短路到地，需更换发动机制动电磁阀。

③ECM损坏，需修理或更换ECM。

④发动机制动2号电磁阀电源线束对地短路，需修理或更换发动机制动线束。

⑤发动机制动2号电磁阀电源触针对其他触针短路，需修理或更换发动机制动线束。

⑥ECM软件版本错误，需刷写ECM。

84. 故障码：2365（表7-84）

表 7-84

序号	DTC	SPN	FMI	故障灯颜色
84	2365	1112	4	黄色

（1）故障码含义。

发动机制动执行器驱动输出3电路（电压低于正常值或对低压电源短路），在发动机制动电磁阀3号信号电路中检测到低电压。

（2）故障现象。

组合仪表上发动机故障指示灯长亮，同时车辆长下坡时，打开发动机制动开关，发动机制动效果不明显。

（3）故障风险。

发动机制动效果差，尽快将车辆开到福田戴姆勒授权服务站。

（4）可能故障原因与解决措施。

①发动机制动线束绝缘层破损，需修理或更换发动机制动线束。

②发动机制动3号电磁阀内部短路到地，需更换发动机制动电磁阀。

③发动机制动3号电磁阀电源线束对地短路，需修理或更换发动机制动线束。

④发动机制动1号电磁阀电源触针对其他触针短路，需修理或更换发动机制动线束。

⑤ECM软件版本错误，需刷写ECM。

⑥ECM损坏，需修理或更换ECM。

85. 故障码：2367（表7-85）

表 7-85

序号	DTC	SPN	FMI	故障灯颜色
85	2367	1073	3	黄色

（1）故障码含义。

发动机制动执行器驱动器输出2电路（电压高于正常值或对高压电源短路），发动机制动2号电磁阀信号电路断路或检测到高电压。

（2）故障现象。

组合仪表上发动机故障指示灯长亮，同时车辆长下坡时，打开发动机制动开关，发动机制动效果差。

（3）故障风险。

发动机制动效果差，尽快将车辆开到福田戴姆勒授权服务站。

（4）可能故障原因与解决措施。

①发动机制动电磁阀损坏，需更换发动机制动电磁阀。

②1 号发动机制动电磁阀与 ECM 之间的线束断路故障，需排查线束，修理或更换发动机制动线束/修理或更换发动机线束。

③1 号发动机制动电磁阀信号触针对其他触针短路，需排查线束，修理或更换发动机制动线束/修理或更换发动机线束。

④ECM 软件版本错误，需刷写 ECM。

⑤ECM 损坏，需更换 ECM。

86. 故障码：2368（表 7-86）

表 7-86

序号	DTC	SPN	FMI	故障灯颜色
86	2368	1112	3	黄色

（1）故障码含义。

发动机制动执行器驱动器输出 3 电路（电压高于正常值或对高压电源短路），检测到 3 号发动机制动电磁阀信号电路断路或高电压。

（2）故障现象。

组合仪表上发动机故障指示灯长亮，同时车辆长下坡时，打开发动机制动开关，发动机制动效果差。

（3）故障风险。

发动机制动效果差，需尽快将车辆开到福田戴姆勒授权服务站。

（4）可能故障原因与解决措施。

①发动机制动电磁阀损坏，需更换发动机制动电磁阀。

②3 号发动机制动电磁阀与 ECM 之间的线束断路故障，需排查线束，修理或更换发动机制动线束/修理或更换发动机线束。

③3 号发动机制动电磁阀信号触针对其他触针短路，需排查线束，修理或更换发动机制动线束/修理或更换发动机线束。

④ECM 软件版本错误，需刷写 ECM。

⑤ECM 损坏，需更换 ECM。

87. 故障码：2555（表 7-87）

表 7-87

序号	DTC	SPN	FMI	故障灯颜色
87	2555	729	3	黄色

（1）故障码含义。

发动机进气加热器 1 电路（电压高于正常值或对高压电源短路），在进气加热器信号电路检测到高电压。

（2）故障现象。

在低温环境下，车辆每次需经过 3 次以上才能启动，同时组合仪表上发动机故障指示灯长亮。

（3）故障风险。

在寒冷环境下，车辆启动困难，尽快将车辆开到福田戴姆勒授权服务站。

（4）可能故障原因与解决措施。

①进气加热继电器线圈断路故障，需更换进气加热器继电器。

②进气加热器继电器回路线束断路故障，需修理或更换车架线束。

③进气加热器继电器信号电路线束断路故障，需修理或更换车架线束。

④进气加热继电器信号触针对其他触针短路故障，需修理或更换车架线束。

⑤ECM 软件版本错误，需刷写 ECM。

⑥ECM 内部故障，需修理或更换 ECM。

88. 故障码：2556（表 7-88）

表 7-88

序号	DTC	SPN	FMI	故障灯颜色
88	2556	729	4	黄色

（1）故障码含义。

发动机进气加热器 1 电路（电压低于正常值或对低压电源短路），在进气加热器信号电路检测到低电压。

（2）故障现象。

在低温环境下，车辆每次需经过 3 次以上才能启动，同时组合仪表上发动机故障指示灯长亮。

（3）故障风险。

在寒冷环境下，车辆启动困难，尽快将车辆开到福田戴姆勒授权服务站。

（4）可能故障原因与解决措施。

①进气加热器继电器失效，需更换进气加热器继电器。

②进气加热器继电器信号触针对地短路，需修理或更换车架线束。

③进气加热继电器信号触针对其他触针短路，需修理或更换车架线束。

④ECM 软件版本错误，需刷写 ECM。

⑤ECM 内部故障，需修理或更换 ECM。

89. 故障码：2771（表 7-89）

表 7-89

序号	DTC	SPN	FMI	故障灯颜色
89	2771	3226	9	黄色

（1）故障码含义。

后处理出口氮氧化合物传感器（更新速率异常），在 ECM 和后处理出口氮氧化合物传感器之间的 J1939 数据通信接口上没有检测到通信或者有效的数据传输率。

（2）故障现象。

组合仪表上发动机停机指示灯长亮，同时车辆在额定载荷下加速性能差。

（3）故障风险。

50h 后发动机功率下降 40%，尽快将车辆开到福田戴姆勒授权服务站。

（4）可能故障原因与解决措施。

①氮氧化合物传感器版本错误，需更换后处理出口氮氧化合物传感器。

②后处理出口氮氧化合物传感器电源线束断路故障，需更换车架线束总成。

③氮氧化合物传感器与 ECM 之间的 J1939 数据通信接口线束断路，需排查线束，修理或更换车架线束/修理或更换发动机线束。

④氮氧化合物传感器与 ECM 之间的 J1939 数据通信接口触针对其他触针短路，需修理或更换发动机线束。

⑤氮氧化合物传感器与 ECM 之间的 J1939 数据通信接口线束对地短路，需排查线束，修理或更换车架线束/修理或更换发动机线束。

⑥J1939 终端电阻损坏，需修理或更换 J1939 线束中的终端电阻。

⑦ECM 软件版本错误，需刷写 ECM。

90. 故障码：2772（表 7-90）

表 7-90

序号	DTC	SPN	FMI	故障灯颜色
90	2772	3226	0/15	黄色

（1）故障码含义。

后处理出口氮氧化合物数据有效但高于正常工作范围（最低严重级别），发动机氮氧化合物排放量高于建议水平。

（2）故障现象。

组合仪表上发动机停机指示灯长亮，同时车辆在额定载荷下加速性能差。

（3）故障风险。

50h 后发动机功率下降 40%，尽快将车辆开到福田戴姆勒授权服务站。

（4）可能故障原因与解决措施。

①排气处理液被污染，需更换排气处理液。

②排气处理液不符合要求，需更换排气处理液。

③排气系统管路外部泄漏，需修理排气系统外部泄漏故障。

④排气阻力过大，需修理或更换催化器消声器。

⑤后处理喷嘴堵塞或损坏，需清洁或更换后处理喷嘴。

⑥后处理 SCR 催化器故障，需更换后处理 SCR 催化器。

⑦ECM 软件版本错误，需刷写 ECM。

91. 故障码：2773（表 7-91）

表 7-91

序号	DTC	SPN	FMI	故障灯颜色
91	2773	3226	0	黄色

（1）故障码含义。

后处理出口氮氧化合物数据有效但高于正常工作范围（最高严重级别），发动机氮氧化合物排放量高于建议水平。

（2）故障现象。

组合仪表上发动机停机指示灯长亮，同时车辆在额定载荷下加速性能差。

（3）故障风险。

50h 后发动机功率下降 40%，尽快将车辆开到福田戴姆勒授权服务站。

（4）可能故障原因与解决措施。

①DEF 受到污染不符合技术规范，需更换正确的 DEF 后处理柴油机排气处理液罐。

②SCR 催化器排气泄漏，需修理 SCR 催化器排气泄漏故障。

③SCR 催化器堵塞，需修理或更换后处理 SCR 催化器。

④后处理喷嘴堵塞或阻力大，需清洁或更换后处理喷嘴。

⑤后处理 SCR 催化器故障，需更换后处理 SCR 催化器。

⑥柴油机排气处理液罐滤清器堵塞，需清洁或更换后处理柴油机排气处理液滤清器。

⑦DEF 供应管连接有误，需修理 DEF 供应管和连接。

⑧柴油机排气处理液喷射单元内的空气回路堵塞，需冲洗柴油机排气处理液喷射单元的空气回路。

⑨后处理柴油机排气处理液喷射单元损坏，需更换后处理柴油机排气处理液喷射单元。

⑩ECM 软件版本错误，需刷写 ECM。

92. 故障码：2963（表7-92）

表 7-92

序号	DTC	SPN	FMI	故障灯颜色
92	2963	110	0	黄色

（1）故障码含义。

发动机冷却液温度数据有效但高于正常工作范围（最低严重级别），发动机冷却液温度高于发动机保护警告极限。

（2）故障现象。

组合仪表上发动机冷却液温度高报警灯长亮，同时水温表指针处于红色区域内。

（3）故障风险。

发动机冷却液温度高于极限，可能造成发动机严重故障，马上停机，把车辆停在安全的地方（停车区或服务区）。

（4）可能故障原因与解决措施。

①冷却液温度传感器故障，需更换冷却液温度传感器。

②副水箱进出水管破损，接头松动，冷却液泄漏，需更换副水箱进出水管。

③散热器进出水管破损，冷却液泄漏，需更换散热器进出水管。

④散热器破损，冷却液泄漏，需更换散热器。

⑤暖风水管破损，冷却液泄漏，需更换暖风水管。

⑥节温器盖垫片破损，密封不严，冷却液泄漏，需更换节温器盖垫片。

⑦水泵垫片破损、密封不严，冷却液泄漏，需更换水泵垫片。

⑧机油冷却器垫片破损，密封不严，冷却液泄漏，需更换机油冷却器垫片。

⑨后处理部分冷却管路及部件破损或密封不严，冷却液泄漏，需修理或更换相关零部件。

⑩冷却模块被碎屑或树叶遮挡，无法正常通风散热，需清洁冷却模块。

⑪皮带张紧轮损坏，风扇驱动皮带松弛，需更换皮带张紧轮。

⑫风扇离合器内部结构损坏，结合功能失效，需更换风扇离合器。

⑬散热器内部被水垢堵塞，影响冷却液流量，需清洁散热器。

⑭节温器在规定值未完全开启，节温器卡滞，需更换节温器。

⑮水泵叶轮有杂物或叶轮破损，需更换水泵。

⑯ECM 软件版本错误，需刷写 ECM。

93. 故障码：2964（表 7-93）

表 7-93

序号	DTC	SPN	FMI	故障灯颜色
93	2964	105	0	黄色

（1）故障码含义。

进气歧管 1 温度数据有效但高于正常工作范围（最低严重级别），进气歧管空气温度信号指示进气歧管空气温度超出发动机保护报警极限。

（2）故障现象。

车辆运行过程中，发动机只能以低于 1500r/min 的转速运转。

（3）故障风险。

发动机只能怠速低功率运转，尽快将车辆开到福田戴姆勒授权服务站。

（4）可能故障原因与解决措施。

①进气温度传感器损坏，需更换进气温度压力传感器。

②空—空中冷器损坏或堵塞，需修理或更换空—空中冷器。

③ECM 软件版本错误，需刷写 ECM。

94. 故障码：3142（表 7-94）

表 7-94

序号	DTC	SPN	FMI	故障灯颜色
94	3142	4360	3	黄色

（1）故障码含义。

后处理 SCR 进口温度传感器电路（电压高于正常值或对高压电源短路），SCR 进口温度传感器电路检测到高信号电压。

（2）故障现象。

组合仪表上发动机故障指示灯长亮，同时车辆在额定载荷下加速性能差。

（3）故障风险。

50h 后发动机功率下降 40%，尽快将车辆开到福田戴姆勒授权服务站。

（4）可能故障原因与解决措施。

①SCR 进口温度传感器损坏，需更换 SCR 进口温度传感器。

②SCR 进口温度传感器与 ECM 之间的回路线束断路，需修理或更换车架线束。

③SCR 进口温度传感器与 ECM 之间的信号线束断路，需修理或更换车架线束。

④SCR 进口温度传感器信号导线触针对其他触针短路，需修理或更换车架线束。

⑤ECM 软件版本错误，需刷写 ECM。

95. 故障码：3143（表 7-95）

（1）故障码含义。

后处理 SCR 进口温度传感器电路（电压低于正常值或对低压电源短路），SCR 进口温度传感器电路检测到低信号电压。

表 7-95

序号	DTC	SPN	FMI	故障灯颜色
95	3143	4360	4	黄色

（2）故障现象。

组合仪表上发动机故障指示灯长亮，同时车辆在额定载荷下加速性能差。

（3）故障风险。

50h 后发动机功率下降 40%，尽快将车辆开到福田戴姆勒授权服务站。

（4）可能故障原因与解决措施。

①SCR 进口温度传感器损坏，需更换 SCR 进口温度传感器。

②SCR 进口温度传感器信号触针对其他触针短路，需修理或更换车架线束。

③SCR 进口温度传感器信号导线对地短路故障，需修理或更换车架线束。

④ECM 软件版本错误，需刷写 ECM。

96. 故障码：3147（表 7-96）

表 7-96

序号	DTC	SPN	FMI	故障灯颜色
96	3147	4363	4	黄色

（1）故障码含义。

后处理 SCR 出口温度传感器电路（电压低于正常值或对低压电源短路），在 SCR 出口温度传感器电路中检测到低信号电压。

（2）故障现象。

组合仪表上发动机故障指示灯长亮，且车辆加速性能差。

（3）故障风险。

50h 后发动机功率下降 40%，尽快将车辆开到福田戴姆勒授权服务站。

（4）可能故障原因与解决措施。

①SCR 出口温度传感器损坏，需更换 SCR 出口温度传感器。

②SCR 出口温度传感器信号触针对其他触针短路，需修理或更换车架线束。

③SCR 出口温度传感器信号触针对地短路，需修理或更换车架线束。

④ECM 软件版本错误，需刷写 ECM。

97. 故障码：3146（表 7-97）

表 7-97

序号	DTC	SPN	FMI	故障灯颜色
97	3146	4363	3	黄色

（1）故障码含义。

后处理 SCR 出口温度传感器电路（电压高于正常值或对高压电源短路），在 SCR 出口温度传感器电路中检测到高信号电压。

（2）故障现象。

组合仪表上发动机故障指示灯长亮，同时车辆在额定载荷下加速性能差。

（3）故障风险。

50h后发动机功率下降40%，尽快将车辆开到福田戴姆勒授权服务站。

（4）可能故障原因与解决措施。

①SCR出口温度传感器损坏，需更换SCR出口温度传感器。

②SCR出口温度传感器信号线束断路故障，需修理或更换车架线束。

③SCR出口温度传感器回路线束断路故障，需修理或更换车架线束。

④SCR出口温度传感器信号触针对其他触针短路，需修理或更换车架线束。

⑤ECM软件版本错误，需刷写ECM。

98. 故障码：3164（表7-98）

序号	DTC	SPN	FMI	故障灯颜色
98	3164	4360	15	黄色

（1）故障码含义。

后处理SCR进口温度数据有效但高于正常工作范围（最低严重级别），检测到高SCR进口温度。

（2）故障现象。

组合仪表上发动机故障指示灯长亮。

（3）故障风险。

50h后发动机功率下降40%，尽快将车辆开到福田戴姆勒授权服务站。

（4）可能故障原因与解决措施。

①温度传感器损坏，需更换SCR进口温度传感器。

②进气管路泄漏，需修理或更换进气泄漏管路。

③涡轮增压器叶片损坏，需更换涡轮增压器。

④ECM软件版本错误，需刷写ECM。

99. 故障码：3236（表7-99）

序号	DTC	SPN	FMI	故障灯颜色
99	3236	4363	15	黄色

（1）故障码含义。

后处理SCR出口温度数据有效但高于正常工作范围（最低严重级别），检测到高SCR出口温度。

（2）故障现象。

组合仪表上发动机故障指示灯长亮，同时车辆在额定载荷下加速性能差。

（3）故障风险。

50h后发动机功率下降40%，尽快将车辆开到福田戴姆勒授权服务站。

（4）可能故障原因与解决措施。

①排气处理液受到污染，需更换干净浓度正确的尿素。

②喷油器密封不严漏油，需修理或更换喷油器。

③涡轮增压器油封破损，需更换涡轮增压器。

④ECM 软件版本错误，需刷写 ECM。

100. 故障码：3242（表 7-100）

表 7-100

序号	DTC	SPN	FMI	故障灯颜色
100	3242	3363	7	黄色

（1）故障码含义。

后处理柴油机排气处理液罐加热器（机械系统不响应或失调），后处理柴油机排气处理液罐加热器指令接通时，后处理柴油机排气处理液温度没有升高。

（2）故障现象。

组合仪表上发动机故障指示灯长亮，同时车辆在额定载荷下加速性能差。

（3）故障风险。

50h 后发动机功率下降 40%，尽快将车辆开到福田戴姆勒授权服务站。

（4）可能故障原因与解决措施。

①冷却液管泄漏或损坏，需修理或更换泄漏或损坏的冷却液管、管接头或密封件。

②缺少发动机冷却液，需添加发动机冷却液。

③排气处理液罐加热器控制阀故障，需更换排气处理液罐加热器控制阀故障。

④ECM 软件版本错误，需刷写 ECM。

101. 故障码：3558（表 7-101）

表 7-101

序号	DTC	SPN	FMI	故障灯颜色
101	3558	3361	3	黄色

（1）故障码含义。

后处理柴油机排气处理液喷射单元（电压高于正常值或对高压电源短路），后处理柴油机排气处理液喷射单元检测到高信号电压。

（2）故障现象。

组合仪表上发动机故障指示灯长亮，同时车辆在额定载荷下加速性能差。

（3）故障风险。

50h 后发动机功率下降 40%，尽快将车辆开到福田戴姆勒授权服务站。

（4）可能故障原因与解决措施。

①后处理喷射单元信号触针对电源短路，需修理或更换车架线束。

②后处理喷射单元与 ECM 之间的电源、信号线束断路，需修理或更换车架线束。

③后处理柴油机排气处理液喷射单元损坏，需更换后处理柴油机排气处理液喷射单元。

④后处理柴油机排气处理液喷射单元电源触针对其他触针短路，需修理或更换车架线束。

102. 故障码：3559（表 7-102）

（1）故障码含义。

后处理柴油机排气处理液喷射单元（电压低于正常值或对低压电源短路），后处理柴油机排气处理液喷射单元检测到低信号电压。

表 7-102

序号	DTC	SPN	FMI	故障灯颜色
102	3559	3361	4	黄色

（2）故障现象。

组合仪表上发动机故障指示灯长亮，同时车辆在额定载荷下加速性能差。

（3）故障风险。

50h 后发动机功率下降 40%，尽快将车辆开到福田戴姆勒授权服务站。

（4）可能故障原因与解决措施。

①后处理柴油机排气处理液喷射单元损坏，需更换后处理柴油机排气处理液喷射单元。

②后处理排气处理液喷射单元信号触针对地短路故障，需修理或更换车架线束。

③柴油机排气处理喷射单元电源对地短路，需修理或更换车架线束。

④ECM 软件版本错误，需刷写 ECM。

103．故障码：3565（表 7-103）

表 7-103

序号	DTC	SPN	FMI	故障灯颜色
103	3565	5394	3	黄色

（1）故障码含义。

后处理柴油机排气处理液喷射阀（电压高于正常值或对高压电源短路），柴油机排气处理液喷射阀检测到高信号电压。

（2）故障现象。

组合仪表上发动机故障指示灯长亮，同时车辆在额定载荷下加速性能差。

（3）故障风险。

50h 后发动机功率下降 40%，尽快将车辆开到福田戴姆勒授权服务站。

（4）可能故障原因与解决措施。

①柴油机排气处理液喷射单元损坏，需更换后处理柴油机排气处理液喷射单元。

②后处理柴油机排气处理液喷射阀电源线束断路，需修理或更换车架线束。

③后处理柴油机排气处理液喷射阀电源触针对蓄电池电源短路，需修理或更换车架线束。

④后处理柴油机排气处理液喷射阀电源触针对其他触针短路，需修理或更换车架线束。

⑤ECM 软件版本错误，需刷写 ECM。

104．故障码：3566（表 7-104）

表 7-104

序号	DTC	SPN	FMI	故障灯颜色
104	3566	5394	4	黄色

（1）故障码含义。

后处理柴油机排气处理液喷射阀（电压低于正常值或对低压电源短路），柴油机排气处理液喷射阀检测到低信号电压。

（2）故障现象。

组合仪表上发动机故障指示灯长亮，同时车辆在额定载荷下，加速性能差。

（3）故障风险。

50h后发动机功率下降40%，尽快将车辆开到福田戴姆勒授权服务站。

（4）可能故障原因与解决措施。

①柴油机排气处理液喷射单元损坏，需更换后处理柴油机排气处理液喷射单元。

②后处理柴油机排气处理液喷射阀电源触针对地短路，需修理或更换车架线束。

③车架线束柴油机排气处理喷射阀电源触针对其他触针短路，需修理或更换车架线束。

④ECM软件版本错误，需刷写ECM。

105. 故障码：3658（表7-105）

表7-105

序号	DTC	SPN	FMI	故障灯颜色
105	3568	5394	7	黄色

（1）故障码含义。

后处理柴油机排气处理液（DEF）喷射阀（机械系统不响应或失调），在DEF喷射阀中检测到机械故障。

（2）故障现象。

组合仪表上发动机故障指示灯长亮，同时车辆在额定载荷下加速性能差。

（3）故障风险。

50h后发动机功率下降40%，尽快将车辆开到福田戴姆勒授权服务站。

（4）可能故障原因与解决措施。

①后处理柴油机排气处理液喷射单元损坏，需更换后处理柴油机排气处理液喷射单元。

②ECM软件版本错误，需刷写ECM。

106. 故障码：3571（表7-106）

表7-106

序号	DTC	SPN	FMI	故障灯颜色
106	3571	4334	3	黄色

（1）故障码含义。

后处理柴油机排气处理液压力传感器（电压高于正常值或对高压电源短路），柴油机排气处理液压力传感器电路上检测到高信号电压。

（2）故障现象。

组合仪表上发动机故障指示灯长亮，同时车辆在额定载荷下加速性能差。

（3）故障风险。

50h后发动机功率下降40%，尽快将车辆开到福田戴姆勒授权服务站。

（4）可能故障原因与解决措施。

①压力传感器损坏，需修理或更换后处理柴油机排气处理液喷射单元。

②后处理柴油机排气处理液喷射单元与 ECM 之间的排气处理液压力回路线束断路，需修理或更换车架线束。

③排气处理液压力信号线束对地短路，需修理或更换车架线束。

④排气处理液压力传感器电源触针对其他触针短路，需修理或更换车架线束。

⑤ECM 软件版本故障，需刷写 ECM。

⑥ECM 内部故障，需修理或更换 ECM。

107．故障码：3572（表 7-107）

表 7-107

序号	DTC	SPN	FMI	故障灯颜色
107	3572	4334	4	黄色

（1）故障码含义。

后处理柴油机排气处理液压力传感器（电压低于正常值或对低压电源短路），柴油机排气处理液压力传感器电路中检测到低信号电压。

（2）故障现象。

组合仪表上发动机故障指示灯长亮，且车辆加速性能差。

（3）故障风险。

50h 后发动机功率下降 40%，尽快将车辆开到福田戴姆勒授权服务站。

（4）可能故障原因与解决措施。

①排气处理液压力传感器损坏，需更换后处理柴油机排气处理液喷射单元。

②后处理柴油机排气处理液压力传感器电源线束断路，需修理或更换车架线束。

③后处理柴油机排气处理液压力传感器信号线束断路，需修理或更换车架线束。

④后处理柴油机排气处理液压力传感器信号触针对其他触针短路，需修理或更换车架线束。

⑤后处理柴油机排气处理液压力传感器信号触针对地短路，需修理或更换车架线束。

⑥ECM 软件版本错误，需刷写 ECM。

⑦ECM 内部故障，需修理或更换 ECM。

108．故障码：3574（表 7-108）

表 7-108

序号	DTC	SPN	FMI	故障灯颜色
108	3574	4334	1/18	黄色

（1）故障码含义。

后处理柴油机排气处理液压力传感器（数据有效但低于正常工作范围中等严重级别）喷射单元中检测到低柴油机排气处理液压力。

（2）故障现象。

组合仪表上发动机故障指示灯长亮，且车辆加速性能差。

（3）故障风险。

50h 后发动机功率下降 40%，尽快将车辆开到福田戴姆勒授权服务站。

（4）可能故障原因与解决措施。

①柴油机排气处理液罐液位偏低，需加注柴油机排气处理液罐。

②柴油机排气处理液罐滤清器堵塞，需清洁或更换后处理柴油机排气处理液滤清器。

③DEF供应管连接有误，需修理DEF供应管和连接。

④后处理柴油机排气处理液喷射单元信号线束断路，需修理或更换车架线束。

⑤后处理柴油机排气处理液喷射单元电源线束断路，需修理或更换车架线束。

⑥后处理柴油机排气处理液喷射单元损坏，需更换后处理柴油机排气处理液喷射单元。

⑦ECM软件版本错误，需刷写ECM。

109. 故障码：3575（表7-109）

表7-109

序号	DTC	SPN	FMI	故障灯颜色
109	3575	4334	16	黄色

（1）故障码含义。

后处理柴油机排气处理液压力传感器（数据有效但高于正常工作范围中等严重级别），柴油机排气处理液喷射单元检测到柴油机排气处理液回流液流中阻塞。

（2）故障现象。

组合仪表上发动机故障指示灯长亮，同时车辆在额定载荷下加速性能差。

（3）故障风险。

50h后发动机功率下降40%，尽快将车辆开到福田戴姆勒授权服务站。

（4）可能故障原因与解决措施。

①后处理喷射单元信号触针对其他触针短路，需修理或更换车架线束。

②后处理柴油机排气处理液喷射单元泵电机信号触针对电源短路，需修理或更换车架线束。

③柴油机排气处理液喷射单元内部故障，需更换柴油机排气处理液喷射单元。

④ECM软件版本错误，需刷写ECM。

110. 故障码：3577（表7-110）

表7-110

序号	DTC	SPN	FMI	故障灯颜色
110	3577	4376	3	黄色

（1）故障码含义。

后处理柴油机排气处理液回流阀（电压高于正常值或对高压电源短路），在后处理柴油机排气处理液回流阀中检测到高信号电压。

（2）故障现象。

组合仪表上发动机停机指示灯长亮，同时车辆在额定载荷下加速性能差。

（3）故障风险。

50h后发动机功率下降40%，尽快将车辆开到福田戴姆勒授权服务站。

（4）可能故障原因与解决措施。

①后处理DEF喷射单元回流阀损坏，需更换后处理DEF喷射单元。

②后处理DEF喷射单元与ECM之间的回流阀电源线束断路，需修理或更换前车架线束。

③回流阀电源触针对蓄电池正极短路，需修理或更换前车架线束。

④ECM 线束接插件中后处理 DEF 回流阀电源触针对其他触针短路，需修理或更换车架线束。

⑤后处理 DEF 喷射单元线束接插件中后处理 DEF 回流阀电源触针对其他触针短路，需修理或更换车架线束。

⑥ECM 内部故障，需修理或更换 ECM。

111. 故障码：3578（表 7-111）

表 7-111

序号	DTC	SPN	FMI	故障灯颜色
111	3578	4376	4	黄色

（1）故障码含义。

后处理柴油机排气处理液回流阀（电压低于正常值或对低压电源短路），在柴油机排气处理液回流阀上检测到低信号电压。

（2）故障现象。

组合仪表上发动机故障指示灯长亮，同时车辆在额定载荷下加速性能差。

（3）故障风险。

50h 后发动机功率下降 40%，尽快将车辆开到福田戴姆勒授权服务站。

（4）可能故障原因与解决措施。

①后处理 DEF 喷射单元回流阀损坏，需更换后处理 DEF 喷射单元。

②DEF 回流阀电源触针对地短路，需修理或更换前车架线束。

③ECM 线束接插件中后处理 DEF 回流阀电源触针对其他触针短路，需修理或更换车架线束。

④ECM 内部故障，需修理或更换 ECM。

⑤后处理 DEF 喷射单元线束接插件中后处理 DEF 回流阀电源触针对其他触针短路，需修理或更换车架线束。

112. 故障码：3681（表 7-112）

表 7-112

序号	DTC	SPN	FMI	故障灯颜色
112	3681	3228	2	黄色

（1）故障码含义。

后处理出口氮氧化合物传感器电源（数据不稳定、间断或不正确），后处理出口氮氧化合物传感器指示至传感器的供电不正确。

（2）故障现象。

组合仪表上发动机故障指示灯长亮，同时车辆在额定载荷下加速性能差。

（3）故障风险。

50h 后发动机功率下降 40%，尽快将车辆开到福田戴姆勒授权服务站。

（4）可能故障原因与解决措施。

①后处理出口氮氧化合物传感器故障，需更换后处理出口氮氧化合物传感器。

②蓄电池和电源接头连接松动或腐蚀，需拧紧任何松动的连接并清洁端子。

③后处理出口氮氧化合物传感器蓄电池电源线束断路，需修理或更换车架线束。

④ECM 软件版本错误，需刷写 ECM。

⑤电气系统电压设置错误，需使用诊断仪配置电气系统电压，以符合发动机配置。

⑥后处理出口氮氧化合物传感器不符合发动机配置，需更换后处理出口氮氧化合物传感器。

113. 故障码：3697（表 7-113）

表 7-113

序号	DTC	SPN	FMI	故障灯颜色
113	3697	630	2	黄色

（1）故障码含义。

发动机控制模块标定存储器（智能装置或部件失效），与发动机软件故障相关的 ECM 内部错误。

（2）故障现象。

每次需经过 3 次以上，发动机才能启动或根本无法启动，同时组合表上发动机停机指示灯和故障指示灯长亮。

（3）故障风险。

发动机可能熄火或无法启动，马上停机，把车辆停在安全的地方（停车区或服务区）。

（4）可能故障原因与解决措施。

①ECM 内部故障，需更换 ECM。

②ECM 软件版本错误，需刷写 ECM。

114. 故障码：3727（表 7-114）

表 7-114

序号	DTC	SPN	FMI	故障灯颜色
114	3727	5571	7	—

（1）故障码含义。

高压共轨燃油减压阀（机械系统不响应或失调），燃油油轨高压减压阀在低于期望值的压力下开启。

（2）故障现象。

发动机每次需经过 3 次以上才能启动，或根本无法启动，同时发动机运转过程中不平稳。

（3）故障风险。

发动机运转粗暴，动力不足，尽快将车辆开到福田戴姆勒授权服务站。

（4）可能故障原因与解决措施。

①高压油轨减压阀损坏，需更换高压油轨减压阀。

②ECM 软件版本错误，需刷写 ECM。

115. 故障码：1852（表 7-115）

（1）故障码含义。

燃油含水指示灯（数据有效但高于正常工作范围中等严重级别），燃油含水指示灯指

表 7-115

序号	DTC	SPN	FMI	故障灯颜色
115	1852	97	16	黄色

示水位高于警告水位。

（2）故障现象。

发动机运行时排气冒白烟，同时组合仪表上发动机故障指示灯长亮。

（3）故障风险。

发动机启动困难，动力不足，将车辆停放到安全区域，进行燃油滤清器排水。

（4）可能故障原因与解决措施。

①燃油滤清器中水位过高，需燃油滤清器排水。

②燃油含水传感器损坏，需更换燃油含水传感器。

③ECM 软件版本错误，需刷写 ECM。

116. 故障码：3737（表 7-116）

表 7-116

序号	DTC	SPN	FMI	故障灯颜色
116	3737	1675	31	无

（1）故障码含义。

发动机启动机模式过度拖动保护（状况存在），暂时停用启动机以防止将其损坏。

（2）故障现象。

连续使用启动机拖动发动机后，启动机不工作。

（3）故障风险。

在启动机充分冷却前，禁止启动发动机。

（4）可能故障原因与解决措施。

①蓄电池欠压，需蓄电池补充充电。

②蓄电池老化，需更换蓄电池总成。

③启动机电缆连接故障，需修理启动机电缆连接故障。

④启动机小齿轮或齿圈损坏，需修理或更换启动机。

⑤ECM 软件版本错误，需刷写 ECM。

117. 故障码：3741（表 7-117）

表 7-117

序号	DTC	SPN	FMI	故障灯颜色
117	3741	5571	0	黄色

（1）故障码含义。

高压共轨燃油减压阀（数据有效但高于正常工作范围最高严重级别），燃油油轨减压阀由于燃油油轨压力高而打开。

（2）故障现象。

组合仪表上发动机故障指示灯长亮。

（3）故障风险。

发动机运转粗暴，动力不足或启动困难，尽快将车辆开到福田戴姆勒授权服务站。

（4）可能故障原因与解决措施。

①回油管尺寸错误，需更换燃油回油管。

②燃油回油管泄漏、弯曲或堵塞，需修理或更换燃油回油管。

③燃油箱排气管堵塞或弯曲，需修理或更换燃油箱排气管。

④燃油泵执行器密封圈损坏，需更换燃油泵执行器。

⑤燃油油轨压力传感器型号错误，需更换燃油油轨压力传感器。

⑥燃油油轨压力传感器精度差，需更换燃油油轨压力传感器。

⑦燃油泵执行器内部故障，需修理或更换燃油泵执行器。

⑧ECM 软件版本问题，需刷写 ECM。

118. 故障码：4157（表 7-118）

表 7-118

序号	DTC	SPN	FMI	故障灯颜色
118	4157	4376	7	黄色

（1）故障码含义。

后处理柴油机排气处理液回流阀（机械系统不响应或失调），检测到后处理柴油机排气处理液回流阀卡住。

（2）故障现象。

组合仪表上发动机故障指示灯长亮。

（3）故障风险。

50h 后发动机功率下降 40%，尽快将车辆开到福田戴姆勒授权服务站。

（4）可能故障原因与解决措施。

后处理 DEF 回流阀损坏，需更换后处理 DEF 喷射单元。

119. 故障码：4172（表 7-119）

表 7-119

序号	DTC	SPN	FMI	故障灯颜色
119	4172	4335	3	黄色

（1）故障码含义。

后处理 1SCR 喷射空气辅助绝对压力传感器（电压高于正常值或对高压电源短路），后处理 SCR 喷射空气辅助压力传感器电路中检测到高信号电压。

（2）故障现象。

组合仪表上发动机故障指示灯长亮，同时车辆在额定载荷下加速性能差。

（3）故障风险。

50h 后发动机功率下降 40%，尽快将车辆开到福田戴姆勒授权服务站。

（4）可能故障原因与解决措施。

①后处理 SCR 喷射空气辅助压力传感器损坏，需更换后处理柴油机排气处理液喷射单元。

②后处理柴油机排气处理液喷射单元与 ECM 之间的空气辅助压力传感器回路线束断路，需修理或更换前车架线束。

③空气辅助压力传感器信号触针对其他触针短路，需修理或更换前车架线束。

④空气辅助压力传感器电源触针对其他触针短路，需修理或更换前车架线束。

⑤ECM 软件版本错误，需刷写 ECM。

⑥ECM 内部故障，需修理或更换 ECM。

120. 故障码：4173（表 7-120）

表 7-120

序号	DTC	SPN	FMI	故障灯颜色
120	4173	4335	4	黄色

（1）故障码含义。

后处理 1SCR 喷射空气辅助绝对压力传感器（电压低于正常值或对低压电源短路），后处理 SCR 喷射空气辅助压力传感器电路中检测到低信号电压。

（2）故障现象。

组合仪表上发动机故障指示灯长亮，同时车辆在额定载荷下加速性能差。

（3）故障风险。

50h 后发动机功率下降 40%，尽快将车辆开到福田戴姆勒授权服务站。

（4）可能故障原因与解决措施。

①后处理 SCR 喷射空气辅助压力传感器损坏，需更换后处理柴油机排气处理液喷射单元。

②后处理柴油机排气处理液喷射单元与 ECM 之间的空气辅助压力传感器电源线束断路，需修理或更换前车架线束。

③后处理柴油机排气处理液喷射单元与 ECM 之间的空气辅助压力传感器信号线束断路，需修理或更换前车架线束。

④空气辅助压力传感器信号触针对其他触针短路，需修理或更换前车架线束。

⑤空气辅助压力传感器信号触针对地短路，需修理或更换前车架线束。

⑥ECM 软件版本错误，需刷写 ECM。

⑦ECM 内部故障，需修理或更换 ECM。

121. 故障码：4174（表 7-121）

表 7-121

序号	DTC	SPN	FMI	故障灯颜色
121	4174	4337	3	黄色

（1）故障码含义。

后处理 1 柴油机排气处理液喷射温度传感器（电压高于正常值或对高压电源短路），后处理柴油机排气处理液喷射温度传感器电路中检测到高信号电压。

（2）故障现象。

组合仪表上发动机故障指示灯长亮，同时车辆在额定载荷下加速性能差。

（3）故障风险。

50h 后发动机功率下降 40%，尽快将车辆开到福田戴姆勒授权服务站。

（4）可能故障原因与解决措施。

①排气处理液喷射温度传感器损坏，需更换后处理柴油机排气处理液喷射单元。

②排气处理液喷射温度回路线束断路，需修理或更换车架线束。

③排气处理液喷射温度信号线束断路，需修理或更换车架线束。

④排气处理液喷射单元传感器信号触针对其他触针短路，需修理或更换车架线束。

⑤ECM 软件版本错误，需刷写 ECM。

⑥ECM 内部故障，需修理或更换 ECM。

122. 故障码：4175（表 7-122）

表 7-122

序号	DTC	SPN	FMI	故障灯颜色
122	4175	4337	4	黄色

（1）故障码含义。

后处理 1 柴油机排气处理液喷射温度传感器（电压低于正常值或对低压电源短路），后处理柴油机排气处理液喷射温度传感器电路中检测到低信号电压。

（2）故障现象。

组合仪表上发动机故障指示灯长亮，同时车辆在额定载荷下加速性能差。

（3）故障风险。

50h 后发动机功率下降 40%，尽快将车辆开到福田戴姆勒授权服务站。

（4）可能故障原因与解决措施。

①排气处理液喷射温度传感器损坏，需更换后处理柴油机排气处理液喷射单元。

②排气处理液喷射温度信号触针对其他触针短路，需修理或更换车架线束。

③排气处理液喷射单元温度信号触针对地短路，需修理或更换前车架线束。

④ECM 软件版本错误，需刷写 ECM。

⑤ECM 内部故障，需修理或更换 ECM。

123. 故障码：4176（表 7-123）

表 7-123

序号	DTC	SPN	FMI	故障灯颜色
123	4176	4336	3	黄色

（1）故障码含义。

后处理 1SCR 喷射空气辅助阀（电压高于正常值或对高压电源短路），后处理 SCR 喷射空气辅助阀电路中检测到高信号电压。

（2）故障现象。

组合仪表上发动机故障指示灯长亮，同时车辆在额定载荷下加速性能差。

（3）故障风险。

50h 后发动机功率下降 40%，尽快将车辆开到福田戴姆勒授权服务站。

（4）可能故障原因与解决措施。

①后处理 SCR 喷射空气辅助阀损坏，需更换后处理 SCR 喷射空气辅助阀。

②后处理 SCR 喷射空气辅助阀回路线束对蓄电池正极短路，需修理或更换车架线束。

③后处理 SCR 喷射空气辅助阀回路触针对其他触针短路，需修理或更换车架线束。

④ECM 软件版本错误，需刷写 ECM。

124. 故障码：4177（表7-124）

表 7-124

序号	DTC	SPN	FMI	故障灯颜色
124	4177	4336	4	黄色

（1）故障码含义。

后处理1SCR喷射空气辅助阀（电压低于正常值或对低压电源短路），后处理SCR喷射空气辅助阀电路上检测到低信号电压。

（2）故障现象。

组合仪表上发动机故障指示灯长亮，同时车辆在额定载荷下加速性能差。

（3）故障风险。

50h后发动机功率下降40%，尽快将车辆开到福田戴姆勒授权服务站。

（4）可能故障原因与解决措施。

①后处理SCR喷射空气辅助阀损坏，需更换后处理SCR喷射空气辅助阀。

②后处理SCR空气辅助阀电源线束断路，需修理或更换车架线束。

③后处理SCR喷射空气辅助阀电源线束对地短路，需修理或更换车架线束。

④后处理SCR喷射空气辅助阀电源触针对其他触针短路，需修理或更换车架线束。

⑤ECM软件版本错误，需刷写ECM。

⑥ECM内部故障，需修理或更换ECM。

125. 故障码：4238（表7-125）

表 7-125

序号	DTC	SPN	FMI	故障灯颜色
125	4238	4335	11/8	黄色

（1）故障码含义。

后处理1SCR喷射空气辅助绝对压力（数据有效但低于正常工作范围中等严重级别），喷射单元中检测到低喷射空气辅助压力。

（2）故障现象。

组合仪表上发动机故障指示灯长亮，同时车辆在额定载荷下加速性能差。

（3）故障风险。

50h后发动机功率下降40%，尽快将车辆开到福田戴姆勒授权服务站。

（4）可能故障原因与解决措施。

①后处理SCR喷射空气辅助阀回路断路故障，需修理或更换车架线束。

②检测到后处理SCR喷射空气辅助阀有故障，需修理或更换后处理柴油机排气处理液喷射单元。

③柴油机排气处理液喷射单元供气管连接或输送管泄漏，需修理柴油机排气处理液喷射单元供气管连接或输送管。

④排气后处理空气滤清器堵塞，需更换排气后处理空气滤清器。

⑤柴油机排气处理液喷射单元内的空气回路堵塞，需冲洗柴油机排气处理液喷射单元的空气回路。

⑥后处理柴油机排气处理液喷射单元损坏，需更换后处理柴油机排气处理液喷射

单元。

⑦ECM 软件版本错误，需刷写 ECM。

126：故障码：4239（表 7-126）

表 7-126

序号	DTC	SPN	FMI	故障灯颜色
126	4239	4335	0/16	黄色

（1）故障码含义。

后处理 1SCR 喷射空气辅助绝对压力（数据有效但高于正常工作范围中等严重级别），在喷射单元中检测到喷射空气辅助压力高。

（2）故障现象。

组合仪表上发动机故障指示灯长亮，同时车辆在额定载荷下加速性能差。

（3）故障风险。

50h 后发动机功率下降 40%，尽快将车辆开到福田戴姆勒授权服务站。

（4）可能故障原因与解决措施。

①空气电磁阀故障，需更换空气阀。

②柴油机排气处理液喷射单元内的空气回路堵塞，需冲洗 DEF 喷射单元的空气回路。

③OEMDEF 输送管损坏，需修理或更换 DEF 输送管和连接。

④后处理喷嘴堵塞，需修理或更换后处理喷嘴。

⑤DEF 喷射单元损坏，需修理或更换后处理柴油机排气处理液喷射单元。

127. 故障码：4271（表 7-127）

表 7-127

序号	DTC	SPN	FMI	故障灯颜色
127	4271	4336	7	黄色

（1）故障码含义。

后处理 1SCR 喷射空气辅助绝对压力（数据有效但高于正常工作范围中等严重级别），在喷射单元中检测到喷射空气辅助压力高。

（2）故障现象。

组合仪表上发动机故障指示灯长亮，同时车辆在额定载荷下加速性能差。

（3）故障风险。

50h 后发动机功率下降 40%，尽快将车辆开到福田戴姆勒授权服务站。

（4）可能故障原因与解决措施。

①空气电磁阀故障，需更换空气阀。

②喷射空气辅助压力传感器故障，需修理或更换后处理柴油机排气处理液喷射单元。

③柴油机排气处理液喷射单元内的空气回路堵塞，需冲洗 DEF 喷射单元的空气回路。

④DEF 输送管故障，需修理或更换 DEF 输送管和连接。

⑤DEF 喷射单元损坏，需修理或更换后处理柴油机排气处理液喷射单元。

⑥检测到后处理喷嘴堵塞，需清洁或更换后处理喷嘴。

128. 故障码：133（表 7-128）

（1）故障码含义。

远程加速踏板或操纵杆位置传感器 1 电路（电压高于正常值或对高压电源短路），检测到远程加速踏板位置信号电路上电压偏高。

表 7-128

序号	DTC	SPN	FMI	故障灯颜色
128	133	974	3	黄色

　　（2）故障现象。

　　操作远程加速踏板，发动机无响应，同时组合仪表上发动机停机指示灯长亮。

　　（3）故障风险。

　　远程加速踏板失效，马上停机，把车辆停在安全的地方（停车区或服务区）。

　　（4）可能故障原因与解决措施。

　　①远程加速踏板传感器故障，需更换远程加速踏板传感器。

　　②远程加速踏板传感器 1 回路线束断路故障，需修理或更换车架线束。

　　③远程加速踏板传感器 1 信号触针对其他触针短路，需修理或更换车架线束。

　　④ECM 软件版本错误，需刷写 ECM。

　　⑤ECM 内部故障，需更换 ECM。

　　129. 故障码：134（表 7-129）

表 7-129

序号	DTC	SPN	FMI	故障灯颜色
129	134	974	4	红色

　　（1）故障码含义。

　　远程加速踏板或操纵杆位置传感器 1 电路（电压低于正常值或对低压电源短路），远程加速踏板位置信号电路中检测到低电压。

　　（2）故障现象。

　　操作远程加速踏板，发动机无响应，同时组合仪表上发动机停机指示灯长亮。

　　（3）故障风险。

　　远程加速踏板失效，马上停机，把车辆停在安全的地方（停车区或服务区）。

　　（4）可能故障原因与解决措施。

　　①远程加速踏板传感器故障，需更换远程加速踏板传感器。

　　②远程加速踏板传感器 1 电源线束断路故障，需修理或更换车架线束。

　　③远程加速踏板传感器 1 信号断路故障，需修理或更换车架线束。

　　④远程加速踏板传感器 1 信号触针对其他触针短路，需修理或更换车架线束。

　　⑤远程加速踏板传感器 1 信号触针对地短路故障，需修理或更换车架线束。

　　⑥ECM 软件版本错误，需刷写 ECM。

　　⑦ECM 内部故障，需更换 ECM。

　　130. 故障码：241（表 7-130）

表 7-130

序号	DTC	SPN	FMI	故障灯颜色
130	241	84	2	黄色

（1）故障码含义。

基于车轮转数的车速（数据不稳定、间断或不正确，ECM 丢失车速信号或读取到不稳定值）。

（2）故障现象。

在满足巡航开启条件下，车辆无法实现巡航，同时组合仪表上发动机故障指示灯长亮。

（3）故障风险。

车辆巡航功能失效，尽快将车辆开到福田戴姆勒授权服务站。

（4）可能故障原因与解决措施。

①ECM 中设置与车辆配置不匹配，需使用诊断仪更改 ECM 中的设置与车辆配置匹配。

②车速里程传感器线束断路或接触不良，需排查线束，修理或更换车架线束/变速器线束。

③车速里程传感器线束对地短路，需排查线束，修理或更换车架线束/变速器线束。

④车速里程传感器信号触针对其他触针短路，需排查线束，修理或更换车架线束/变速器线束。

⑤存在车速信号干扰加装配置，需消除车速信号干扰加装配置。

⑥里程表驱动齿轮打滑或损坏，需修理或更换里程表驱动齿轮。

⑦ECM 软件版本错误，需刷写 ECM。

131. 故障码：245（表 7-131）

表 7-131

序号	DTC	SPN	FMI	故障灯颜色
131	245	647	4	黄色

（1）故障码含义。

风扇控制电路（电压低于正常值或对低压电源短路）。当收到打开指令时，风扇控制电路检测到低电压信号。

（2）故障现象。

水温报警后，冷却风扇不工作，同时组合仪表上发动机故障指示灯长亮。

（3）故障风险。

冷却风扇不工作，发动机温度高于上限，尽快将车辆开到福田戴姆勒授权服务站。

（4）可能故障原因与解决措施。

①风扇控制电磁阀内阻偏低，需更换风扇电磁阀。

②风扇电磁阀控制接头触针对地短路，需修理或更换风扇电磁阀。

③风扇电磁阀控制信号触针对发动机缸体短路，需修理或更换车架线束。

④风扇电磁阀信号触针对其他触针短路，需修理或更换车架线束。

⑤ECM 软件版本错误，需刷写 ECM。

⑥ECM 内部故障，需更换 ECM。

132. 故障码：285（表 7-132）

（1）故障码含义。

SAEJ1939 多路通信 PGN 超时错误–更新速率异常。ECM 期待来自多路通信装置的信息，但没有及时收到，或者根本没有收到。

表 7-132

序号	DTC	SPN	FMI	故障灯颜色
132	285	639	9	黄色

（2）故障现象。

车辆运行时，组合仪表上发动机故障指示灯长亮。

（3）故障风险。

ECM 无法正常接收其他模块信号，发动机工作不正常，尽快将车辆开到福田戴姆勒授权服务站。

（4）可能故障原因与解决措施。

①ECM 多路通信配置与车辆配置不匹配，需使用诊断仪正确设置 ECM。

②J1939 多路通信线路断路或短路，需排查线束，修理或更换车架线束/车身线束。

③ECM J1939 多路通信线束断路多短路，需修理更换车架线束。

④ECM 软件版本错误，需刷写 ECM。

133. 故障码：286（表 7-133）

表 7-133

序号	DTC	SPN	FMI	故障灯颜色
133	286	639	13	黄色

（1）故障码含义。

SAEJ1939 多路通信配置错误（超出标定），ECM 期待来自多路通信装置的信息，但只收到其中部分必需的信息。

（2）故障现象。

车辆运行时，组合仪表上发动机故障指示灯长亮。

（3）故障风险。

ECM 无法正常接收其他模块信号，发动机工作不正常，尽快将车辆开到福田戴姆勒授权服务站。

（4）可能故障原因与解决措施。

①ECM 多路通信配置与车辆配置不匹配，需使用诊断仪正确设置 ECM。

②ECM 软件版本错误，需刷写 ECM。

134. 故障码：288（表 7-134）

表 7-134

序号	DTC	SPN	FMI	故障灯颜色
134	288	974	19	红色

（1）故障码含义。

SAEJ1939 多路通信远程加速踏板或操纵杆位置传感器系统（接收的网络数据错误），OEM 车辆电子控制单元（VECU）检测到一个远程加速踏板故障。

（2）故障现象。

操作远程加速踏板，发动机无响应，同时组合仪表上发动机停机指示灯长亮。

（3）故障风险。

远程加速踏板失效，马上停机，把车辆停在安全的地方（停车区或服务区）。

（4）可能故障原因与解决措施。

①ECM 多路通信配置与车辆配置不匹配，需使用诊断仪正确设置 ECM。

②远程加速踏板开关故障，需更换远程加速踏板开关。

③远程加速踏板传感器故障，需更换远程加速踏板传感器。

④ECM 软件版本错误，需刷写 ECM。

135. 故障码：291（表7-135）

表 7-135

序号	DTC	SPN	FMI	故障灯颜色
135	291	625	9	红色

（1）故障码含义。

专用数据通信接口错误（OEM/车辆数据通信接口）更新速率异常，发动机锁止防盗系统将不能正常工作。发动机可能不能启动。

（2）故障现象。

将点火开关置于 START 挡，发动机无法启动，同时组合仪表上发动机停机指示灯长亮。

（3）故障风险。

发动机可能无法启动，把车辆停在安全的地方（停车区或服务区）。

（4）可能故障原因与解决措施。

①发动机防盗锁止配置安装错误，需修理或更换防盗锁止设备。

②J1939 多路通信线路断路或短路，需排查线束，修理或更换车架线束/车身线束。

③ECM J1939 多路通信线束断路多短路，需修理更换车架线束。

④ECM 软件版本错误，需刷写 ECM。

136. 故障码：584（表7-136）

表 7-136

序号	DTC	SPN	FMI	故障灯颜色
136	584	677	3	黄色

（1）故障码含义。

启动机继电器驱动电路（电压高于正常值或对高压电源短路），启动机锁定电路中检测到断路或高电压。

（2）故障现象。

将点火开关置于 START 挡，启动机不工作，同时组合仪表上发动机故障指示灯长亮。

（3）故障风险。

熄火后发动机可能无法启动，尽快将车辆开到福田戴姆勒授权服务站。

（4）可能故障原因与解决措施。

①启动机锁定继电器故障，需更换启动机锁定继电器。

②启动机锁定继电器驱动回路线束断路故障，需排查线束，修理或更换车架线束/车

身线束。

③启动机锁定继电器驱动信号线束断路故障，需排查线束，修理或更换车架线束/车身线束。

④启动机锁定继电器驱动信号触针对其他触针短路，需修理或更换车架线束。

⑤ECM 软件版本错误，需刷写 ECM。

⑥ECM 内部故障，需更换 ECM。

137. 故障码：585（表 7-137）

表 7-137

序号	DTC	SPN	FMI	故障灯颜色
137	585	677	4	黄色

（1）故障码含义。

启动机继电器驱动电路（电压低于正常值或对低压电源短路），启动机锁定电路检测到低电压。

（2）故障现象。

将点火开关置于 START 挡，启动机不工作，同时组合仪表上发动机故障指示灯长亮。

（3）故障风险。

熄火后发动机可能无法启动，尽快将车辆开到福田戴姆勒授权服务站。

（4）可能故障原因与解决措施。

①启动机锁定继电器故障，需更换启动机锁定继电器。

②启动机锁定继电器端驱动信号触针对地短路故障，需修理或更换启动机锁定继电器。

③启动机锁定继电器线束接插件端驱动信号触针对地短路，需排查线束，修理或更换车架线束/车身线束。

④启动机锁定继电器信号触针对其他触针短路故障，需修理或更换车架线束。

⑤ECM 软件版本错误，需刷写 ECM。

⑥ECM 内部故障，需更换 ECM。

138. 故障码：2377（表 7-138）

表 7-138

序号	DTC	SPN	FMI	故障灯颜色
138	2377	647	13	黄色

（1）故障码含义。

风扇控制电路（电压高于正常值或对高压电源短路），检测到风扇控制电路断路或电压偏高。

（2）故障现象。

水温报警后，冷却风扇不工作，同时组合仪表上发动机故障指示灯长亮。

（3）故障风险。

冷却风扇不工作，发动机温度高于上限，尽快将车辆开到福田戴姆勒授权服务站。

（4）可能故障原因与解决措施。

①风扇控制电磁阀故障，需更换风扇控制电磁阀。

②风扇控制电磁阀回路线束断路故障，需修理或更换车架线束。

③风扇控制电磁阀信号线束断路故障，需修理或更换车架线束。

④风扇控制电磁阀信号触针对其他触针短路，需修理或更换车架线束。

⑤ECM 内部故障，需更换 ECM。

⑥ECM 软件版本错误，需刷写 ECM。

139. 故障码：3633（表 7-139）

表 7-139

序号	DTC	SPN	FMI	故障灯颜色
139	3633	5484	3	黄色

（1）故障码含义。

发动机风扇离合器 2 控制电路（电压高于正常值或对高压电源短路），检测到风扇控制电路断路或电压偏高。

（2）故障现象。

水温报警后，冷却风扇不工作，同时组合仪表上发动机故障指示灯长亮。

（3）故障风险。

冷却风扇不工作，发动机温度高于上限，尽快将车辆开到福田戴姆勒授权服务站。

（4）可能故障原因与解决措施。

①风扇控制 2 电磁阀故障，需更换风扇控制 2 电磁阀。

②风扇控制 2 电磁阀回路线束断路故障，需修理或更换车架线束。

③风扇控制 2 电磁阀信号线束断路故障，需修理或更换车架线束。

④风扇控制 2 电磁阀信号触针对其他触针短路，需修理或更换车架线束。

⑤ECM 软件版本错误，需刷写 ECM。

⑥ECM 内部故障，需更换 ECM。

140. 故障码：3634（表 7-140）

表 7-140

序号	DTC	SPN	FMI	故障灯颜色
140	3634	5484	4	黄色

（1）故障码含义。

发动机风扇离合器 2 控制电路（电压低于正常值或对低压电源短路），当收到打开指令时，风扇控制电路检测到低电压信号。

（2）故障现象。

水温报警后，冷却风扇不工作，同时组合仪表上发动机故障指示灯长亮。

（3）故障风险。

冷却风扇不工作，发动机温度高于上限，尽快将车辆开到福田戴姆勒授权服务站。

（4）可能故障原因与解决措施。

①风扇控制 2 电磁阀故障，需更换风扇控制 2 电磁阀。

②风扇控制 2 电磁阀端信号触针对地短路故障，需修理或更换风扇控制 2 电磁阀。

③风扇控制 2 电磁阀信号线束对发动机缸体短路故障，需修理或更换车架线束。

④风扇控制 2 电磁阀信号触针对其他触针短路，需修理或更换车架线束。

⑤ECM 软件版本错误，需刷写 ECM。

⑥ECM 内部故障，需更换 ECM。

二、商用车康明斯柴油发动机（BOSCH 系统）故障码清除方法

（1）执行一个钥匙循环，然后启动发动机并使其怠速运转 1min。

（2）该诊断运行并通过后，ECM 将立即关闭黄色发动机故障指示灯。

（3）使用康明斯发动机专用诊断仪清除该故障码并熄灭故障指示灯。

第三节　商用车柴油高压共轨系统故障案例分析

一、高压共轨发动机电控系统故障

1. 故障案例一

（1）故障现象。

一台福田欧曼 EST 牵引车时突然出现行驶无力、加速性能差、仪表盘发动机故障指示灯长亮等故障现象，维修人员利用 FT700 诊断仪读取故障码 DTC：452（喷油器计量油轨压力传感器电路电压低于正常值或对低压电源短路，在燃油油轨压力传感器电路上检测到低信号电压）。

（2）故障机理

燃油油轨压力信号回路对地短路，ECM 无法收集瞬时燃油油轨压力信号，精准计算进气量控制喷油，使发动机进入备用保护模式，导致发动机动力不足，同时 ECM 控制策略点亮发动机故障指示灯。

（3）故障诊断思路分析（如图 7-1 所示）。

步骤 1：

关闭点火开关，将燃油油轨压力传感器插接件 FS7 拔下后打开点火开关至 ON 挡，用万用表检测插接件 FS7 第 3 插脚电压是否为 5V，如果检测值与标准值不符，说明插接件 FS7 第 3 插脚到 ECM 插接件 J1 第 6 插脚线路故障；用万用表检测插接件 FS7 第 2 插脚是否搭铁（电阻小于 2Ω），如果检测值与标准值不符，说明插接件 FS7 第 2 插脚到 ECM 插接件 J1 第 5 插脚线路故障；用万用表检测插接件 FS7 第 1 插脚与 ECM 插接件 J1 第 26 插脚线路是否正常（电阻小于 2Ω 且不与其他线束或地短路），如果检测值与标准值不符，说明此信号控制线路故障并找到故障点给予修复。

步骤 2：

经过步骤 1 检测确定燃油油轨压力传感器控制线路正常无故障后用探针探入插接件 FS7 第 1 插脚，启动发动机后用万用表测量此针脚电压（标准值为随着发动机负荷的增加电压也随之升高），如果测量与上述不符说明燃油油轨压力传感器损坏，当测量与上述相符说明燃油油轨压力传感器工作良好。

步骤 3：

关闭点火开关，将燃油油轨压力传感器插接件 FS7 拔下后打开点火开关至 ON 挡，用跨接线将 FS7 第 1 与第 3 插脚跨接，进行 ECM 响应测试，连接 FT700 故障检测仪后读取故障码，如果 451 为当前状态，452 为历史状态，结果说明 ECM 无故障，故障点应为插

接件 FS7 或 J1 接触不良，否则可以判定为是 ECM 故障。

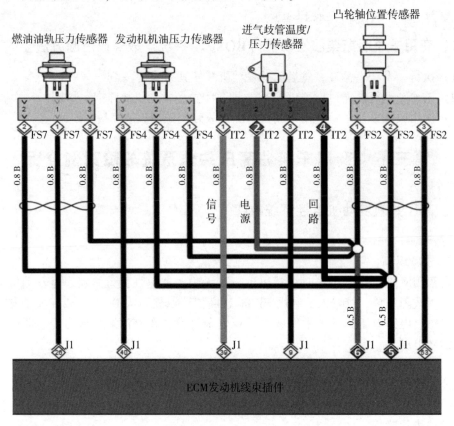

图 7-1　燃油油轨压力传感器电气原理图

步骤 4：

经过以上步骤还未锁定故障点时，可认定为 ECM 软件版本错误，进行 ECM 的刷写。

在任意步骤找到故障点并完成检修后，需检查 ECM 软件版本是否可用，并检查故障码是否为历史故障，且发动机故障指示灯是否熄灭，若指示灯未熄灭，需继续后面的诊断步骤。

2．故障案例二

（1）故障现象。

一台福田欧曼 EST 牵引车行驶时突然出现行驶无力、加速性能差、仪表盘发动机故障指示灯长亮等故障现象，维修人员利用 FT700 诊断仪读取故障码 DTC：187（传感器电源 2 电路电压低于正常值或对低压电源短路，检测到传感器电源 2 电路中电压偏低）。

（2）故障机理。

传感器电源 2 信号回路对低电源短路，导致传感器电源 2 回路上的传感器（轨压传感器、机油压力传感器、进气压力传感器、凸轮轴位置传感器）信号异常，ECM 无法正确控制喷油量，使发动机进入备用保护模式，造成发动机动力不足，同时 ECM 控制策略点亮发动机故障指示灯。

（3）故障诊断思路分析。

步骤 1：

根据图 7-1 所示，燃油油压传感器、进气压力传感器、机油压力传感器、凸轮轴位置传感器共用一套电源线与搭铁线，而共用的这两根电源线被称为传感器电源 2 电路。首先，用万用表分别测量燃油油压传感器、进气压力传感器、机油压力传感器、凸轮轴位置传感器供电线路（插接件 FS7 第 3 插脚、插接件 IT2 第 2 插脚、插接件 LS4 第 1 插脚、插接件 FS2 第 1 插脚）电压（标准值为 5V 左右），当测量值与标准值不符，进行 ECM 插接件 J1 第 6 插脚电压的测量（标准值为 5V 左右）。

步骤 2：

如果 ECM 插接件 J1 第 6 插脚电压测量值与标准值不符，则需要根据发动机电控系统电气原理图找到 ECM 电源线与搭铁线进行检测并判断是否良好，检测结果为良好，说明 ECM 损坏。

步骤 3：

经过以上检测未找到故障点应进行 4 个传感器搭铁线（插接件 FS7 第 2 插脚、插接件 IT2 第 4 插脚、插接件 LS4 第 2 插脚、插接件 FS2 第 2 插脚）的检测（标准值为小于 2Ω），当测量值与标准值不符，进行 ECM 插接件 J1 第 5 插脚搭铁的测量（标准值为小于 2Ω）。

步骤 4：

如果经过以上步骤检测还未找到故障点，可认定为 ECU 软件版本错误，进行 ECM 的刷写，刷写后故障依旧存在可认定为 ECM 损坏。

在任意步骤找到故障点并完成检修后，需检查 ECM 软件版本是否可用，并检查故障码是否为历史故障，且发动机故障指示灯是否熄灭，若指示灯未熄灭，需继续后面的诊断步骤。

3. 故障案例三

（1）故障现象。

一台福田欧曼 EST 商用车，车辆行驶时无力、加速性能差、发动机故障指示灯长亮，使用 FT700 诊断仪读取到故障码 DTC：2311（电子燃油喷射控制阀电路-状况存在，燃油泵执行器电路电阻过高或过低，或检测到间歇性连接）。

（2）故障机理。

燃油泵执行器执行回路电阻过高，发动机运转过程中，ECM 检测到燃油泵执行器电路具有间歇性电路故障，ECM 控制策略点亮发动机故障指示灯，限制发动机扭矩，造成发动机动力不足。

（3）故障诊断思路分析（如图 7-2 所示）。

步骤 1：

断开蓄电池负极电缆后拔下燃油泵执行器插头 FS9，用万用表测量燃油泵执行器端针脚 1 与针脚 2 之间的电阻值（标准值为 ≤5Ω），如果阻值不正常，说明燃油泵执行器损坏并更换。

步骤 2：

如果通过步骤 1 检测燃油泵执行器无故障，将 ECM 端 J1 插头断开，分别用万用表测量部件端 FS9 插头线束第 1 插脚与 ECM 端 F1 插头线束第 4 插脚电阻值（标准值 ≤2Ω），部件端 FS9 插头线束第 2 插脚与 ECM 端 F1 插头线束第 3 插脚电阻值（标准值 ≤2Ω），当以上两根控制线路测量数据与标准数据不符，说明出现线路断路或虚连故障。

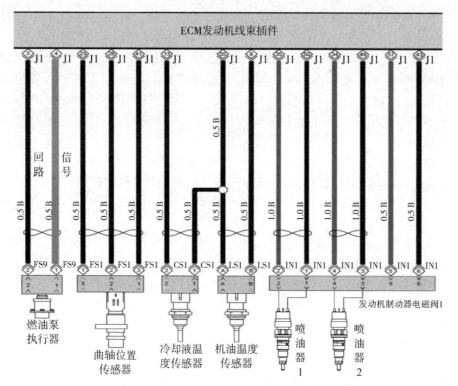

图 7-2 燃油泵执行器（燃油计量阀）电气原理图

步骤 3：

如果通过步骤 2 检测两根控制线路无断路故障，分别用万用表测量部件端 FS9 插头线束第 1 插脚与 ECM 端 F1 插头线束第 4 插脚对地电阻值（标准值>100kΩ），部件端 FS9 插头线束第 2 插脚与 ECM 端 F1 插头线束第 3 插脚对地电阻值（标准值>100kΩ），当以上两根控制线路测量数据与标准数据不符，说明出现线路对地短路或对其他线束短路故障。

步骤 4：

如果经过以上步骤检测还未找到故障点，可认定为 ECU 软件版本错误，进行 ECM 的刷写，刷写后故障依旧存在可认定为 ECM 损坏。

在任意步骤找到故障点并完成检修后，需检查 ECM 软件版本是否可用，并检查故障码是否为历史故障，且发动机故障指示灯是否熄灭，若指示灯未熄灭，需继续后面的诊断步骤。

二、高压共轨发动机国五后处理系统故障

1. 故障案例一

（1）故障现象。

一台福田欧曼 GTL 商用车，发动机动力不足；组合仪表上发动机停机指示灯长亮，同时车辆在额定载荷下加速性能差；使用 FT700 诊断仪读取到故障码 DTC：1678（排气处理罐温度信号回路断路或对电源短路）。

（2）故障机理。

排气处理罐温度传感器信号回路断路或对电源短路故障，ECU 检测到柴油机排气处

理液罐温度信号电压高于规定值，ECU 控制策略点亮发动机故障指示灯，限制发动机扭矩，造成发动机动力不足。排气处理液罐温度回路包括排气处理液罐温度传感器、ECU、排气处理液罐温度传感器回路线束。

（3）故障诊断思路分析（如图 7-3 所示）。

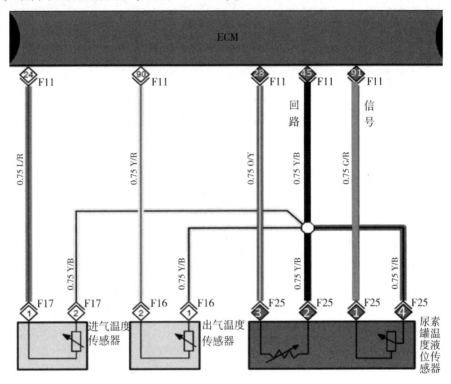

图 7-3　康明斯柴油发动机后处理系统尿素罐传感器电气原理图

步骤 1：

断开蓄电池负极电缆后拔下后处理 DEF 罐温度传感器线束接插件 F25，用万用表测量 F25 插接件部件端针脚 2 与针脚 3 之间的电阻值（标准值为 180~160000Ω），如果阻值不正常，说明传感器损坏并更换。

步骤 2：

当传感器阻值正常时用导线跨接 F25 插接件线束端针脚 2 与针脚 3 进行响应测试，用检测仪读取故障码，如果当前故障码为 1677，1678 变为历史故障码，说明 ECU 与传感器控制线路无故障，故障点为线束端插接件与传感器端插接件（F25）接触不良并给予修复。

步骤 3：

进行响应测试，用检测仪读取故障码，如果当前故障码仍然为 1678，说明传感器控制线路或 ECU 出现故障。首先，关闭点火开关，断开线束接插件 F25 后将点火开关打开至 ON 挡，用万用表测量传感器线束端 F25 针脚 3 电压，正常值为 5V 左右，如果不是，检测 F25 针脚 3 与 F11 针脚 28 之间线路是否存在短路与断路现象，当检测线路为正常时，可判定故障点为插接件 F11 针脚 28 接触不良或 ECU 损坏；当测量传感器线束端 F25 针脚 3 电压为 5V 左右正常时，用万用表检测 F25 针脚 2 与 F11 针脚 45 线路是否正常，测量结果正常，说明插接件 F25 针脚 2 接触不良。

步骤 4：

经过以上步骤还未锁定故障点时，可认定为 ECU 软件版本错误，进行 ECU 的刷写。

在任意步骤找到故障点并完成检修后，需检查 ECM 软件版本是否可用，并检查故障码是否为历史故障，且发动机故障指示灯是否熄灭，若指示灯未熄灭，需继续后面的诊断步骤。

2. 故障案例二

（1）故障现象。

一台福田欧曼 EST 商用车仪表发动机故障指示灯长亮，据车主反映车辆起步容易熄火，行驶无力；使用 FT700 诊断仪读取到故障码 DTC：2771（后处理出口氮氧化合物传感器-更新速率异常）。

（2）故障机理。

①故障机理 1。

氮氧化合物传感器参数错误，钥匙开关处于 ON（接通）位置时，ECM 无法通过 J1939 数据通信接口与氮氧化合物传感器之间通信，ECM 控制策略点亮发动机故障指示灯，限制发动机扭矩，造成发动机动力不足。

②故障机理 2。

氮氧化合物信号回路断路，钥匙开关处于 ON（接通）位置时，ECM 无法通过 J1939 数据通信接口与氮氧化合物传感器之间通信，ECM 控制策略点亮发动机故障指示灯，限制发动机扭矩，造成发动机动力不足。

（4）故障诊断思路分析（如图 7-4 所示）。

步骤 1：

关闭点火开关（OFF 断开），拆卸后处理出口氮氧化合物传感器，核实氮氧化合物传感器是否正确符合发动机，氮氧化合物传感器应为 24V 标准。

步骤 2：

检查 F3（20A）保险丝是否损坏，如果正常，关闭点火开关，将插接件 F046 拔下，用万用表测量 F046 线束端针脚 1 电压（正常值为 24V 左右），当检测值与标准值不符，检查该电源控制线路是否存在短路与断路故障并给予修复；测量 F046 线束端针脚 1 电压值为 24V 左右时，用万用表测量 F046 线束端针脚 4 是否搭铁正常，标准电阻为小于 2Ω，如果测量值与标准值不符，检查该搭铁控制线路是否存在短路与断路故障并给予修复。

步骤 3：

测量 F046 线束端针脚 1 与 4 都为正常时，针对氮氧化合物传感器与 ECU 之间 CAN 总线系统进行检测。首先关闭点火开关并断开蓄电池负极，将插接件 F046 拔下，用万用表测量针脚 2 与针脚 3 之间电阻值，标准值为 60Ω，测量值与标准值不符则检测 ECU 内与线束内终端电阻是否正常，终端电阻标准值为 120Ω；如果终端电阻正常，连接蓄电池负极、打开点火开关，用万用表测量插接件 F046 针脚 2 与针脚 3 电压是否正常（标准值为 H-CAN：2.65V 左右；L-CAN：2.35V 左右），当测量值与标准值不符，根据电路图检查 F046 插接件针脚 2、3 与 F060 插接件针脚 7、22 和 F075 插接件针脚 1、2 之间 CAN 总线线路是否存在短路或断路故障并找到故障点将其修复。

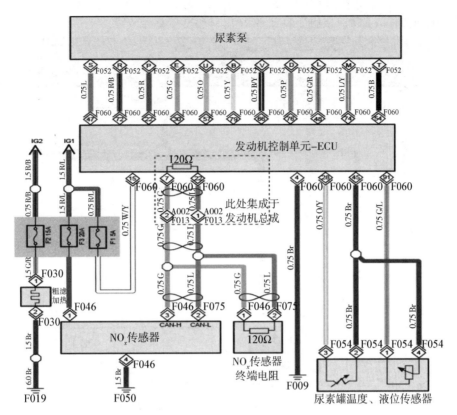

图7-4 康明斯柴油发动机后处理系统氮氧化合物传感器电气原理图

步骤4：

经过以上步骤还未锁定故障点时，可认定为 ECU 软件版本错误，进行 ECU 的刷写。

在任意步骤找到故障点并完成检修后，需检查 ECM 软件版本是否可用，并检查故障码是否为历史故障，且发动机故障指示灯是否熄灭，若指示灯未熄灭，需继续后面的诊断步骤。

3. 故障案例三

（1）故障现象。

一台福田欧曼 GTL 商用车仪表发动机停机指示灯长亮，据车主反映车辆行驶无力；使用 FT700 诊断仪读取到故障码 DTC：3146（后处理出口氮氧化合物传感器-更新速率异常）。

（2）故障机理。

SCR 出口温度传感器信号回路对电源短路或断路，导致 ECM 检测到后处理 SCR 温度传感器模块报告后处理 SCR 出口温度信号高于范围，ECM 控制策略点亮发动机故障指示灯，同时禁止柴油机排气处理液喷入后处理系统，限制发动机扭矩。

（3）故障诊断思路分析（如图7-5所示）。

步骤1：

关闭点火开关后拔下后处理 SCR 出口温度传感器线束接插件 F58，用导线跨接 F58 插接件线束端针脚1与针脚2进行响应测试，将点火开关打开，用检测仪读取故障码，如果当前故障码为3147，3146变为历史故障码，说明 ECU 与传感器控制线路无故障，故障点为传感器端插接件（F58）接触不良或 SCR 出口温度传感器故障。

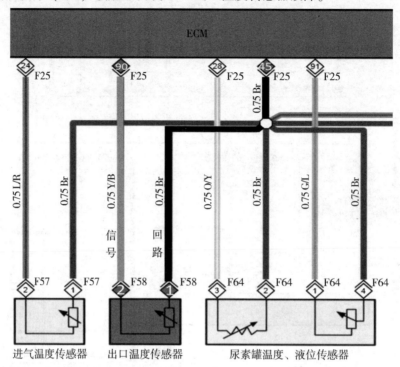

图 7-5　康明斯柴油发动机后处理系统 SCR 出口温度传感器电路图

步骤 2：

进行响应测试，用检测仪读取故障码，如果当前故障码仍然为 3146，说明传感器控制线路或 ECU 出现故障。首先，关闭点火开关，断开传感器端线束接插件 F58 与 ECM 端线束插接件 F25，用万用表分别检测插接件 F25 针脚 90 与插接件 F58 针脚 2 之间线路是否存在短路与断路故障，插接件 F25 针脚 45 与插接件 F58 针脚 1 之间线路是否存在短路与断路故障，当检测线路为正常时，可判定故障点为插接件 F25 针脚 90 接触不良或 ECU 损坏。

步骤 3：

经过以上步骤还未锁定故障点时，可认定为 ECU 软件版本错误，进行 ECU 的刷写。

在任意步骤找到故障点并完成检修后，需检查 ECM 软件版本是否可用，并检查故障码是否为历史故障，且发动机故障指示灯是否熄灭，若指示灯未熄灭，需继续后面的诊断步骤。

三、高压共轨发动机国六后处理系统故障

1. DPF 非正常的堵塞

根据发动机系统（发动机+后处理）的设计指标，在正常使用条件下 DPF 堵塞通过充分的再生来解决。但以下情况会导致 DPF 非正常的堵塞且不能通过再生解决。

（1）油品不合格导致后处理系统堵塞。

①高硫燃油导致催化器中毒引起再生功能失效；燃油中含有的酸性物质，在高温下腐蚀燃油系统部件。

②燃油中的胶质多导致喷油器内部褐色结焦，致使喷嘴机械响应慢，加速大量冒烟。

③低级别的机油导致灰烬累积速度加快，如 CI 为 CJ 的清灰里程的一半。

（2）初期的使用问题间接加重堵塞。

①不会使用再生开关、再生禁止开关。

②油耗考虑，不做再生。

③送车过程中，拔掉车速传感器导致再生功能停止。

（3）维护保养不到位加重堵塞。

①燃油含水导致燃油泵、喷油器内部生锈，加剧冒烟。

②不按照规程保养或使用不合格保养零件导致发动机磨损加剧、机油消耗高、DPF 快速堵死。

③传感器或其线路故障不维修导致再生停止造成 DPF 堵塞。

2. DEF 质量相关故障码

（1）FC4768：监测到 DEF 罐内的液体不是 DEF。检查罐内是否混装了柴油/冷却液或者 DEF 过脏。

（2）FC3867：监测到 DEF 罐内的 DEF 浓度低于 26%。

（3）FC1715：监测到 DEF 罐内的 DEF 浓度高于 50%。

（4）FC4277：DEF 质量传感器在一定长的时间内无法监测到浓度。

3. 关键性能缺失提示性故障码

（1）FC3712：提示有后处理 SCR 相关的故障码现行一段较长时间。

（2）FC3714：提示有发动机相关的降扭保护故障码现行。

（3）FC4487：提示有后处理 DEF 喷射相关的故障码现行一段较长时间。

（4）FC4489：提示有后处理 SCR 相关的故障码现行并需要立即关注。

（5）FC4488：提示有后处理 DEF 质量相关的故障码现行。

4. 故障案例一

（1）故障现象。

一台福田欧曼 EST 牵引车多次再生时冒蓝烟。

（2）故障分析。

正常情况下新车首次再生时会产生一些蓝烟，经过一次再生后蓝烟基本消除，但有些车辆经过 3~4 次再生后依然有大量蓝烟。如果车辆长期添加劣质燃油，当再生时会出现以上故障现象。

（3）解决方案。

更换中石油/中石化燃油后再次进行再生后蓝烟现象消失。

（4）故障原因。

检测车辆油样硫含量超过 6000mg/kg，标准国六车辆燃油硫含量标准不大于 10mg/kg。

5. 故障案例二

（1）故障现象。

一台福田欧曼 EST 国六牵引车发动机故障指示灯长亮，加速无力，故障码显示为 FC1682，后处理 1 柴油机排气处理液喷射单元输入管，状况存在。

（2）故障机理。

当柴油机排气处理液液位不足、输送管路故障、尿素泵或其控制线路出现故障时，喷射单元无法正常喷射 DEF 液，ECM 控制策略点亮发动机故障指示灯，导致发动机故障指示灯长亮，同时限制发动机扭矩的输出。

（3）故障诊断思路分析

步骤 1：

利用检测仪进行后处理柴油机排气处理液储液壶液位检查，检查结果为 71%，液位正常。

步骤 2：

对尿素管路进行检查，检查项目为进液管、喷射管、回液管，检查结果为无堵塞、弯折、泄漏现象。

步骤 3：

用诊断仪进行后处理系统超越测试，超越测试监控尿素压力一直在 100~1000kPa 之间上下波动，而正常尿素泵持续工作保持尿素液压力为 750~950kPa，超越测试不成功，喷射单元无法正常喷射。在超越测试中，检测仪显示尿素泵压力一直在 100~1000kPa 之间上下波动，说明喷射单元集成的压力传感器与其控制线路工作正常，但尿素泵无法正常建立喷射稳定压力。

步骤 4：

如图 7-6 所示，针对尿素泵控制线路进行检测，关闭点火开关，拔下尿素泵线束插头后打开点火开关，用万用表测量第 2 与第 4 插脚电压，电压值为 8.5V，供电正常；用万用表分别检测尿素泵第 3、1 插脚与 ECM 第 81、35 之间线路，检测结果为无短路、断路，无接触不良情况，线路正常。

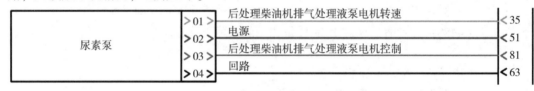

图 7-6

步骤 5：

关闭点火开关，更换新尿素泵后打开点火开关，用检测仪进行超越测试并成功。清除非现行故障码，试车故障消失。

（4）故障原因。

尿素泵故障，导致 DEF 管路无法建立正常压力，ECM 检测到来自与喷射单元集成 DEF 液压力传感器的非正常压力信号后点亮仪表中发动机故障指示灯，并限制发动机动力的输出。

参考文献

［1］张宪辉. 汽车柴油发动机控制技术 ［M］. 北京：化学工业出版社，2013.

［2］孙余凯，项绮明，孙静. 汽车电控柴油发动机原理、故障检测与维修 ［M］. 北京：化学工业出版社，2018.

［3］宋福昌. 康明斯高压共轨柴油发动机故障检修 ［M］. 北京：机械工业出版社，2013.

［4］方俊，许立峰. 商用车柴油机检修入门到精通 ［M］. 北京：机械工业出版社，2015.